Legal Progressive Series

7

離婚調停・離婚訴訟【三訂版】

秋武憲一
岡 健太郎 [編著]

リーガル・プログレッシブ・シリーズ

青林書院

三訂版はしがき

　本書は，『ＬＰ離婚調停・離婚訴訟』の三訂版である。初版は，平成21年7月に，改訂版は，平成25年12月にそれぞれ上梓した。しかし，改訂版から約6年が経過しようとしている。その間に，家事事件手続法（国際裁判管轄の改正），平成28年（成年後見関係）及び平成30年（相続関係）の民法改正等がなされ，これに伴って，東京家庭裁判所のみならず，各地の家庭裁判所において，調停及び人事訴訟事件の運用について，日々，いろいろな工夫や試みが行われている。本書は，こうした状況の変化や時間経過に応じて，これまでの内容を改めて見直すとともに，家事事件手続法等に即応するものにしたものである。

　改訂版上梓後，本書の共同編著者である岡健太郎判事が平成27年4月に亡くなった。岡判事とは，私が東京家庭裁判所の人事訴訟事件専門部（第6部）の部総括であった際，一緒に仕事をした。岡判事は，その後，東京地方裁判所部総括，東京高等裁判所事務局長，最高裁判所事務総局家庭局長という要職に就き，激務に耐えていた。しかし，体調を崩し，闘病の末に亡くなった。55歳という若さであった。人柄，能力ともに優れていたが，若い職員にも気遣う人であった。何より，だれよりも，家庭裁判所の仕事に情熱をもっていた。ＮＨＫ解説委員の清永聡さんも，その著書である『家庭裁判所物語』（日本評論社，2018年）において，岡判事の少年事件に対する熱意と意気込みについて絶賛している。岡判事の死去は，本当に残念であり，痛恨の極みである。

　東日本大震災の当日，私は，裁判所において地震直後の応急的な始末をして官舎に戻った。家族や友人等から携帯に安否確認のメールがたくさん届いた。携帯メールしか通信手段がなかったからである。停電していたので，短い返信をしたが，すぐに電池が切れそうなった。深夜，東京高等裁判所事務局長として，裁判所関係者や来庁者の安全を確認し，今後の執務方法等の検

討を終えた岡判事からメールが届いた。私を心配するものであった。「大丈夫。ありがとう。」と返信した。これが、3・11当日の最後のメールとなった。携帯の電池がなくなったからである。

　話を本書に戻す。本書は、これまでと同様に東京家庭裁判所の本庁及び支部における離婚調停及び離婚訴訟事件の実務の運用を紹介するとともに、離婚調停や離婚訴訟を担当した実務家として、実務とその理論的根拠を明らかにし、今後の実務の在り方や方針に対する見解を示したものである。

　本書は、私が東京家庭裁判所の家事第6部に在籍したときに、一緒に仕事をし、その能力と人柄を知り尽くした人たちとともに執筆したものである。水野有子判事（現・東京家庭裁判所家事部所長代行者）は、その当時、東京家庭・地方裁判所八王子支部（現・立川支部）で勤務していたが、岡判事から、能力が高く、人柄もよいから執筆者に加えたいと言われ、執筆を依頼した。岡判事の推薦どおり、素晴らしい内容である。

　なお、岡判事の執筆部分については、私が必要な限度で加筆等をしたが、内容については、ほとんど変更や修正の必要はなかった。

　初版上梓後、本書については、離婚の調停及び訴訟に携わる裁判官、書記官、家庭裁判所調査官、調停委員、弁護士及び研究者等から、離婚紛争に関する実務及び理論を示すものとして評価された。私をはじめ、執筆者全員、望外の幸せであると喜んでいる。しかし、われわれは、本書が、離婚調停及び離婚訴訟の当事者にとって、迅速で適正、つまり、よりよい調停や訴訟が行われるために読まれることを望んでいる。これこそが、本書を上梓した最大の理由であるからである。

　東京家庭裁判所の家事第6部における人事訴訟の実務については、『東京家庭裁判所における人事訴訟の審理の実情〔第3版〕』（判例タイムズ社、2012年）及びその後の実務について解説した『人事訴訟の審理の実情』（判例タイムズ社、2018年）が公刊されている。同書は、人事訴訟事件一般について、審理の進行方法を具体的に明らかにするものである。これに対し、本書は、離婚訴訟とその前提となる離婚調停にしぼって、主要な論点について、実務における運用とその理論的な説明をしたものである。ついでながら、離婚調停の具体的な進め方等については、拙書『第三版　離婚調停』（日本加除出版

社，2018年）をご覧いただきたい。これらを，本書と併せてお読みいただくことで，離婚調停及び離婚訴訟についての実務の具体的な運用方法とその理論的根拠を理解いただけるものと考えている。

　最後に，本書を出版することができたのは，これまでと同様に青林書院編集部の長島晴美氏に負うところが大である。岡判事が亡くなり，他の執筆者もそれぞれ異動等した中で，なんとか本書の出版に至ったのは，長島氏の熱意と尽力のたまものである。ここに厚くお礼を申し上げる次第である。

　令和元年10月

　　　　　　　　　　　　　　　　　　　　著者代表　　秋　武　憲　一

改訂版はしがき

　本書は，前書「離婚調停・離婚訴訟」を改訂したものである。前書を上梓した後，はや約4年6か月が経過した。その間に，東日本大震災があり，私自身についても昨年4月に裁判官を定年退官するなどいろいろ状況の変化があったが，なにより本年1月から家事事件手続法が施行されて，調停手続が改められた。これに伴って，現在，東京家庭裁判所のみならず，各地の家庭裁判所において，新しい実務の運用の確立に向けて，種々の試みなどが行われている。本書は，こうした状況の変化や時間経過に応じて，前書の内容を改めて見直すとともに，家事事件手続法に即したものにしたものである。

　しかし，本書が前書と同様に東京家庭裁判所の本庁及び支部における離婚調停及び離婚訴訟事件の実務の運用を紹介するものであり，実務家側から，その理論的根拠を明らかにするという方針は，変えていない。

　前書は，離婚の調停及び訴訟に携わる裁判官，書記官，家庭裁判所調査官，調停委員及び弁護士，そのほか研究者等に離婚紛争に関する実務及び理論を示すものとして評価されたようである。執筆者一同，望外の幸せと喜んでいる。本書が前書同様に広く読まれて，これが活用され，よりよき離婚調停及び離婚訴訟が行われることを期待している。

　なお，東京家庭裁判所本庁の人事訴訟事件の専門部である家事第6部における人事訴訟の実務については，『東京家庭裁判所における人事訴訟の審理の実情〔第3版〕』（判例タイムズ社，2012年刊）が公刊されている。同書は，人事訴訟事件一般について，審理の進行方法を具体的に明らかにし，また，統計的数値等を紹介することを主眼としているのに対し，本書は，離婚訴訟とその前提となる離婚調停にしぼって，主要な論点について，実務における運用とその理論的な説明をすることを主たる目的としている。ついでながら，離婚調停の具体的な進め方等については，拙書『新版離婚調停』（日本加除出版社，2013年刊）をご覧いただきたい。本書を含めて，これらをお読みいた

だければ，人事訴訟事件，離婚調停及び離婚訴訟について，実務の具体的な運用方法とその理論的根拠がおわかりいただけるものと確信している。

　最後に，本書を出版するに当たり，前書同様に青林書院編集部の長島晴美氏に多大な尽力をしていただいた。私が法科大学院の授業等に追われ，本書の刊行が大幅に遅れたことについても，いろいろと配慮と激励をいただいた。なんとか，本書の出版に至り，本当にほっとしている。長島氏に厚くお礼を申し上げる次第である。

　平成25年11月

著者代表　秋　武　憲　一

はしがき

　本書は，離婚調停と離婚訴訟について，実務の運用とその理由を説明したものである。
　すなわち，それまで地方裁判所において審理されていた人事訴訟事件は，人事訴訟法の施行に伴い，平成16年4月1日から家庭裁判所に移管され，以後，家庭裁判所において審理がされている。我々は，東京家庭裁判所本庁の人事訴訟専門部である家事第6部，又は東京家庭裁判所八王子支部（現立川支部）において，それぞれ家事調停事件や人事訴訟事件を担当した。本書は，東京家庭裁判所の本庁及び支部における離婚調停及び離婚訴訟事件の実務の運用を紹介するとともに，実務家として，その理論的根拠を明らかにしたものである。
　東京家庭裁判所本庁の人事訴訟専門部である家事第6部における人事訴訟の実務については，すでに『東京家庭裁判所における人事訴訟の審理の実情〔改訂版〕』（判例タイムズ社，2008年刊。以下「審理の実情」という。）が公刊されている。「審理の実情」は，人事訴訟事件を担当している裁判官のみならず，書記官及び家庭裁判所調査官がそれぞれの立場で実務の運用状況を明らかにしたものであり，加えて人事訴訟事件の審理に必要な「養育費・婚姻費用の算定表」等の資料のほか，家事第6部における事件処理の統計結果等も掲載したため，実務に携わる方々から好意を持って迎えられた。しかし，「審理の実情」は，人事訴訟事件の審理の進め方を明らかにすることに主眼があったため，実務の運用に関する理論的根拠や説明については，必ずしも十分とはいえない面があった。そこで，本書において，人事訴訟事件の大半を占める離婚訴訟とその前提となる離婚調停にテーマをしぼり，主要な論点に関する実務の解釈と運用を説明することにしたものである。
　それゆえ，本書は，内容的には「審理の実情」と重なる部分もあるが，離婚訴訟に携わる実務家のみならず，これから実務に携わろうとして法科大学

院や大学等で学ぶ人たちも含め，実務の運用とその理論的根拠を併せて学ぶことができ，また，研究者にとっても，家庭裁判所において実務を担当している者が，どのような考えのもとでどのように実務を行っているかを理解してもらうことができるものと考えている。このように，本書は，「審理の実情」と併せて読んで頂けると，離婚調停と離婚訴訟についての理解がより深まるものと確信している。

最後に，本書の刊行に当たり，多大な尽力をいただいた青林書院編集部の長島晴美氏に厚く御礼申し上げる次第である。

平成21年4月

著者代表　秋　武　憲　一

編集者・執筆者紹介

編 集 者

秋 武　憲 一（あきたけ　けんいち）　　【第1章，第2章Ⅰ～Ⅵ，第3
　　山梨学院大学法学部客員教授　　　　　　章Ⅰ・Ⅱ・Ⅵ】

岡　健 太 郎（おか　けんたろう）　　　　【第2章Ⅰ，第3章Ⅱ・Ⅵ】
　　元最高裁判所事務総局家庭局長

執 筆 者

田 中　智 子（たなか　ともこ）　　　　　【第2章Ⅱ・Ⅲ】
　　東京地方裁判所立川支部判事

松 谷　佳 樹（まつたに　よしき）　　　　【第2章Ⅶ，第3章Ⅴ】
　　横浜家庭裁判所判事

阿 部　　潤（あべ　じゅん）　　　　　　【第3章Ⅰ，第4章】
　　東京高等裁判所判事

水 野　有 子（みずの　ゆうこ）　　　　　【第3章Ⅲ・Ⅳ，第4章】
　　東京家庭裁判所家事部所長代行者

　　　　　　　　　　　　　　　　　　（執筆順，三訂版刊行時）

凡　例

1. 用字・用語等

　本書の用字・用語は，原則として常用漢字，現代仮名づかいによったが，法令に基づく用法，及び判例，文献等の引用文は原文どおりとした。

2. 関係法令

　関係法令は，原則として令和元年9月末日現在のものによった。

3. 本文の注記

　判例，文献の引用や補足，関連説明は，脚注を用いた。法令の引用，例示などは，本文中にカッコ書きで表した。

4. 法令の引用表示

　本文解説中における法令条項は，原則としてフルネームで引用した。
　カッコ内における法令条項のうち主要な法令名は，後掲の「主要法令略語表」によった。

5. 判例の引用表示

　脚注における判例の引用は，原則として次のように行った。その際に用いた略語は，後掲の「判例集等略語表」によった。年号は，大正は「大」，昭和は「昭」，平成は「平」と略記した。
　　（例）　昭和62年9月2日最高裁判所大法廷判決，最高裁判所民事判例集41巻6号1423頁
　　　→　最大判昭62・9・2民集41巻6号1423頁
　　（例）　平成25年10月1日東京家庭裁判所審判，判例時報2218号69頁
　　　→　東京家審平25・10・1判時2218号69頁

6. 文献の引用表示

脚注中に引用した文献については，著者（執筆者）及び編者・監修者の姓名，『書名』（「論文名」），巻数又は号数（掲載誌とその巻号又は号），発行所，刊行年，引用（参照）頁を掲記した。

主要な雑誌等は後掲の「主要雑誌等略語表」によった。

主要法令略語表

家事手続	家事事件手続法	人訴規	人事訴訟規則
家事規	家事事件手続規則	地公共済	地方公務員等共済組合法
旧家審	（旧）家事審判法	通則法	法の適用に関する通則法
旧家審規	（旧）家事審判規則	配偶者暴力	配偶者からの暴力の防止及び
厚年	厚生年金保険法		被害者の保護等に関する法律
厚年施規	厚生年金保険法施行規則	扶養準拠法	扶養義務の準拠法に関する法
国年	国民年金法		律
戸籍	戸籍法	民	民法
子奪取	国際的な子の奪取の民事上の	民執	民事執行法
	側面に関する条約の実施に関	民訴	民事訴訟法
	する法律	民訴規	民事訴訟規則
国公共済	国家公務員共済組合法	民訴費	民事訴訟費用等に関する法律
裁	裁判所法	民調	民事調停法
私学共済	私立学校教職員共済法	民調規	民事調停規則
人訴	人事訴訟法	民保	民事保全法

判例集等略語表

最	最高裁判所	民集	大審院及び最高裁判所民事判
最大	最高裁判所大法廷		例集
高	高等裁判所	刑集	大審院及び最高裁判所刑事判
家	家庭裁判所		例集
地	地方裁判所	裁判集民	最高裁判所裁判集民事
判	判決	下民	下級裁判所民事裁判例集
決	決定	家月	家庭裁判月報
審	審判	判時	判例時報
		判タ	判例タイムズ

主要雑誌等略語表

家月	家庭裁判月報	曹時	法曹時報
最判解民	最高裁判所判例解説民事篇	判タ	判例タイムズ
ジュリ	ジュリスト		

Legal Progressive Series 離婚調停・離婚訴訟〔三訂版〕

目 次

第1章 離婚調停 — 1

Ⅰ 家事調停前置主義 … 1

1. 家事事件手続法の規定 … 1
2. 人事訴訟法の制定 … 2
3. 家事調停制度 … 3
   - (1) 家事調停制度の趣旨　3
   - (2) 家事調停と他の手続との関係　4
   - (3) 家事調停の本質，特色及び対象　6
   - (4) まとめ　10

Ⅱ 家事調停の実際 … 10

1. 家事調停の担当者 … 11
   - (1) 調停委員会　11
   - (2) 家事事件を担当する裁判官　11
   - (3) 家事調停官　12
   - (4) 家事調停委員　12
   - (5) 裁判所書記官　13
   - (6) 家庭裁判所調査官　13
2. 家事調停の進行（その1） … 14
   - (1) 家事調停の当事者等　14
   - (2) 家事調停の管轄　16
   - (3) 家事調停の申立て　17

　　　　(4) 家事調停の申立手数料　17
　　3．家事調停の進行（その２）…………………………………18
　　　　(1) 調停期日　18
　　　　(2) 調停期日における行為　18
　　　　(3) 事実の調査　19
　　　　(4) 証拠調べ　20
　　　　(5) 家事調停の成立又は不成立　20
　　4．調停にふさわしい事案………………………………………22

Ⅲ　人事訴訟法施行後の家事調停の在り方 …………………23

　　1．人事訴訟法施行と家事調停の関係 …………………………23
　　　　(1) 人事訴訟手続と家事調停手続との関係　23
　　　　(2) 調停前置主義との関係　23
　　2．人事訴訟法施行後の離婚調停の運営方法 …………………24
　　　　(1) 離婚調停と人事訴訟の関係　24
　　　　(2) 離婚調停の具体的運営方法　25

Ⅳ　調停前置主義の果たしている機能と効果 ………………26

　　1．調停前置主義の意義 …………………………………………26
　　2．調停前置の有無が問題となる事例 …………………………26
　　3．調停を前置しなかった場合の効果 …………………………27
　　4．調停結果の人事訴訟事件における反映方法 ………………27

第2章　離婚訴訟の審理　29

Ⅰ　総　　論 …………………………………………………………29

　　1．人事訴訟法の制定 ……………………………………………29
　　　　(1) 人事訴訟の家庭裁判所への移管　30
　　　　(2) 家庭裁判所調査官による事実の調査　31

　　　　(3) 参与員の関与　**31**
　　　　(4) 人事訴訟手続の見直し　**32**
　　２．人事訴訟の特徴 ……………………………………………………**34**
　　　　(1) 専属管轄　**35**
　　　　(2) 訴訟行為能力の制限の排除　**35**
　　　　(3) 弁論主義の不適用　**35**
　　　　(4) 職権探知主義　**36**
　　　　(5) 当事者尋問等の公開停止　**36**
　　　　(6) 判決効の拡張　**36**

Ⅱ　管轄と当事者　……**37**

　　１．職分管轄 ……………………………………………………………**37**
　　　　(1) 家庭裁判所の担当する事件（職分管轄）　**37**
　　　　(2) 関連損害賠償請求事件の具体的内容　**37**
　　２．土地管轄 ……………………………………………………………**40**
　　　　(1) 離婚訴訟の土地管轄　**40**
　　　　(2) 自庁処理　**41**
　　　　(3) 遅滞を避ける等のための移送　**43**
　　　　(4) ま と め　**43**
　　３．当事者の訴訟能力 …………………………………………………**44**
　　　　(1) 人事訴訟における訴訟能力　**44**
　　　　(2) 人事訴訟における訴訟代理人　**44**
　　　　(3) 人事訴訟における成年後見人の訴訟上の地位　**45**

Ⅲ　事前準備と第１回口頭弁論期日　……**46**

　　１．訴状の記載等 ………………………………………………………**46**
　　　　(1) 離婚請求　**46**
　　　　(2) 附帯処分等の申立て　**47**
　　　　(3) 損害賠償請求　**52**
　　２．書　　　証 …………………………………………………………**52**

3．訴えの手数料 …………………………………………………53
　(1)　離婚請求　53
　(2)　損害賠償請求が併合された場合　53
　(3)　附帯処分等の申立てがある場合　53
　(4)　調停前置との関係　54
　(5)　訴訟上の救助　54
4．訴訟進行に関する照会書 ……………………………………54
5．第1回口頭弁論期日の指定 …………………………………54
6．調停手続等の情報収集 ………………………………………55
　(1)　当事者からの情報収集　55
　(2)　保護命令に関する情報収集　55
7．第1回口頭弁論期日の準備 …………………………………56
　(1)　事件の振り分け方法　56
　(2)　公示送達による場合　56
　(3)　被告欠席の場合　56
　(4)　付調停による場合　57
　(5)　請求の認諾及び放棄　57
8．第1回口頭弁論期日の運営 …………………………………58
　(1)　第1回口頭弁論期日　58
　(2)　被告の基本方針の確認　59

Ⅳ　争点及び証拠の整理と集中証拠調べ …………………………59

1．争点整理 ………………………………………………………59
　(1)　離婚訴訟における争点整理の意義　59
　(2)　争点整理を効率的に行う方策　61
　(3)　準備書面・書証等の提出方法　62
2．離婚原因の争点整理 …………………………………………64
　(1)　婚姻破綻の主観的要素　64
　(2)　婚姻破綻の客観的要素　65
　(3)　有責配偶者からの離婚請求　66

3．附帯処分等の争点整理 …………………………………………66
　(1)　附帯処分等の審理方法　66
　(2)　財産分与に関する処分　67
　(3)　養育費の支払　68
　(4)　親権者の指定　69
　(5)　年金分割　72
4．家庭裁判所調査官による事実の調査を命ずるための準備 …72
5．集中証拠調べ …………………………………………………73
　(1)　集中証拠調べの実施　73
　(2)　本人尋問及び証人尋問の実施　74
　(3)　当事者尋問等の公開停止　75
　(4)　遮へい措置等　77

V　裁判の終了 …………………………………………………78

1．判決（判断の形式）……………………………………………78
　(1)　離婚請求と附帯処分等の裁判　78
　(2)　判決の基準時　79
　(3)　判決によらない婚姻終了の場合の附帯処分等の裁判　80
2．訴訟上の和解 …………………………………………………80
　(1)　訴訟上の和解の位置づけ　80
　(2)　和解手続　81
　(3)　和解条項　82
3．請求の認諾及び放棄 …………………………………………84
　(1)　請求の認諾及び放棄　84
　(2)　離婚請求の認諾及び放棄　84
4．その他の終了事由 ……………………………………………85
　(1)　訴えの取下げ　85
　(2)　調停により離婚がされた場合（家事手続268条1項）　85
　(3)　調停に代わる審判が確定した場合
　　　（家事手続284条1項・287条）　86

(4)　離婚訴訟の係属中に原告又は被告が死亡した場合
　　　　（人訴27条）　86
　5．戸籍事務管掌者に対する判決確定等の通知 …………………86
　6．履行の確保 ……………………………………………………86

Ⅵ　参与員の立ち会う審理（人訴9条）……………………………87

　1．制度趣旨 ………………………………………………………87
　2．関与対象事件 …………………………………………………88
　3．参与員が関与する手続段階 …………………………………88
　4．参与員の指定 …………………………………………………90
　5．参与員に対する事前の説明 …………………………………90
　6．参与員の権限 …………………………………………………90
　　　(1)　証拠調べへの立会い　　90
　　　(2)　和解の試みへの立会い　　90
　　　(3)　意見陳述　　91
　7．参与員への結果連絡等 ………………………………………91

Ⅶ　保全処分（仮差押え，仮処分等）………………………………91

　1．旧法下における議論 …………………………………………91
　2．新法における規律 ……………………………………………92
　3．管　　轄 ………………………………………………………94
　4．保全命令の要件 ………………………………………………97
　5．保全処分の種類 ………………………………………………99
　6．保全命令の審理手続 …………………………………………100
　7．人事訴訟法17条1項による損害賠償請求を本案とする
　　　保全処分における留意点 ……………………………………101
　8．財産分与を被保全権利とする保全処分における留意点 …102
　9．子の引渡しと保全処分 ………………………………………104
　10．起訴命令についての特則 ……………………………………106
　11．国際裁判管轄 …………………………………………………107

第3章　離婚訴訟における主要な論点―――109

Ⅰ　離婚原因（民770条1項1号～5号）……………109

1．有責主義と破綻主義……………109
(1) 各国とわが国における離婚に関する法律及び制度の動向　109
(2) 消極的破綻主義　110

2．わが国における離婚に関する法律及び制度 ……………110

3．民法の離婚原因（民770条1項1号～5号）……………112
(1) 民法の離婚原因　112
(2) 不貞行為（民770条1項1号）　113
(3) 悪意の遺棄（民770条1項2号）　115
(4) 3年以上の生死不明（民770条1項3号）　116
(5) 強度の精神病（民770条1項4号）　117
(6) 婚姻を継続し難い重大な事由（民770条1項5号）　119
(7) 裁量的棄却事由（民770条2項）　123

4．離婚訴訟における離婚原因の意義……………124
(1) 離婚訴訟の訴訟物　124
(2) 離婚訴訟における攻撃・防御の実際　126
(3) 離婚訴訟における要件事実　128

5．離婚原因の見直し議論……………128

Ⅱ　有責配偶者からの離婚請求……………130

1．有責配偶者からの離婚請求に関する法理……………130
(1) 問題の所在　130
(2) 昭和27年最高裁判決　130
(3) 学説の状況　131
(4) その後の裁判例等　132

2．昭和62年大法廷判決……………133
(1) 判決要旨　133

(2)　判　　示　133
　　　(3)　若干の説明　135
　３．その後の裁判例 …………………………………………………136
　　　(1)　別居期間に関する裁判例　136
　　　(2)　未成熟子に関する裁判例　138
　４．ま と め ……………………………………………………………140
　　　(1)　夫婦の別居が両当事者の年齢及び同居期間との対比において相当の長期間に及んでいること　140
　　　(2)　夫婦の間に未成熟の子が存在しないこと　141
　　　(3)　相手方配偶者が離婚により精神的・社会的・経済的に極めて苛酷な状態におかれる等離婚請求を認容することが著しく社会正義に反するといえるような特段の事情の認められないこと　142
　　　(4)　留 意 点　143
　　　(5)　要件事実　144

Ⅲ　子の親権者の指定 （民819条2項）……………………………145

　１．子の親権者の指定及び附帯処分の審理及び裁判 （人訴32条）一般 ……………………………………………………………145
　　　(1)　子の親権者の指定及び附帯処分の同時解決　145
　　　(2)　附帯処分等の審理　146
　　　(3)　事実の調査及びそれに対する家庭裁判所調査官の関与　147
　２．子の親権者の指定 （民819条2項）……………………………148
　　　(1)　はじめに　148
　　　(2)　判断の基準　149
　　　(3)　審理の実際　152
　　　(4)　事実の調査　156

Ⅳ　子の監護に関する処分──養育費，面会交流 （民766条1項・2項）…165

　１．養 育 費 ……………………………………………………………165

(1) はじめに　166
　　　(2) 申立て　166
　　　(3) 養育費の意義及びその算定方法　166
　　　(4) 審理の実際　172
　　　(5) 未払養育費　172
　2．面会交流 …………………………………………………173
　　　(1) 面会交流の意義　173
　　　(2) 申立ての方法及び審理の実際　173

V　財産分与　(民768条)………………………………………174

　1．財産分与制度の沿革 ……………………………………174
　　　(1) はじめに　174
　　　(2) 戦前の状況　174
　　　(3) 民法改正と制度の導入　175
　　　(4) 抽象的な条文　175
　　　(5) 改正の動向　176
　　　(6) 2分の1のルール　176
　　　(7) 立法経過を踏まえた議論　176
　2．財産分与の概観 …………………………………………177
　　　(1) 財産分与の判断要素　177
　　　(2) 清算的財産分与と2分の1ルール　178
　　　(3) 扶養的財産分与と補充性　179
　　　(4) 慰謝料的財産分与を請求する実益　179
　3．清算的財産分与における財産分与の基本的な算定方法……179
　4．清算と評価の基準時 ……………………………………181
　　　(1) 概観　181
　　　(2) 2つの基準時　181
　　　(3) 対象財産別の基準時の判断の実際　183
　5．対象財産 …………………………………………………184
　　　(1) 特有財産の除外　184

(2) 第三者名義の財産　186
　　　(3) 退　職　金　186
　　　(4) 年　　金　188
　　　(5) 債務（住宅ローンなど）　189
　　　(6) 未払婚姻費用　193
　6．扶養的財産分与……………………………………………196
　7．財産分与の方法……………………………………………196
　　　(1) はじめに　196
　　　(2) 金銭の支払　197
　　　(3) 現物の分与　197
　　　(4) その他の付随的処分　199
　8．財産分与の手続……………………………………………200
　　　(1) 財産分与の合意がある場合と財産分与の申立て　200
　　　(2) 財産分与義務者からの財産分与の申立て　201
　　　(3) 人事訴訟手続での審理手続　202
　　　(4) 財産分与と証拠収集手続　203
　　　(5) 遅延損害金と仮執行宣言　204
　9．人事訴訟における財産分与の審理の実際……………204
　　　(1) 財産分与の申立て　204
　　　(2) 争点整理　205
　　　(3) 証拠開示と証拠調べ　208
　　　(4) 和解勧告　209
　10．財産分与の審理の長期化とその対応…………………210
　　　(1) 人事訴訟の平均審理期間の推移と財産分与の審理　210
　　　(2) 長期化しやすい類型1──当事者が財産資料の提出に消極的な事案　210
　　　(3) 長期化しやすい類型2──特有財産性に争いがある事案　211
　　　(4) 基準時に争いがある事案　211
　　　(5) 合理的な主張立証計画の必要　212
　　　(6) 和解の重要性　213

(7)　判断の手法についての工夫　213

VI　年金分割（厚年78条の2第2項等） ……………………214

1．年金分割とは ……………………………………………214
2．年金制度の概要 …………………………………………216
　　　(1)　国民年金　218
　　　(2)　厚生年金　218
　　　(3)　各共済年金　219
3．離婚時年金分割制度 ……………………………………220
　　　(1)　年金分割の種類　220
　　　(2)　年金分割（合意分割）の内容　221
　　　(3)　手続の流れ　223
4．年金分割の附帯処分 ……………………………………224
　　　(1)　手続の流れ　224
　　　(2)　按分割合の定め　226

第4章　渉外離婚事件　　　　　　　　　　　　　　　229

I　渉外離婚事件の特徴 ……………………………………229

II　国際民事訴訟法に関する問題 …………………………229

1．送達と国際司法共助 ……………………………………229
　　　(1)　総　説　229
　　　(2)　多国間条約　230
　　　(3)　司法共助の取決め及び二国間条約　231
　　　(4)　条約及び二国間共助取決めがない場合（個別の応諾）　231
2．外国離婚判決の承認 ……………………………………231

III　国際裁判管轄権に関する問題 …………………………233

1．国際裁判管轄権の意義 …………………………………………233
　　2．国際裁判管轄法制の整備 ………………………………………233
　　3．改正法施行前の実務 ……………………………………………234
　　4．改正法の内容 ……………………………………………………235
　　　(1) 離婚調停事件の国際裁判管轄　235
　　　(2) 離婚訴訟事件の国際裁判管轄　236

Ⅳ　渉外離婚事件の手続 …………………………………………237

　　1．「手続は法廷地法による」の原則 ………………………………237
　　2．家事事件手続法284条による審判 ……………………………237

Ⅴ　準拠法に関する問題 …………………………………………238

　　1．法の適用に関する通則法 ………………………………………238
　　2．離婚に関する準拠法 ……………………………………………239
　　3．親権者の指定等に関する準拠法 ………………………………239
　　4．養育費の請求に関する準拠法 …………………………………240
　　5．財産分与に関する準拠法 ………………………………………240
　　6．慰謝料請求に関する準拠法 ……………………………………241

Ⅵ　渉外離婚事件の審理 …………………………………………242

Ⅶ　準拠法として適用される主な外国離婚法制の概要 ………242

　　1．韓　　国 …………………………………………………………243
　　　(1) 協議離婚　243
　　　(2) 裁判上の離婚原因　243
　　　(3) 未成年の子の親権等　243
　　　(4) 財産分割　244
　　2．中　　国 …………………………………………………………244
　　　(1) 協議離婚　244
　　　(2) 調停離婚・裁判離婚　244

(3)　子の養育　245
　　　(4)　財産の清算　245
　３．アメリカ合衆国　245
　　　(1)　総　　説　245
　　　(2)　離婚手続　246
　　　(3)　離婚原因　246
　４．ベトナム　246
　　　(1)　離婚手続　246
　　　(2)　合意による離婚　247
　　　(3)　子の養育　247
　　　(4)　財産分割　247
　５．フィリピン　248
　　　(1)　離婚の可否　248
　　　(2)　法定別居の原因　248
　　　(3)　法定別居の効果　248
　　　(4)　子の監護　248
　　　(5)　財産の清算　249
　６．ブラジル　249
　　　(1)　離婚の可否　249
　　　(2)　合意による裁判上の別居　249
　　　(3)　争訟性の裁判上の別居　249
　　　(4)　間接離婚（転換離婚）　249
　　　(5)　合意による直接離婚　250
　　　(6)　協議離婚　250
　　　(7)　離婚の効果　250

資料：書式例等　251

■資料１：訴状（離婚請求事件）　253
■資料２：訴状（損害賠償請求事件）　256

- ▰資料3：身分関係図（記載例） 258
- ▰資料4：自庁処理申立書 259
- ▰資料5：自庁処理に関する照会書 260
- ▰資料6：訴訟進行に関する照会書（原告用） 262
- ▰資料7：訴訟進行に関する照会書（調停の代理人用） 263
- ▰資料8：訴訟進行に関する照会書（被告用） 264
- ▰資料9：答弁書 265
- ▰資料10：資料説明書 267
- ▰資料11：婚姻生活史 268
- ▰資料12：家計収支状況表 270
- ▰資料13：子の監護に関する陳述書記載項目等 271
- ▰資料14：子の監護に関する陳述書の記載に当たっての注意事項 272
- ▰資料15：証拠等申出書 273
- ▰資料16：調査命令書 275
- ▰資料17：調査計画書 276
- ▰資料18：判決書（簡易書式） 277
- ▰資料19：判決書 279
- ▰資料20：婚姻関係財産一覧表〈書式〉 281
- ▰資料21：婚姻関係財産一覧表〈記載例〉 282
- ▰資料22：記入に当たっての注意事項 283
- ▰資料23：争点整理表 284
- ▰資料24：年金分割のための情報通知書 285

事項索引 …………………………………………………………………287
判例索引 …………………………………………………………………291

■離婚調停・離婚訴訟事件の流れ

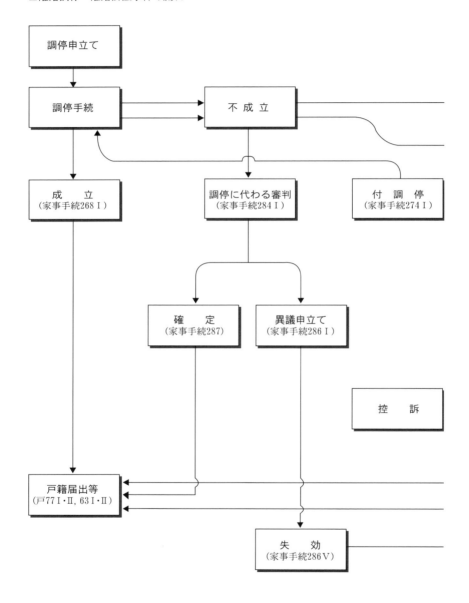

離婚調停・離婚訴訟事件の流れ

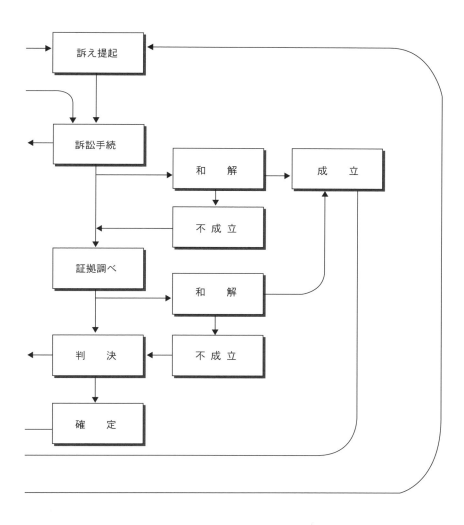

第1章

離 婚 調 停

Ⅰ　家事調停前置主義

1．家事事件手続法の規定

　家事事件手続法（平成23年法律第52号）は，家事審判及び家事調停に関する事件の手続を定めたものである。同法は，家事審判法（昭和22年法律第152号）を廃止して制定されたものであり，平成25年1月1日から施行されている。

　ところで，家事事件手続法257条1項は，同法244条の規定により調停を行うことができる事件について訴えを提起しようとする者は，まず，家庭裁判所に調停の申立てをしなければならないと規定している。そして，同法244条は，家庭裁判所は，人事に関する訴訟事件その他家庭に関する事件（別表第1に掲げる事項についての事件（以下「別表第1事件」という。）を除く。）について調停を行うと規定している。

　つまり，家事事件手続法は，離婚訴訟（これは，人事に関する訴訟事件の典型である〔人訴2条参照〕。）を提起するときは，家庭裁判所における調停（家事調停）の申立てをしなければならないとしているのである。このように人事訴訟事件を提起する前に家事調停を経なければならないという原則を家事調停前置主義（調停前置主義）又は調停先行主義という。

　これはどういうことかというと，家事事件手続法は，離婚を含む，家庭に

関する訴訟事項については，いきなり訴訟手続によって公開の法廷で争わせることは，家庭の平和と健全な親族共同生活の維持を図るという見地からは望ましくないとして，まず，当事者の互譲により円満かつ自主的に解決する措置である家事調停を経ることを求めたということである。この点は，廃止された家事審判法と同様の考え方によっている。

2．人事訴訟法の制定

ところで，司法制度改革審議会は，平成13年6月12日，21世紀の日本を支える司法制度に関する種々の提言を取りまとめ，これを意見書として公表したが，この中に，人事訴訟事件の家庭裁判所への移管が取り上げられていた。

すなわち，上記意見書は，「家庭関係事件のうち，離婚，婚姻の取消し，子の認知などのいわゆる人事訴訟事件については，訴えの提起に先立ち，原則として，まず，家庭裁判所に家事調停の申立てをし，調停によって紛争の解決を図るべきものとされている。家事調停が不成立に終わり，改めて訴訟によって解決しようとするときは，地方裁判所に訴えを提起すべきものとされている。このため，一つの家庭関係事件の解決が，家庭裁判所の調停手続と地方裁判所の人事訴訟手続とに分断され，手続間の連携も図られていない。また，家庭関係事件のうち，人事訴訟事件以外の，離婚の際の財産分与，子の監護者の指定・養育費の負担，婚姻費用の分担に関する争いなどは，家事審判手続により家庭裁判所が審理・裁判するものとされている。しかし，それらのうちの一部のものは，離婚訴訟に付随している限り，地方裁判所において審理・裁判することができるとされるなど，家庭裁判所と地方裁判所の管轄の配分は，著しく煩雑で，利用者たる国民に分かりにくい。さらに，家庭裁判所には，家庭裁判所調査官が配置され，その専門的知見を活かした調査の結果が家庭裁判所での調停・審判を適切なものとするのに大きく貢献しているが，地方裁判所には，その種の機関がなく人事訴訟の審理・裁判に利用することができない。このような状況を踏まえ，人事訴訟事件を，親子関係存在確認訴訟など解釈上人事訴訟に属するとされているものも含めて，家庭裁判所の管轄に移管すべきである。また，離婚の原因である事実など人事

訴訟の訴えの原因である事実によって生じた損害賠償の請求についても，人事訴訟と併合される限り，家庭裁判所の管轄とすべきである」としている。

そして，これを受けて，法制審議会民事訴訟部会・人事訴訟分科会において，具体的な人事訴訟手続の改正作業が行われ，新しい「人事訴訟法」が制定されたのである。

このようにして人事訴訟法は，平成16年4月1日から施行され，同日から，家庭裁判所において人事訴訟事件の審理がされることになった。

3．家事調停制度

このように，平成16年4月1日以降，離婚事件については，家庭裁判所において審理が行われているが，既に説明したように，調停前置主義が採用されているから，離婚訴訟を提起するには，離婚に関する調停（事件名は「夫婦関係調整調停」である。）を経なければならない。

なお，調停前置主義は，人事訴訟事件が家庭裁判所に移管される前から採用されているが，これを理解するためには，まず，家事調停とはいかなる制度であるかを知る必要がある。そこで，人事訴訟事件，特に離婚訴訟に関連する限度で，家事調停について説明することとする。

(1) 家事調停制度の趣旨

家事調停は，家庭に関する紛争の解決手段であり，調停機関が紛争の当事者の間に介在して，当事者の権利又は法律関係について合意を成立させることにより，紛争の自主的な解決を図る制度である。

つまり，家事調停は，当事者から見ると，衝突した利益について相互に譲歩して紛争の解決について同意することにより紛争を消滅させる制度であり，これを紛争の調整を行う機関から見ると，紛争の当事者の申立てにより，条理にかない紛争の実情に即した合意の成立を媒介する制度であるといえる。そして，司法制度としてこれを見るならば，家事調停は，家庭裁判所が関与する，訴訟手続によらない，当事者の自主的紛争解決方法であるということになる。

これをもう少し詳しく説明すると，家事調停は，家庭裁判所において調停委員会が手続を進める紛争解決制度であるが，家事調停制度は，家事事件手続法の中に定められた制度であり，家庭に関する紛争を解決するための裁判

制度の前段階にある非裁判制度であるということになる。したがって，紛争が判決や審判のように公権的かつ強制的に解決されるというわけではないから，後記(2)のとおり，ADR（裁判外紛争解決）の一種である。

　家族に関する紛争は，その性質上，権利義務の面からその正否を決めれば，それによりすべてが解決できるとはいうわけにはいかない。つまり，他の法的紛争の多くが偶発的で一回限りのものであるのに対し，家族に関する紛争は，通常，長期間にわたって形成されたものであり，当面の課題が解決されたとしても，家族関係が将来にわたって継続するため，再び同じような問題が生じるおそれがあるばかりか，背後に感情的な対立があり，しかも，家族関係の紛争の性質上，これを他人に知られたくないという面があるのである。

　また，家族は，市民生活の最小単位であるが，国家と市場経済に支えられて存続しており，他方，国家や市場経済も安定した家族がないと基盤が安定しないという関係にあるから，家庭及び家族関係の安定は，国家及び市場経済にとって重要なことであるといえる。

　こうしたことから，家族に関する紛争については，それが紛争である以上，その権利義務関係を適正に判断されることが必要であるものの，紛争当事者が夫婦親子等の家族であるということから，その解決は，相互に調和し，精神的にも経済的にも安定した家庭を営むことができるようなものであることが要請される。これに合致するものとして，家事調停制度が設けられたのである。

　なお，現行の家事調停制度は，家事審判制度とともに，家事審判法によって，昭和23年1月1日から行われ，平成25年1月1日以降に申し立てられた事件については，家事事件手続法によって行われている。家事調停制度の構想そのものは，大正時代にさかのぼるとのことである。[1]

(2)　家事調停と他の手続との関係

　現在，ADR法（裁判外紛争解決手続の利用の促進に関する法律）が制定され，[2]

---

[1]　沼辺愛一「家事調停の沿革と家庭裁判所の設立」沼辺愛一＝野田愛子＝佐藤隆夫＝若林昌子＝棚村政行編『現代家事調停マニュアル』（判例タイムズ社，2002）2頁。

[2]　ADR（Alternative Dispute Resolution）は，「裁判外紛争解決」や「代替的紛争解決」などと訳されているが，判決や審判が強制的紛争解決であるのに対して，これと異なるという意味で任意的紛争解決といわれている。

　ADRは，①行政型，②民間型，③司法型に区分される。行政型は，行政機関あるいはその

家事に関する紛争処理についても，家庭裁判所における家事調停以外に，裁判外紛争解決手段が設けられ，その意味では，家事調停についても競争原理が導入されたといえる。しかし，家事調停は，従来から，費用の低廉性，迅速性及び内容の妥当性等から高い評価を受けてきた。つまり，訴訟手続の場合，手続が厳格であり，そのため種々の制約が多いだけではなく，時間と労力・費用を要するが，家事調停では，これらを避け，軽易な手続により適正なコスト（後記Ⅱ2(4)のとおり，調停の手数料は，1件につき1200円である。）で，実質的解決をもたらすことができ，しかも，裁判官が調停委員会の構成員に加わっていることで，司法的判断が示されるため，内容の妥当性も保障されているとされ，これが家事調停制度の利点とされてきたのである。したがって，司法型ADRとしての家事調停に対する利用者の信頼性は，他のADRに比較しても高いものとされている。[3]

なお，平成29年度における家事調停の新受（調停の申立てがされたもののほかに訴訟や審判から調停に付されたものなどを含む。）件数は，全国で13万9352件であり，同年度中に成立した調停の件数（ただし，これは同年度中に申立てがされたものだけでなく，それ以前に申立てがされたものも含んでいる。）は，7万2031件，成立しなかった調停の件数は，2万3874件，取り下げられた調停の件数は，

付置機関で行うものであり，労働委員会，公害等調整委員会，建築工事紛争審査会，各地方公共団体が行っている苦情処理委員会等がこれに当たる。民間型には，一般社団法人日本商事仲裁協会，公益財団法人交通事故紛争処理センター，弁護士会の仲裁センター等があり，司法型には，家事調停，民事調停，裁判所で行う和解（訴訟上の和解のほか，簡易裁判所の即決和解）等がある。なお，ADRの方法は，①調整型，②裁断型に区分される。調整型は，双方の意見や利害を調整して合意に至るものであり，裁断型は，仲裁の判断に従うという内容の仲裁契約を前提にして，双方から事情聴取をして仲裁判断をし，当事者は，これに拘束されるというものである。

平成16年に裁判外紛争解決手続の利用の促進に関する法律が制定されたが，その目的は，内外の社会経済情勢の変化に伴い，裁判外紛争解決手続（訴訟手続によらずに民事上の紛争の解決をしようとする紛争の当事者のため，公正な第三者が関与して，その解決を図る手続をいう。）が，第三者の専門的な知見を反映して紛争の実情に即した迅速な解決を図る手段として重要なものとなっていることにかんがみ，裁判外紛争解決手続についての基本理念及び国等の責務を定めるとともに，民間紛争解決手続の業務等に関して手続等を定め，紛争当事者がその解決を図るのにふさわしい手続を選択することを容易にし，もって国民の権利利益の適切な実現に資するということである（同法1条）。

[3] 竹下守夫「司法制度改革と家庭裁判所―家庭裁判所への期待」ケース研究278号（2003）25頁。

2万8141件であるから,概略であるが,家事調停のうち約52.5％について,合意の成立により紛争が解決したことになる。

(3) 家事調停の本質,特色及び対象

　(a) **家事調停の本質論**　家事調停の本質論については,合意斡旋説（家事調停は,当事者間の合意による自主的解決を図る制度であり,その本質は,家庭に関する紛争につき,当事者間にその紛争を解決するための合意形成を斡旋するところにあるとする説）[5]と調停裁判説（調停機関〔調停委員会又は家事調停官を含む裁判官〕が調停手続において調査し,認定した事実に基づいて,正当であると判断した結論〔調停判断〕を当事者に納得させるものであり,単に当事者間の和解を斡旋するものではないとする説）[6]が対立している。他方,調停においては,調停委員会の判断と当事者の合意のどちらの要素も欠くことができないから,調停の本質的契機は「判断」と「合意」であるとする説[7]も有力である。しかし,合意斡旋説も,調停機関による当事者間の合意の斡旋である以上,単に紛争解決のための合意を斡旋すればよいというのではなく,事実を明確にして,これを判断したうえで,合法的かつ合理的な解決案を作成して合意の形成を斡旋するもので,調停機関の判断した結論を重視すべきであるとしているから,実際上は,両説の間には,それほど大きな差異はないとされている[8]。なお,これは調停の本質についての考え方の違いである。すなわち,合意斡旋説に立つとしても,調停において当事者間に合意が成立し,これを調書に記載すれば,その記載は,確定判決と同一の効力を有するのであり,他方,調停裁判説に立つとしても,当事者間に合意が成立していないのに調停を成立させることはできないのである（家事手続268条1項）。

4）「調停時報201号」（日本調停協会連合会,2018）。
5）宮崎澄夫「調停の理念」民事訴訟法学会編『民事訴訟法講座(5)』（有斐閣,1956）1371頁・1380頁,沼辺愛一「第10章調停」加藤令造編『家事審判法講座(3)』（判例タイムズ社,1975）18〜19頁。
6）村崎満『結婚・離婚・扶養の法律知識』（育英堂,1981）41頁,同「家事調停私論(1),(2・完)」法時31巻2号（1959）80頁・3号（1959）80頁,なお,昭和48年3月,「臨時調停制度審議会答申書」48頁以下参照。
7）高野耕一「人訴移管後の家事調停—家事調停の『かたち』」ケース研究296号（2008）3頁。
8）沼辺・前掲注5）19頁,同「家事調停制度の回顧と課題」家月41巻1号（1989）40頁,宮崎・前掲注5）1378〜1379頁。

(b) **家事調停の特色** 家事調停は、①調停そのものが、紛争当事者の互譲により、事案の実情に即した、双方に釣り合いのとれた妥当な解決を得ることを目的とし、当事者の合意に基づくものであるから、当事者にとって納得のいく解決が得られる反面、合意による解決は、当事者の自由意思によるべきものであるため、調停機関としてこれを当事者に強制することはできない（当事者の自由意思による紛争解決。強制できるとすると裁判による紛争解決となってしまう。）、②調停は、原則として、裁判官と民間から任命された家事調停委員（家事手続249条1項）が構成員となる調停委員会により行われるから（家事手続247条1項）、紛争の解決に健全な社会人の良識が反映され、その人格と社会的経験に基づいて、当事者を互譲と合意に導き、具体的妥当な解決を図ることが期待される（民間から任命された家事調停委員の手続関与）、③調停手続は、訴訟手続に比べれば緩やかで、話合いを進める手続や事件の関係者が意見を表明する方法について制約がなく（無方式）、その反面、事件の実情を明らかにするために、積極的に職権をもって事実の調査や証拠調べをすることができる（職権探知主義〔家事手続261条・262条〕）、④調停手続は、非公開で行われるので、紛争の経過や内容等が外部に知られることがなく、そのため、当事者も率直に意見を述べ、なごやかに話合いを進めることができる（非公開手続〔家事手続33条〕）、⑤調停において合意が成立し、これが調書に記載されると、確定判決又は確定審判と同一の効力が与えられる（家事手続268条1項）という特色を有している。

(c) **家事調停の対象事件** 家事事件手続法244条は、家庭裁判所は人事に関する訴訟事件その他家庭に関する事件で、別表第1事件を除いたものについて調停を行うと規定している。したがって、家事調停の対象となる事件は、①人事訴訟法2条に規定されている事件、②家事事件手続法別表第2に掲げる事項についての事件（以下「別表第2事件」という。）、③その他の家庭に関する事件ということになる。

なお、上記①及び③の調停を「一般調停」といい、上記②の調停を「別表第2事件の調停」という。一般調停は、家事事件手続法244条が「人事に関する訴訟事件その他家庭に関する事件（別表第1に掲げる事項についての事件を除く。）について調停を行う」と規定しているように、家庭に関する事

件であれば，別表第1事件以外は，すべてが対象となる。それゆえ，家庭に関する事件であれば，訴訟となる場合に，その事物管轄が地方裁判所又は簡易裁判所である事件であっても，家事調停の申立てをすることができることになる。

　別表第2事件の調停は，調停が成立しなければ，裁判所がその紛争について審判という形で紛争解決方法を示さなければならない事件を対象とする調停である。別表第2事件については，調停前置主義を定める明文がないが，別表第2事件であっても，家事審判法施行以来，「調停前置主義的運用（前置的運用）」あるいは「調停先行の原則」と呼ばれる実務慣行が確立している。条文上も，「（家事事件手続法）第244条の規定により調停を行うことができる事件についての訴訟又は家事審判事件が係属している場合には，裁判所は，当事者（本案について被告又は相手方の陳述がされる前にあっては，原告又は申立人に限る。）の意見を聴いて，いつでも，職権で，事件を家事調停に付することができる」（家事手続274条1項）とされているのであり，別表第2事件の審判事件についても家事調停の対象となるのである。そうであれば，別表第2事件の審判についても，人事訴訟事件と同様にいきなり審判手続で争わせるよりも当事者の互譲により円満かつ自主的に解決する家事調停を経ることが望ましいといえる。

　ちなみに，家事調停の対象事件のうち，（前記③の）「その他家庭に関する事件」というのは，これだけでは対象の範囲が明確ではないともいえるが，通常，①親族又はこれに準ずる者の間という一定の身分関係の存在，②その間における紛争の存在，③人間関係調整の要求や余地の存在，があれば，家庭に関する事件として家事調停の対象となると考えられている。

　そして，親族又はこれに準ずる者の間という一定の身分関係については，これが現在も存在していることは必要なく，離婚後の慰謝料や財産分与請求のような過去の身分関係に基づくものでもよいのである。また，内縁の夫婦間の事件や婚約不履行又は結納返還等の事件も親族に準ずる者の間の事件に含まれ，さらに，婚姻している男性又は女性と婚姻外に男女関係を持った女性又は男性との関係解消を目的とする事件についても，これが調整されれば，上記男性又は女性とその配偶者との関係が調整され，家庭の平和がもたらさ

れることになるから，家事調停の対象となると解されている。

　親族又はこれに準ずる者という一定の身分関係については，これがあれば，その間に生じた紛争が身分上の問題ではなく，金銭や土地建物の貸借に係る紛争や同族会社の業務執行に関する親子，兄弟姉妹間の紛争のような財産関係の紛争も対象となると解されている。そのため，同一紛争が，親族又はこれに準ずる者の間の事件として家事調停の対象となり，他方で，財産関係の紛争であるとして，民事調停の対象となるという事態も生じることになる。したがって，こうした事態にそなえて民事調停と家事調停との間に移送の規定（家事手続246条2項・3項，民調4条2項）が設けられている。

　ところで，親族又はこれに準ずる者の間という一定の身分関係のある者の間の紛争の背後には，人間関係を調整しなければならない状況が存在することが多く，こうした紛争については，その法的処理をするとともに，人間関係の調整をしなければ，妥当な解決に至らないことも多い。こうした人間関係を調整することが民事調停制度とは別個に家事調停制度が設けられた趣旨であると解されている。それゆえ，親族又はこれに準ずる者の間において財産をめぐる紛争がある場合，これだけで「家庭に関する事件」として家事調停の対象になるとはいえないが，人間関係の調整が必要であれば，家事調停として受理されることになる。なお，その後，紛争の実態が家事調停の対象にはふさわしくないことが判明すれば，地方裁判所又は簡易裁判所に移送されることもある。

　また，親族又はこれに準ずる者の間において人間関係調整の余地があれば，婚姻予約の履行請求や夫婦又は親族間の感情的対立の調整などの非法律的事項も家事調停の対象となると解されている。

　以上をまとめると，家事調停の対象となる事項は，まず，①人事に関する訴訟事件と②その他の家庭に関する事件に大別され，さらに①は，離婚，離縁等の事件と家事事件手続法277条1項所定の事件（これを「合意に相当する審判事件」というが，これは，人事に関する訴え（離婚及び離縁の訴えを除く。）を提起することができる事項についての家事調停の手続において，当事者が申立ての趣旨のとおりの審判を受けることに合意し，申立ての原因について争いがない場合には，裁判所が必要な調査をして，その合意を正当と認めるときは，合意に相当する審判をすることができ，そ

の審判が確定すると確定判決と同一の効力を有するという制度である。紛争性がなく，しかも，合意の内容が客観的事実と合致することが認められるのであれば，訴訟よりも簡易な手続による処理でよいとされたのである。）に，②は，別表第2事件とこれ以外の家庭に関する事件ということになる。このうち，①の離婚，離縁等の事件と②の別表第2事件以外の家庭に関する事件が一般調停事件と称されている。なお，これを図示すると次のとおりとなる。

■家事調停の対象事件

人事に関する訴訟事件	離婚・離縁事件（一般調停事件）
	合意に相当する審判事件
その他の家庭に関する事件	別表第2事件
	その他の家庭事件（一般調停事件）

(4) まとめ

　このように，調停前置主義は，家事事件についてはできるだけ家事調停による解決を図り，その後に裁判手続に進むべきであるとするもの（調停尊重主義，調停優先主義）であり，家事調停制度は，私人間の紛争を解決するという司法システムにおいて，家庭に関する紛争を，廉価でしかも迅速かつ妥当に解決する制度であるから，調停前置主義は，家事調停をすることができる訴訟事件については，その紛争の性質上，地方裁判所や家庭裁判所にいきなり訴えを提起して，法廷で争うよりも，互譲による円満かつ自主的な解決が望ましいという考えに立脚しているといえる。

　家事事件手続法は，こうした考えから，家事事件については，まず，家庭裁判所での調停を経ることとしたのである。なお，戦後，新憲法が婚姻及び家族に関する立法について個人の尊厳と両性の本質的平等に立脚することを求め，これに基づいて民法が改正されるとともに家事審判制度が設置され，家事審判法が制定されたが，そのときの理念も同様のものであった。つまり，家事事件手続法は，こうした家事審判法の考えを引き継いだのである。

Ⅱ　家事調停の実際

1．家事調停の担当者

　家事調停を行うことは，裁判所法上の裁判所，すなわち官署としての家庭裁判所の権限である（裁31条の3第1項1号。ただし，裁17条，家事手続274条3項参照）。

　つまり，家事調停の申立てがされ，官署としての家庭裁判所に事件が受理されると，あらかじめ裁判官会議で定められた事務分配（下級裁判所事務処理規則6条）により担当裁判官に配てんされ，手続法上の家庭裁判所（受調停裁判所）が定まることになる。この受調停裁判所は，調停手続における審判及び一定の準備的行為（第1回期日の指定，家庭裁判所調査官に対する調停開始前の調査命令等）や事後的調停行為（調停調書に対する認印，履行勧告等）を行うことになるが，通常，調停といっている，当事者双方から事情聴取し，紛争について互譲をうながして，利害調整を行うなどの行為（本質的調停行為）を行って調停事件を処理する調停機関は，調停委員会又は1人の裁判官（家事調停官）である。なお，家事審判法においては，家事審判及び家事調停を担当する裁判官を「家事審判官」としていたが，家事事件手続法は，この呼称をやめ「裁判官」と呼ぶことにした。

　そこで，以下，調停事件を処理するための関係機関について説明する。

(1) 調停委員会

　調停委員会は，1人の裁判官及び2人以上の家事調停委員をもって組織する（家事手続248条1項）。家事調停委員は，司法行政機関である最高裁判所によって当初から非常勤の公務員として任命され（民事調停委員及び家事調停委員規則1条），受調停裁判所（手続法上の裁判所，つまり裁判官）が家事調停委員の中から，具体的事件について「指定」する（家事手続248条2項）。

(2) 家事事件を担当する裁判官

　家事審判法2条は，「家庭裁判所において，この法律に定める事項を取り扱う裁判官は，これを家事審判官とする。」と規定していたが，これは，家庭裁判所の審判及び調停に関与する裁判官の手続法上の呼称を家事審判官とするということであった。しかし，前記のとおり，家事事件手続法は，この呼称をやめ，家事審判と家事調停を取り扱う裁判官を単に「裁判官」と呼ぶ

ことにした。

　裁判所法31条の3は、家庭裁判所は、家事事件手続法で定める家庭に関する事件の審判及び調停、人事訴訟法で定める人事訴訟の第1審の裁判、少年法で定める少年の保護事件の審判、その他、裁判所法以外の法律で特に定める事項（家事審判又は家事調停に関する請求異議の訴え〔民執35条・33条2項2号等〕）を取り扱うと規定している。そして、裁判所法によると、各家庭裁判所は、相応な員数の判事及び判事補で構成すべきものとされており（裁31条の2）、家庭裁判所が家事審判及び家事調停を扱うについては、裁判官が担当するということは当然のこととされている（裁31条の4）。

　なお、家庭裁判所は、調停委員会で調停を行うが、相当と認めるときは、裁判官のみで調停を行うこともできる（家事手続247条1項ただし書）。調停委員会が行う調停を「委員会調停」というのに対し、裁判官だけで行う調停を「単独調停」という。ただし、単独調停について、当事者の申立てがあれば、調停委員会で調停を行わなければならない（家事手続247条2項）。

(3)　家事調停官

　家事調停官は、平成16年1月から、弁護士で5年以上その職にあった者のうちから、最高裁判所によって任期2年で任命されている（家事手続250条1項・3項）。家事調停官は、委員会調停における裁判官の職務を行うほか、単独調停における裁判官の職務も行う（家事手続251条2項）。家事調停官が、家事調停事件を処理するうえで有する権限は、裁判官が行うものとして規定されている調停に関する権限のほか、家庭裁判所が行うものとして規定されている調停に関する権限である（家事手続251条2項）。したがって、家事事件手続法277条1項の合意に相当する審判や同法284条の調停に代わる審判も行うことができる。

(4)　家事調停委員

　家事調停を担っている調停委員は、民間人から任命され、非常勤の裁判所職員として司法機関の一翼を担っている。すなわち、従前、家事調停委員は、民間の徳望・良識を有している人の中から選任されていたが、昭和49年10月の調停制度の改革により、弁護士の資格を有する者、社会生活のうえで豊富な知識・経験を有する者で、人格・識見の高い者から選任され、「事案の

実情の正確な認識のうえに立って，公正な法律的評価を背景に持ちながら，高度に発達した社会の実相や，時代の推移とともに変化する国民の社会通念を的確に把握し，説得性の高い合理的判断に基づいて，積極的に当事者の合意の形成を図り，紛争の適正迅速な解決を期することが強く要請されてきている」[9]とされたのである。

その結果，家事調停委員は，①弁護士となる資格を有する者，②家事に関する紛争の解決に有益な専門的知識経験を有する者，又は③社会生活のうえで豊富な知識経験を有する者で，人格識見の高い原則として年齢40年以上70年未満の者の中から，最高裁判所によって任命されている。その任期は，2年である（民事調停委員及家事調停委員規則1条・3条）が，再任されることができる。

(5) 裁判所書記官

家庭裁判所において，家事事件を担当している書記官は，①事件に関する記録，その他書類の作成と保管，②記録の正本・謄本・各種証明書の交付と送達，③執行文・執行力のある審判書や調停正本の付与，④記録の閲覧謄写に関する事務，⑤裁判官の命令を受けて，法令・判例の調査，その他必要な事項の調査の補助等を行っている（裁60条）。

家庭裁判所の書記官の具体的な仕事は，家事事件の手続案内，家事事件の受付，当事者からの事情聴取，調停及び審判期日の呼出し，期日の立会い，調停経過の記録化のほか，事実の調査（意向照会，調査嘱託等），調停（成立・不成立）調書の作成・交付等である。

(6) 家庭裁判所調査官

既に述べたように，離婚を含め，家事事件は，夫婦，親子，親族等の身分関係に基づく紛争や問題であるため，家庭裁判所が後見的な立場からかかわる必要があることに加え，人間関係の対立から生じる複雑で微妙な性質の紛争や問題である場合が多いため，家庭裁判所は，法規の適用により具体的紛争を解決するという司法的機能だけではなく，当事者が自らの力で紛争を解決できるように種々の支援を行ったり，後見的に介入したりするなどの福祉

---

9) 前掲注6)「臨時調停制度審議会答申書」32頁。

的機能をも果たすことが要請されている。そのため，心理学，社会学，教育学，社会福祉学等の人間関係諸科学の専門知識を有する家庭裁判所調査官が配置されている。

　家庭裁判所調査官は，調停期日に出席（期日出席）して調停事件の解決のために，当事者の自主的解決能力を引き出したり，調整的な役割を果たすなどしている。離婚調停において，子の親権者が争われている場合等に，子の監護状況等がどのようになっているのかについて客観的な状況を調査して，これを把握したうえで，それに基づき合意形成を図ることもある。

　このように家庭裁判所調査官が調査をした場合，調査結果は，調査報告書としてまとめられ，通常，当事者に開示されている（ただし，事案によっては一部又は全部が非開示とされることもある。）から，仮に調停が不成立になって訴訟が提起された場合には，これが書証として当事者から提出されることになる。

2．家事調停の進行（その1）

(1) 家事調停の当事者等

　(a) **当　事　者**　　調停手続において，その名において手続に関与するものを「当事者」といい（家事手続254条・255条2項・268条1項等），調停の申立てをしている者を「申立人」，その者との関係で調停の申立てがされている者を「相手方」という。

　(b) **調停当事者能力**　　調停手続において，当事者（申立人又は相手方）となり得る一般的能力を調停当事者能力という。これについては，家事審判法，家事審判規則及び旧非訟事件手続法に規定がなかったが，民事訴訟法の当事者能力に関する規定は，一般的に手続法を支配する原則であると考えられているので，民事訴訟法の当事者能力に関する規定が調停手続にも準用されると解されていた[10]。しかし，家事事件手続法は，明文をもって，民事訴訟法の規定を準用する旨を規定した（家事手続17条1項）。調停当事者能力は，自然人及び法人のほか，法人ではない社団又は財団で，代表者又は管理人の定め

---

[10]　鈴木忠一「非訟事件に於ける当事者」曹時12巻4号（1960）29頁，小山昇『民事調停法〔新版〕』（有斐閣，1977）148頁。

のあるもの（民訴29条）にも認められると解されている。

(c) **当事者適格** 当該調停事件について当事者となり得る資格又は権能を当事者適格というが、これは、当該紛争を調停で解決するためには、だれを申立人として申立てをすべきか、また、だれを相手方として申立てをすべきかという問題である。人事訴訟事項に関する調停事件については、人事訴訟法上当事者適格を有する者、別表第2事件に関する調停事件については、調停が不成立になった場合に行われる審判事件において当事者適格を有する者であり、その他の事項に関する調停事件については、当該紛争の解決を求める利益のある者と紛争の解決に直接関係し得る者である。

(d) **調停行為能力** 家事調停手続に関与して有効な行為を行い、あるいは、その行為の相手方となり得る資格のことを調停行為能力という。民事訴訟法の訴訟能力に対応するものである。これについても家事審判法等に規定はなかったが、当事者能力と同様に、一般的に民事訴訟法28条が準用されると解され、財産関係の行為に関する調停行為能力は、民事訴訟法の訴訟能力の有無により判断されるとされていた。しかし、家事事件手続法は、明文をもって、民事訴訟法28条の規定を準用した（家事手続17条1項）。身分関係の行為については、本人の意思が尊重されるべきであり、それゆえ、人事訴訟法は、通常の民事訴訟において訴訟能力がないとされている者でも、意思能力がある限り、訴訟能力が認められており（人訴13条1項）、家事調停事件においても、同様に解すべきであるが、手続の安定性の見地からも、個別の配慮が必要である。[11]

---

11) 成年被後見人は、意思能力がある限り、調停行為能力を有すると考えられる。しかし、手続の安定性の見地から、成年被後見人の調停行為能力を否定し、法定代理人によってのみ調停行為を行うことができるとの見解も有力である。ただし、このように考えるとしても、離婚、離縁、嫡出否認等は、本人の意思に基づくことが望ましいものであって、一身に専属するものであるというべきであり、法定代理に親しまないと考えられるから、こうした事件の調停の可否や手続追行者をどうすべきかという問題が残ることになる。未成年者は、既婚者のほか、意思能力があれば（意思能力の有無については、個別に判断せざるを得ない。しかし、民法が養子縁組〔民797条1項〕、協議離縁〔民811条2項〕、子の氏の変更〔民791条3項〕等について、満15歳以上の者に行為能力を認めていることから、満15歳を一応の標準とし、それ以上の者であれば意思能力があるものと取り扱われることが多い。）、調停行為能力を認めてよく、意思能力がない場合には、法定代理人が調停を行うことになる。

(2) 家事調停の管轄

家事調停事件の管轄は，①職分（職務）管轄と②土地管轄に分けられる。

家庭裁判所は，家事事件手続法で定める家庭に関する事件の審判及び調停，人事訴訟法で定める人事訴訟の第一審の裁判並びに他の法律において特に定める事項について職務を行うことのできる職分（職務）管轄を有する（裁31条の3）が，家事調停を行うことができない事件について家事調停の申立てがされたときは，家庭裁判所は，これを管轄権のある地方裁判所又は簡易裁判所に移送しなければならない（家事手続246条1項）。ただし，事件を処理するために特に必要があると認めるときは，その事件を管轄権のない地方裁判所又は簡易裁判所（事物管轄権を有するものに限る。）に移送することができる。これは，家事調停及び民事調停を通じて要請される簡易性と当事者の不利益を防止するために認められた特則であるといえる。

家事事件手続法245条1項は，家事調停事件について，①相手方の住所地の家庭裁判所，又は②当事者が合意で定める家庭裁判所の管轄とするとしており，離婚訴訟の土地管轄が原告又は被告が普通裁判籍を有する地等を管轄する家庭裁判所の管轄に専属するとされている（人訴4条1項）のと異なっている。そして，家庭裁判所は，その管轄に属しない家事調停事件の申立てを受けた場合には，管轄を有する家庭裁判所に移送しなければならないが，事件を処理するために特に必要があると認めるときは，他の家庭裁判所に移送し，又は自ら処理（これを「自庁処理」という。）することができる（家事手続9条1項ただし書）。

なお，「回付」は，管轄と似ているが，これと異なるものである。つまり，これは司法行政上の本庁と支部，又は支部と支部の事務分配に関係するものである。この場合，本庁も支部も管轄権を有するのである。これに対して「移送」は管轄権がない場合の取扱方法であるから，両者は異なるものである。それゆえ，支部に係属している事件を本庁に回付することを求める申立ては許されず[12]，回付の決定に対する抗告も許されない[13]。

---

12) 東京高決昭58・3・16判時1076号66頁。
13) 最決昭44・3・16刑集23巻3号212頁。

(3) 家事調停の申立て

　家事調停は，①当事者の申立て（家事手続255条1項），②家庭裁判所（又は高等裁判所）が家事審判手続中の事件を職権で調停に付すこと（家事手続274条1項・3項），③受訴裁判所が訴訟手続中の事件を職権で調停に付すこと（家事手続274条1項），④移送（地方裁判所又は簡易裁判所の調停事件が家庭裁判所に移送されることも含む〔家事手続9条1項，民調4条2項〕。）又は回付により開始される。

　当事者の申立ては，書面でしなければならない（家事手続255条1項）。家事審判法の下では，口頭による申立てが認められていた（家審規3条1項）が，家事事件手続法の下では，申立てによって求める調停事項を明確にし，円滑な運用を行うため，書面による申立てだけを認めることにした。なお，家事事件手続法においては，原則として申立書の写しが相手方に送付されることになった。例外は，申立書に個人の秘密にわたる内容が記載されていたり，申立書の送付により，相当方との感情的対立が激化するおそれがある場合である（家事手続256条1項）。

　申立書には，当事者（申立人と相手方）及び法定代理人のほか，申立ての趣旨（紛争の対象となっている権利関係等とそれについて調停を求める趣旨。内容によって，給付・確認・形成の各申立てがある。）及び理由（申立てを特定するのに必要な事実を記載する。どのような紛争についてどのようなことで調停を求めるのかを明らかにしなければならない。）を記載し，証拠書類がある場合には，同時にその写しを添付しなければならない（家事規127条・37条2項）。なお，申立ての趣旨及び理由によって調停を求める事項が特定されない場合は，補正を命じられるが，これに応じないと申立てが却下されることになる（家事手続255条4項・49条4項・5項）。

　現在，家事事件の申立書の様式が定型化されており，全国の家庭裁判所は，定型化用紙を受付窓口や相談室に置いて無料配布し，併せて申立説明書や記入例等を備え付けるなどして申立ての利便を図っている。家事調停事件についても同様である。

(4) 家事調停の申立手数料

　申立書には，民事訴訟費用等に関する法律で定める相当手数料（印紙）を

ちょう付して納付しなければならない。同法3条別表第1の15の2によれば、調停1件につき1200円の手数料を納付することになっている。

なお、調停不成立等の通知を受けてから2週間以内に訴えを提起した場合には、調停の際に納付した手数料に相当する額は納付したものとみなされる（家事手続272条3項、民訴費5条1項）。

3. 家事調停の進行（その2）

(1) 調停期日

調停は、調停期日に行われるから、調停機関が調停を行うためには、調停期日を指定し、当事者及びその他の関係人を呼び出すことが必要である（家事手続258条1項・51条1項）。

期日の指定については、当該調停委員会を組織する裁判官がこれを行う（家事手続260条2項・34条1項）。

期日は、年月日だけではなく、開始される時刻も決めて指定される。通常、午前中は10時、午後は1時30分と指定されることが多いが、これは、当事者から十分事情を聴取するために2時間程度を予定しているためである。

期日の呼出しは、呼出状の送達、出頭者に対する期日の告知その他相当と認める方法（家事手続34条4項、民訴94条）によって行われる。実務上は、手続の性質と費用の点から、普通郵便によってされている。

なお、調停期日の態様としては、①裁判所における期日、②裁判所外における期日（調停委員会は、事件の実情により、家庭裁判所以外の適当な場所で調停をすることができる。いわゆる現地調停であるが、これは裁判官が単独で行う調停にも準用されている〔家事手続265条・267条2項〕。）とがある。

(2) 調停期日における行為

調停委員会における調停手続は、調停委員会を組織する裁判官が指揮する（家事手続259条）。

調停の申立てがされると、事件の配てんを受けた裁判官は、書記官及び家庭裁判所調査官とともに事案の内容を検討する。そして、申立書の記載内容等から当事者の調停行為能力に疑問があれば、家庭裁判所調査官等に調査を命じ、この点について問題がなければ、担当の家事調停委員2名を選任し、

第1回の調停期日を指定する。

　裁判官及び家事調停委員は，事前に申立書及び添付の資料等を読み，事案を検討し，第1回調停期日の開始前に，事件の進行等について意見交換している。これを「評議」という。評議は，調停期日が始まった後も必要に応じて適宜行われている。[14]

(3) 事実の調査

　調停機関は，事実を認定するために必要な資料を収集するために事実の調査を行うことができる（家事手続258条1項・56条2項）。事実の調査には，①家庭裁判所の行う事実の調査（家事手続277条1項），②調停機関の行う事実の調査（家事手続260条1項6号・261条1項），③調停委員会を組織する家事調停官の行う事実の調査（家事手続251条2項・4項），④調停委員会の構成員である家事調停委員に行わせる事実の調査（家事手続262条），⑤家庭裁判所調査官又は裁判所書記官に行わせる事実の調査（家事手続261条2項・4項）がある。このほか，医師である裁判所技官が配置されていれば，事件の関係人の心身の状況を診断させて調停行為能力を判断すること（家事手続258条1項・60条1

---

14) 東京家庭裁判所のような大規模庁では，調停事件の件数が多いため，裁判官は，担当事件について，午前及び午後に各十数件の調停期日を開いている。そのため，裁判官が担当事件の全部について，調停委員会の構成員として立会することは事実上無理なので，各事件について，調停委員会としてどのように進行するのかを事前に評議し，調停委員2名が評議に基づいて当事者からの事情聴取等を行うという方法が執られている。調停委員は，事情聴取をした結果，裁判官を含めて調停委員会としての意見を形成する必要があれば，適宜，改めて評議をしている。調停委員会の評議には，調停期日の前に行われる「事前評議」，調停期日中に行われる「中間評議」，調停期日後に行われる「事後評議」がある。なお，調停委員は，期日ごとに当日の経過等を記載したメモ（調停経過メモ）を作成し，自分自身の心覚えのほか，裁判官や書記官との連絡等に利用している。このメモを利用して裁判官と調停委員が進行等について意見交換をしているが，これは「書面による評議」といえる。このメモは調停委員が私的に作成したものであるから，閲覧謄写の対象とはならない。

　調停においては，必要に応じて調停委員会が職権により事実の調査及び証拠調べを行って争点等を整理し，検討結果に基づいて，当事者にどのような内容の合意をさせるのが法的にも社会的にも相当であるかを改めて検討し，これに沿って当事者間に合意が成立するように斡旋し，助言するという経緯をたどることが多い。

　このように，裁判官が調停委員会の構成員となり，調停手続を指揮して法的に相当な解決案を評議して調停案を作成するため，調停においては，司法的判断が示されることになる。家事調停においては，このような経過をたどることによって，当事者の納得する，満足度の高い解決を図るようにしている。

項・261条2項）もある。

　事実の調査は，裁判所等が自由な方式で，しかも，強制力を伴うことなく，資料を収集することである。したがって，証拠調べと異なり，方式に別段の制限がないが，強制力を用いることができない。なお，事実の調査をした場合には，その結果が当事者による調停の手続の追行に重要な変更を生じ得るものと認めるときは，これを当事者に通知する必要がある（家事手続258条1項・63条）。

(4) 証拠調べ

　調停手続において，必要であるときは，証拠調べをしなければならないが（家事手続258条1項・56条1項），その場合は，民事訴訟の例による（家事手続258条1項・64条1項）。したがって，証人及び鑑定人尋問，書証の取調べ，検証，当事者尋問等のほか，他の家庭裁判所等に証拠調べの嘱託をすることができる。

(5) 家事調停の成立又は不成立

　(a) **家事調停の成立**　　調停において，当事者間に合意が成立し，調停機関がその合意を相当と認めて，これを調停調書に記載したときは，調停が成立したものとして，その記載は，訴訟事項については確定判決と同一の効力を有し（家事手続268条1項），また，別表第2事件の調停については，確定した審判と同一の効力を有する（家事手続268条1項）。

　なお，婚姻無効・取消し，協議離婚無効・取消し，離縁無効・取消し，認知，嫡出否認，親子関係存否確認等（合意に相当する審判事件）については，調停手続で当事者間に合意ができ，それが相当であれば，家庭裁判所は，合意に相当する審判をすることができる（家事手続277条1項）。また，当該事件について，一切の事情を見て，双方の衡平を考慮して解決のために必要な審判（調停に代わる審判）をすることができる（家事手続284条1項）。

　(b) **家事調停の不成立**　　調停機関は，当事者間に合意の成立する見込みがない場合，又は成立した合意が相当でないと認める場合において，家庭裁判所が調停に代わる審判（家事手続284条1項）をしないときには，調停は成立しないものとして，事件を終了することができる。なお，合意に相当する審判事件の調停について，当事者間に合意が成立しているとしても，家庭裁

判所がその合意が正当でないとして合意に相当する審判をしないことがあるが，このときも家事調停は不成立となる（家事手続277条4項・272条1項）。

　調停機関が調停不成立の措置を執ると，調停手続は当然に終了するので，裁判所書記官は，調書にその措置を記載しなければならない。この措置が執られた場合は，裁判所書記官は，遅滞なく当事者にその旨を通知しなければならない（家事手続272条2項）。当事者の出頭期日に不成立となった場合は，その場で口頭で通知すれば足りるが，不出頭の場合には，ただちに適当な方法で通知することになる。

　なお，別表第2事件について，調停が成立しない場合には，調停申立ての時に，審判の申立てがあったものとみなされ（家事手続272条4項），審判手続に移行する。

　そして，民事訴訟又は人事訴訟を提起し得る事項についての調停事件について，調停が成立せず，かつ，その事件について合意に相当する審判（家事手続277条1項）もしくは，調停に代わる審判（家事手続284条1項）をせず，又はこれらの審判がされたが，異議申立てにより効力を失った場合（家事手続280条3項・286条5項）においては，当事者がその旨の通知を受けた日から2週間以内に訴えを提起したときは，調停の申立ての時に，その訴えの提起があったものとみなされる（家事手続280条4項・286条6項）。これは，調停の申立てをした者が出訴期間を徒過したり，出訴に伴う時効中断等の利益を失うなどの不利益を受けないようにするための規定である。

　このように，家事調停事項中に民事訴訟又は人事訴訟を提起し得る事項が含まれている調停事件について，調停が成立しなかった場合には，当然に訴訟に移行するわけではなく，改めて訴訟提起をしなければならない。したがって，離婚調停において，離婚についての合意が調わず，調停が不成立になった場合には，離婚を求める当事者は，自ら離婚訴訟を提起し，民法770条1項1号ないし5号所定の離婚事由の有無について裁判所の判断を求めることになる。離婚については合意ができたものの，未成年の子の親権者や財産分与をめぐって合意ができない場合には，離婚事由だけではなく（人事訴訟事件には，弁論主義は適用されないから，離婚そのものについて争いがないとしても，裁判所は，それだけで離婚事由があると認定することはできない。），上記親権者及び財産分

与について裁判所の判断を求めることになる。

　この意味では，調停と訴訟とは連動しているわけではないが，調停と訴訟が扱う紛争は，実質的には一つの紛争であり，調停と訴訟とがいわば有機的な関連を有する連続した紛争解決手続であると見ることができる。したがって，家事調停手続を運営するに当たっては，調停事件が人事訴訟事件に前置していることのメリットをできるだけ生かすようにすべきである。そのためには，たとえ調停が不成立になる場合でも，調停において，どの点で合意ができなかったのかについて当事者双方と確認するなどして，当事者が具体的な争点について共通の認識を持って訴訟に対応できるような調停運営を図るべきである。このようにすれば，家事調停と訴訟との連携を保つことができ，訴訟の円滑な運用が実現できることになる。[15]

4．調停にふさわしい事案

　調停がどのように進行するのかについては，以上に説明したとおりである。
　ところで，事案によっては，訴訟における解決に馴染まないものがある。例えば，当事者に精神的な問題があり，法廷で供述等をすることが困難な場合がある。このときは，調停においては，医師である裁判所技官の関与を求めるなどし，また，家庭裁判所調査官が調整的な関わりをすることも可能であるが，訴訟手続では，そのような進行をすることはできない。したがって，調停段階での調整作業に期待せざるを得ない。また，財産分与の対象財産が不動産であり，しかも，住宅ローンがついているため，その処分等が問題となる事案も少なくなく，ローンの借換えや第三者への売却等を検討する必要がある場合も多々あるが，これを早急に処理しようとしても各手続の検討や手続に時間を要することがある。さらに，子との面会交流が問題となる事案

---

[15]　裁判官によっては，調停の過程において争点の確認を行い，調停が不成立となるときは，双方の当事者に対して当該事件の争点とそのうち，合意できた点と合意できなかった点について確認し，調書に記載するなどという取扱いを行っている。こうした確認作業をすることにより，改めて争点に対する共通認識が得られ，ただちに調停が不成立となることなく，調停が続行されることもあり得るし，また，たとえ調停が不成立となっても，争点についての共通認識が得られ，訴訟における争点が明確化するからである。

では，家庭裁判所調査官が子の意向等を調査したり，調整的な関与をすることが求められるため，判決手続では容易に解決することができないことも多い。

このような事案においては，調停が不成立になって訴訟が提起されても，結局，再度，調停に付されたり，和解をしたりすることが多く，実際にも，訴え提起後に調停に付されて調整作業がされた結果，調停が成立することも少なくない。

以上のとおり，離婚事件では，訴訟よりも調停による解決が求められる事案があるのであって，このような事案においては，家事調停の司法的機能をより充実させていく必要がある。

Ⅲ　人事訴訟法施行後の家事調停の在り方

1．人事訴訟法施行と家事調停の関係

(1)　人事訴訟手続と家事調停手続との関係

既に述べたように，家事調停制度は，長年にわたり，家庭に関する紛争解決に重要な機能を果たしてきた。これは大いに評価すべきである。それゆえ，人事訴訟事件の家庭裁判所移管後においても，こうした機能を維持すべきである。したがって，人事訴訟法施行後において，家事調停が従前のものとは異なるものとなったと解すべきではない。しかしながら，家事調停の対象事件と人事訴訟の対象事件とは実質的に同一紛争と見ることができ，それゆえ，調停が不成立となれば，人事訴訟事件が提起されることになるのであるから，調停手続と人事訴訟手続との関係については十分な考慮がされなければならない。

そこで，改めて調停前置主義と人事訴訟事件との関係を検討する必要がある。

(2)　調停前置主義との関係

人事訴訟法の立法過程では，①家事調停前置主義を維持するか，②家事調停事件と人事訴訟事件の土地管轄の違いをどうするか，③家事調停手続から

人事訴訟手続への移行をどうするか，④家事調停手続において提出された資料を人事訴訟手続で利用できるようにすべきか，⑤家事調停手続において当該事件の争点整理を行い，人事訴訟手続においては最初から弁論準備手続をすることはどうか，⑥家事調停担当裁判官が人事訴訟を担当してよいかなどが論点とされた。[16]

　こうした点，特に上記③ないし⑥から，改めて家事調停事件と人事訴訟事件との関係について検討すると，調停手続において提出された資料がそのまま人事訴訟においても当然に証拠となるとすれば，家事調停事件と人事訴訟事件との連続性を持たせることになり，当事者の便宜が図られることになる。しかし，その反面，家事調停制度の利点（家庭の紛争には，当事者の感情的対立が伴いがちであり，また，家庭内の紛争においては，公開をはばかる私生活上の言動等を問題とせざるを得ないことも多く，家事調停は，こうした諸事情を考慮しながら紛争を解決できる。）が損なわれるおそれがある。また，人事訴訟事件の効率的運用を図るために，調停手続を人事訴訟手続の前段階と位置づけて，調停において争点整理を実施することにすれば，調整活動よりも争点整理に重点が置かれることになるから，上記と同様に調停の利点が損なわれるであろう。[17]

2．人事訴訟法施行後の離婚調停の運営方法

(1)　離婚調停と人事訴訟の関係

　調停は，当事者の合意を形成することを目的としているが，訴訟は，当事者が提出した証拠等に基づき，その主張の当否を判断することによって，権利義務の存否を明らかにしたり，権利義務の内容を形成する手続であるから，両手続は，基本的にその性質を異にしている。それゆえ，手続が分断されているのは，いわば当然のことであるといえる。したがって，人事訴訟事件を

---

16)　安倍嘉人「第1　人事訴訟事件の家庭裁判所への移管の趣旨及び今後の課題」野田愛子＝安倍嘉人監修『改訂　人事訴訟法概説：制度の趣旨と運用の実情』（日本加除出版，2007）15頁以下。

17)　注15）において説明したような取扱いは，あくまでも調停における調整結果を何とか活用しようとするものであり，人事訴訟の争点整理そのものを目的とするものではないことに注意すべきである。

担当する裁判官は，たとえその事件の調停を担当したとしても，人事訴訟事件の審理及び裁判に当たって，調停委員会を構成する裁判官として形成した心証を引き継いではならないものと理解されている。

(2) 離婚調停の具体的運営方法

　このように離婚調停と人事訴訟は，法律上別の手続としていわば分断されているが，他方，紛争の実態は同じであるから，調停と訴訟の両者の果たすべき機能・性質の違いを踏まえて，その有機的連携を図るべき方策が検討されるべきである。

　すなわち，離婚調停と人事訴訟は，紛争の実態は同じであるから，人事訴訟において争点となることについては，調停段階においても争点となるはずである。したがって，家事調停においては，こうした点を考慮して調停を運営することが要求されるのである。また，紛争が同じであれば，証拠資料も同じであるはずであるから，調停事件において提出された書証等は，当然に訴訟の書証等になるものではないとしても，これが訴訟に提出されることになるということを踏まえた運用が求められることになる。つまり，訴訟において書証等として提出することが予定されるものについては，調停段階においては，原本を提出することなく，写しを提出するようにしたり，また，調停が不成立になったときは，原本を返還するなどの配慮をすべきであろう。さらには，調停段階では，代理人が選任されないことも多いので，当事者には手続の進行方法等のほかに書証等の取扱いについて十分な説明をすべきである。なお，調停で提出された資料は，当然には人事訴訟の証拠となるわけではないが，調査報告書，公文書，契約書等の資料は，人事訴訟での証拠としての通用力を有しているから，調停が不成立となる段階で相応の整理をするようにすべきであろう。

　また，この点を事案に即していえば，離婚調停において，婚姻費用の分担，子の監護に関する処分（養育費，面会交流，子の引渡し），財産分与等が争点となっている場合においては，調停委員会は，人事訴訟が提起された場合，その結果がどのような方向になるのかを十分検討したうえで，調停運営をすることが要求されるのである。そのため，当事者間の人間関係等の調整のほかに，事案について洞察力を働かせて，人事訴訟における裁判所の判断内容が

いかなるものになるかを見据えて調停運営をすることが必要である。すなわち，調停委員会は，争点と証拠に注意しながら，調停の目的である当事者の互譲を求めることが必要であり，そのためには，家事調停委員と裁判官との評議が不可欠である。このような運用をすることにより，調停が不成立となり，人事訴訟が提起されたときに，速やかにして適正な判断内容の判決がされる基盤が形成されることになると思われる。[18]

Ⅳ 調停前置主義の果たしている機能と効果

1．調停前置主義の意義

既に述べたように，調停前置主義は，家庭に関する紛争の解決には，まず，紛争を人間関係の調整等を行う福祉的機能と権利義務を適正に判断する司法的機能の2つの視点から分析し対処することが，紛争当事者の紛争を解消し，家庭の平和を実現できるという見方に基づいている。しかしながら，家庭に関する紛争については，性質上，紛争当事者が有する自主的な紛争解決能力と意欲を基本にしなければならない（自主的解決の尊重）から，家事調停は，司法作用の在り方としては，柔軟でなければならず，また，市民の民意を重視しなければならないという特色を有しているといえる。

2．調停前置の有無が問題となる事例

次のような場合に，調停を前置したか否かが問題となる。
すなわち，①調停の申立てをしたが取下げで終了した場合，②原告が調停の申立てをしても，被告がこれに応じないことが明らかであるとして，そも

---

[18] 東京家庭裁判所においては，人事訴訟事件の専門部である家事第6部の裁判官と調停事件を担当している家事第2部ないし第4部の裁判官とは，異なっているが，裁判所によっては，同じ裁判官が調停事件と人事訴訟事件を担当することもある。
なお，東京家庭裁判所においては，訴訟担当の裁判官と調停担当の裁判官が，人事訴訟事件の取扱いについて意見交換等をしているほか，人事訴訟事件担当の裁判官が家事調停委員に対して人事訴訟事件の取扱いなどについて，研修会等を通じて適宜説明をするなどして，人事訴訟事件の担当者と調停事件の担当者との間において共通認識を持つようにしている。

そも申立てをしなかった場合，③離婚調停（夫婦関係調整調停）ではなく，夫婦関係円満調整，同居，婚姻費用分担等の調停をした場合，④客観的に調停を経ることができない場合である。

結論的にいえば，上記の事例においては，これを事件名等によって形式的に見るのではなく，当該事件について実質的に調停を経たといえるかどうかを問題とすべきである。それゆえ，調停が取下げで終了したとしても，争点について調停手続においてきちんと調整がされているのであれば，調停を経ていると考えてよいであろう。また，調停を経ることができないという場合には，これが客観的に調停を経ることができない状況（相手方となるべき者が所在不明であるとか，刑事収容施設に長期間収容されているなど）にあるのかどうかが検討されなければならない。

3．調停を前置しなかった場合の効果

調停が前置されていることは，人事訴訟の訴訟要件ではない。したがって，調停手続を前置せずに訴訟を提起しても，不適法な訴えとなるわけではなく，調停に付すことが適当でない場合以外は，当該事件が調停に付されることになる（家事手続257条2項）。実際には，訴状を受け付ける際に，調停を前置したことの証明を求めているので（通常は，調停が不成立となった旨の調書の謄本や調停をした旨の証明書によって，調停前置の証明をしている。なお，小規模庁や支部においては，当事者が調停を経ていることは明らかであるとして，不成立調書等の提出を求めないこともある。），調停を前置せずに訴えが提起されることはまれであるが，相当以前に調停がされたものの，訴えの提起の直前には調停が前置されていない場合もある。このような場合には，相当の期間が経過することによって，事情が変わっていることも多いので，訴訟提起の直前に調停を前置することが求められているものといえる。

4．調停結果の人事訴訟事件における反映方法

受訴裁判所の裁判長は，裁判所書記官に対し，当事者から，口頭弁論期日前に，訴訟の進行に関する意見その他訴訟の進行の参考とすべき事項を聴取させることができる（民訴規61条1項・2項）。これは第1回口頭弁論期日にお

ける事件の振り分け等の審理の実質化を図るためである。参考事項の聴取の方法として「訴訟進行に関する照会書」(資料6～資料8参照)を交付し,調停や従前の交渉等の経過等について回答を求めるという運用をすることもできる。こうしたことを行えば,その結果によっては,第1回口頭弁論期日までに当事者の意見を聞いたうえで弁論準備手続を行うという運用も可能になるであろう(民訴規60条1項ただし書参照)。[19] [20]

---

[19] 東京家庭裁判所においては,かつて原告及び被告のほか,調停段階における代理人に対しても,照会書を交付して,その回答を得ることにより,進行についての情報等を得て第1回口頭弁論期日の調整等手続の円滑な進行を図るようにしていた。**資料7**は,そのときの照会書である。

　なお,家事調停の結果を人事訴訟に反映させる方法として,調停事件記録を人事訴訟において証拠とすることがある。これについては次のように行われている。すなわち,調停前置主義が採られている人事訴訟事件においては,受訴裁判所と同一の国法上の裁判所に調停記録が保管されていることが多いが,通常の民事訴訟手続においては,受訴裁判所がそれと同一の国法上の裁判所が保管する他の事件の記録を証拠とする場合には,書証提出の準備行為として「記録の取寄せ」を行うことになる(別の国法上の裁判所が保管する他の事件の記録を証拠とする場合には,「送付嘱託」の手続を要する。)。これは,訴訟事項及び附帯処分等を含めた人事訴訟事件の審理・裁判において,受訴裁判所と同一の国法上の裁判所が保管する調停事件記録を用いる場合にも同様であるから,この場合は「調停事件記録の取寄せ」を行う必要がある。他方で,以上のような方法により調停事件記録を人事訴訟手続における附帯処分等の裁判で利用することについては,調停裁判所の側から見ると,家事事件手続法254条による記録の開示の問題となるため,その調整をどうすべきかをということが問題となる。これについては,調停で自由な発言等をした当事者にとって不意打ちとならないこと,ひいては当事者の合意による自主的解決を図るという調停の特質を害さないことに留意しつつ,調停事件記録の開示の運用を行う必要がある。

[20] 東京家庭裁判所では,調停手続において当事者に開示することが相当であると認められる記録部分についてのみ,調停裁判所(一般調停事件を担当している家事第2部ないし第4部の各係)は,受訴裁判所(人事訴訟事件を担当している家事第6部の各係)からの取寄せに応ずることとしている。したがって,訴訟の段階で,調停事件の記録の取寄せができるのは,調停段階で当事者から閲覧等の申請がされれば許可された部分であって,調停段階でも閲覧等が相当ではないものについては,訴訟の段階で取寄せがされることはないことになる。なお,調停委員が作成している手控えや進行メモ等は,調停記録とはいえないから,そもそも開示の対象とはならないことはいうまでもない。

第 2 章

離婚訴訟の審理

I　総　　論

1．人事訴訟法の制定

　人事訴訟事件の家庭裁判所への移管等を内容とする人事訴訟法（平成15年法律第109号）が制定され，また，これに伴い裁判所法等が改正され，平成16年4月1日から家庭裁判所において人事訴訟事件を取り扱うことになった。人事訴訟法は，司法制度改革の一環として，民事裁判を国民がより利用しやすいものとする等の観点から，家庭裁判所の機能の充実による人事訴訟の審理の充実及び迅速化を図るため，人事訴訟に関する手続について，明治31年に制定された人事訴訟手続法に代わる新しい法律を制定したものであり，①人事訴訟の第1審の管轄を地方裁判所から家庭裁判所に移管し，②離婚訴訟における親権者の指定等について家庭裁判所調査官の専門的な調査を活用することができることとするほか，③人事訴訟の審理・裁判に当たり参与員の意見を聴くことができることとし，また，④当事者尋問等について憲法が定める範囲内において公開停止の要件及び手続を明確に規定し，訴訟上の和解により離婚又は離縁することができるようにするなど，人事訴訟手続の全面的な見直しを図ったものである（以下においては人事訴訟法を「新法」と，人事訴訟手続法を「旧法」と表記することがある。）。また，人事訴訟法の制定に伴い，人事訴訟規則（平成15年最高裁判所規則第24号）が制定され，新法の施行と同時

に施行されている。

人事訴訟法により、従前の人事訴訟手続法から改められた点の概要は以下のとおりである。

(1) 人事訴訟の家庭裁判所への移管

(a) 離婚、認知等の人事訴訟の第1審の管轄が地方裁判所から家庭裁判所に移管された。従前、離婚をめぐっては、家庭裁判所で調停が行われ、これが不調（不成立）になると、地方裁判所で離婚訴訟が行われていたが、これでは、離婚紛争を取り扱う裁判所が異なることになるため、手続が国民にわかりにくく、また、両手続間の連携も図られていないという指摘があった。移管により、離婚等の紛争は、調停から訴訟まで一貫して家庭裁判所で取り扱うこととなった。そして、人事訴訟に係る請求の原因である事実によって生じた損害の賠償に関する請求（関連請求）については、人事訴訟と併せて家庭裁判所に提起することが可能となった。例えば、離婚に伴う慰謝料の請求も、離婚訴訟に併せて1つの訴えで、家庭裁判所に提起できるわけである。

(b) また、家庭裁判所で取り扱う「人事訴訟」の範囲が明確にされた。人事訴訟法2条は、「人事訴訟」とは、次に掲げる訴えその他の身分関係の形成又は存否の確認を目的とする訴え（以下「人事に関する訴え」という。）に係る訴訟をいうとしている。

① 婚姻の無効及び取消しの訴え、離婚の訴え、協議上の離婚の無効及び取消しの訴え並びに婚姻関係の存否の確認の訴え
② 嫡出否認の訴え、認知の訴え、認知の無効及び取消しの訴え、民法773条の規定により父を定めることを目的とする訴え並びに実親子関係の存否の確認の訴え
③ 養子縁組の無効及び取消しの訴え、離縁の訴え、協議上の離縁の無効及び取消しの訴え並びに養親子関係の存否の確認の訴え

なお、「その他の身分関係の形成又は存否の確認を目的とする訴え」の例としては、外国の裁判所における離婚判決に基づきわが国に届出された離婚の無効確認の訴えのほか[1]、姻族関係の存否の確認や協議離婚に伴う親権者指

---

1) 東京家判平19・9・11家月60巻1号108頁・判時1995号114頁。

定の無効確認の訴えなどが考えられる。
(2) 家庭裁判所調査官による事実の調査

　近時の離婚訴訟においては，離婚そのものよりも，これに伴う子の親権者や監護者の指定といった事項（以下「附帯処分等」という。）が中心的な争点となる事案が増加しているところ，このような附帯処分等についての審理に当たっては，心理学，教育学，社会学等の専門的知見を有する家庭裁判所調査官による調査が必要となる場合が少なくないにもかかわらず，従前はこのような専門的知見を活用できないという問題点が指摘されていた。このような状況を改善して，附帯処分等に関する充実した審理及び裁判をすることができるようにするという観点から，人事訴訟法34条は，人事訴訟の家庭裁判所への移管に伴い，裁判所が家庭裁判所調査官に事実の調査をさせることができるとした。

　このような立法の経緯及び趣旨を踏まえると，家庭裁判所調査官の専門性を活用できる場合，具体的には，附帯処分等のうち，子の親権者や監護者の指定といった事項について家庭裁判所調査官の活用が図られることになる（資料16，資料17参照）。他方，財産分与等の財産的事項については，訴訟手続における当事者の立証活動により収集された資料により，判断することが可能であるから，事実の調査によるのではなく，必要な資料の提出を利害関係を有する当事者に求めることになる。特に，養育費の算定（子の監護に関する処分）については，既に家事調停・審判を含め，「養育費・婚姻費用の算定表」[2]が活用されており，家庭裁判所調査官による事実の調査の対象にはなっていない。

(3) 参与員の関与

　人事訴訟において参与員の関与が認められることになった。これは，人事訴訟が，身分関係の形成等を目的とし，また，家庭に関する訴訟であることから，その審理及び裁判に当たり，一般の民事訴訟以上に一般国民の良識を反映させることが望ましいということにある。このような制度の趣旨からす

2） 東京・大阪養育費等研究会「簡易迅速な養育費等の算定を目指して—養育費・婚姻費用の算定方式と算定表の提案」判タ1111号（2003）巻末綴じ込み小冊子285頁以下，家月55巻7号（2003）155頁，ケース研究276号（2003）119頁。

ると，当該事案が一般人の良識に基づく評価・判断を反映させるにふさわしい事案かどうかを裁判所において適切に見極める必要がある。また，専門的な法律知識のない参与員に，時間を割いて裁判に関与してもらうものであることから，できるだけ負担をかけないで，わかりやすい審理を行うよう心掛ける必要がある。

(4) **人事訴訟手続の見直し**

(a) **土地管轄の整理** 人事訴訟の管轄は，専属管轄であるとされているところ，従前の人事訴訟手続法においては，婚姻関係訴訟について第1順位から第3順位まで複雑な管轄の規定があり，実親子関係訴訟については実子が普通裁判籍を有する地等の地方裁判所，養親子関係訴訟については養親が普通裁判籍を有する地等の地方裁判所などとされていたが，当事者から不便である，必ずしも当事者の一方の住所地等を基準とする合理性がない等の問題点の指摘がされていた。そこで，これらを整理し，人事訴訟については，すべて当該訴えに係る身分関係の当事者が普通裁判籍を有する地を管轄する家庭裁判所の管轄に専属することとされた（人訴4条）。

また，家事調停を行った家庭裁判所は，人事訴訟の全部又は一部がその管轄に属しないと認める場合においても，調停の経過，当事者の意見その他の事情を考慮して特に必要があると認めるときは，申立てにより又は職権で自ら審理及び裁判をすることができることとされた（人訴6条）。

(b) **訴訟上の和解による離婚及び離縁** 従前は，訴訟上の和解による離婚等は許されないと解されていた。実務上は，協議離婚をする旨の合意をすることによる和解が一般に行われていたが，当事者において改めて協議離婚届をする必要があり，仮に一方当事者が離婚届不受理申出（戸籍27条の2第3項）をするなどして，この届出を妨げる場合には，離婚が成立しないという問題点等が指摘されていた。そこで，裁判上の合意により実効的な解決ができるように，訴訟上の和解による離婚及び離縁の制度が設けられた（人訴37条1項・44条）。

訴訟上の和解が認められるのは離婚及び離縁に限られ，その他の人事訴訟においては，和解はできないことに留意すべきである（話合いによる解決が考えられる場合には，調停（合意に相当する審判）に付することになる。）。また，**離婚**

や離縁は，離婚等の成立時点において当事者双方が離婚意思を有していることが必要であり，しかも，和解成立時における当事者の意思をより慎重に確認する必要があると考えられることから，本人出頭が原則である。そのため，一般の民事訴訟におけるような，民事訴訟法264条（和解条項案の書面による受諾）や同法265条（裁判所等が定める和解条項）による和解及びいわゆる電話会議装置を利用した弁論準備手続期日における和解は認められていない（人訴37条2項・3項）。

また，離婚及び離縁の訴えにおいては，請求の放棄及び認諾も認められた。ただし，請求の認諾については，附帯処分についての裁判又は親権者の指定についての裁判を要しない場合に限られている（人訴37条1項）。

(c) **当事者尋問等の公開停止**　人事訴訟においては，その性質上，当事者や証人の私生活上の重大な秘密が問題となる場合が多い。そこで，人事訴訟法は，人事訴訟における当事者尋問又は証人尋問等の場面において，憲法の認める範囲内で，審理の公開停止及びその手続を法律上明確にした（人訴22条）。

具体的には，
① 当事者等又は証人が当該人事訴訟の目的である身分関係の形成又は存否の確認の基礎となる事項であって自己の私生活上の重大な秘密に係るものについて尋問を受ける場合に，
② その当事者等又は証人が公開の法廷で当該事項について陳述をすることにより社会生活を営むのに著しい支障を生ずることが明らかであることから当該事項について十分な陳述をすることができず，
③ 当該陳述を欠くことにより他の証拠のみによっては当該身分関係の形成又は存否の確認のための適正な裁判をすることができないときに，

裁判官全員一致の決定により，当該事項の尋問に限定して，これを公開しないで行うことができる（人訴22条1項）。

その手続として，
① 裁判所は，あらかじめ，当事者等及び証人の意見を聴かなければならない（人訴22条2項）。
② 裁判所は，公衆を退廷させる前に，その旨を理由とともに言い渡さな

ければならず，当該事項の尋問が終了したときは，再び公衆を入廷させなければならない（人訴22条3項）。

(d) その他の主な改正点

(ア) 離婚訴訟等において判決によらないで当該訴訟に係る婚姻が終了した場合において，財産分与等の申立てがされており，その点が未解決となっているような場合には，受訴裁判所は，その点についての審理及び裁判を引き続いて行うこととされた（人訴36条）。これにより，例えば，財産分与等についてはなお争いがあるけれども，離婚本体については当事者間の合意により先に解決したという場合には，財産分与等について，これまでのように新たな審判の申立てを要することなく，引き続き受訴裁判所が審理及び裁判をすることができるようになった。この場合，裁判の形式は，判決である。

(イ) 離婚訴訟等において定められた養育費，財産分与等の定めについて，現在の家事審判手続で設けられているのと同様の履行確保の手段が定められた（人訴38条・39条）。

(ウ) 旧法では，婚姻事件及び養子縁組事件において，婚姻又は養子縁組を維持するためにのみ職権証拠調べ等を認める，いわゆる片面的職権探知主義が採用されていたが（旧法14条・26条），新法では人事訴訟一般に片面的でない職権探知主義が採られている（人訴20条前段）。

(エ) 旧法では，婚姻事件，養子縁組事件及び親子関係事件において，被告にできる限り口頭弁論期日において防御を尽くさせるため，公示送達によって呼出しを受けたときを除き，被告が最初の口頭弁論期日に出頭しないときはさらに期日を指定しなければならないとされていたが（旧法11条），新法ではこのような規定はなくなった。

(オ) 検察官を被告とする人事訴訟において，裁判所が必要であると認める場合には，利害関係人を訴訟に参加させることができる制度を設けた（人訴15条）。

2．人事訴訟の特徴

人事訴訟は，民事訴訟の一種であるが，社会の基盤である人の身分関係の形成又は存否の確認を目的とする訴訟であり，公益性を有することなどから，

通常の民事訴訟とは異なる規律がある。主な特徴となる点は，以下のとおりである。
(1) 専属管轄
　人事訴訟は公益性がある訴訟であることから，管轄については法定されたものに専属し（人訴4条），当事者の意思により管轄が形成される合意管轄（民訴11条）や応訴管轄（民訴12条）といったものは認められていない。
(2) 訴訟行為能力の制限の排除
　人事訴訟は人の身分関係に関する訴訟であるところ，当事者の身分行為に関する能力としては「行為能力」を要するものではなく，「意思能力」があれば足りると解される。そのため，人事訴訟における訴訟行為能力についても，民法の行為能力の制限規定（民5条〔未成年〕，9条〔成年後見〕，13条〔保佐〕，17条〔補助〕）や民事訴訟法の訴訟能力の制限規定（民訴31条〔未成年，成年後見〕，32条〔保佐，補助〕）が適用されず（人訴13条1項），意思能力があれば足りると解される。ただし，実際上の能力を補うために，必要があれば訴訟代理人を選任する制度（同条2項～4項）や，原告又は被告が成年被後見人である場合には，意思を欠き，有効に訴訟行為をすることができないのが通常であると考えられるため，成年後見人が原告又は被告となることができる制度（人訴14条）が設けられている。
(3) 弁論主義の不適用
　人事訴訟は公益性がある訴訟であり，可能な限り実体的真実が発見される必要があるから，訴訟手続においても当事者の私的自治にゆだねることは適当ではない。そのため，民事訴訟の原則である弁論主義に由来する種々の民事訴訟法の規定の適用が排除されている（人訴19条）。
　具体的には，
　① 人事訴訟の訴訟手続においては，時機に後れた攻撃防御方法の却下等（民訴157条），審理の計画が定められている場合の攻撃防御方法の却下（民訴157条の2），自白の擬制（民訴159条1項），自白（民訴179条），当事者本人尋問の補充性（民訴207条2項），当事者本人不出頭等の場合の制裁（民訴208条），当事者が文書提出命令に従わない場合等の制裁（民訴224条），文書の筆跡の対照に協力しない場合の制裁（民訴229条4項），欠席判決

（民訴244条）の規定が適用されない。

② 人事訴訟における訴訟の目的については，請求の放棄又は認諾（民訴266条），和解調書等の効力（民訴267条）の規定が適用されない。ただし，前記1(4)(b)のとおり，離婚及び離縁については，請求の放棄，認諾及び和解が認められている。

(4) 職権探知主義

前記のとおり，人事訴訟においては，弁論主義が制限され，判決の基礎となる訴訟資料・証拠資料の収集を当事者にゆだねず，裁判所の職責とする職権探知主義がとられている（人訴20条）。しかしながら，裁判所の職権発動は，常に求められているわけではなく，職権証拠調べについてもその限度は裁判所が既に得た心証の程度により自由に定め得るものと解されているので[3]，裁判所が審理の状況に応じて適切に釈明権を行使することによって当事者に主張立証を促し，あくまで当事者主義の原則の下，当事者が主体的に主張立証活動を行うことを前提としていることには変わりはない。

(5) 当事者尋問等の公開停止

前記1(4)(c)のとおり，当事者のプライバシー保護の観点から，公開停止の要件及び手続が定められている。

(6) 判決効の拡張

人事訴訟は人の身分関係に関する訴訟であり，公益性がある訴訟であることから，身分関係に関する紛争の画一的・一回的解決を図るために，人事訴訟の確定判決は，民事訴訟法115条1項（確定判決等の効力が及ぶ者の範囲）の規定にかかわらず，第三者に対してもその効力を有するとされ（人訴24条1項），また，人事訴訟の判決が確定した後は，原告は，当該人事訴訟において請求又は請求の原因を変更することにより主張することができた事実に基づいて同一の身分関係についての人事に関する訴えを提起することができず（人訴25条1項），被告は，当該人事訴訟において反訴を提起することにより主張することができた事実に基づいて同一の身分関係についての人事に関する訴えを提起することができないとされた（同条2項）。

---

[3] 最判昭29・1・22民集8巻1号87頁。

Ⅱ　管轄と当事者

1．職分管轄

(1)　家庭裁判所の担当する事件（職分管轄）

　国法上の裁判所がどの範囲の事件について裁判権を行使する権限を有するかというのが職分（職務）管轄である。なお、人事訴訟法等の一部を改正する法律（平成30年法律第20号）により国際的な要素を有する人事訴訟事件及び家事事件（夫婦の一方又は双方が外国籍を有する夫婦間において提起された離婚訴訟事件等）における国際裁判管轄（日本の裁判所が審理・裁判することができる場合等）について、明文の規定が設けられた。

　家庭裁判所は、①離婚訴訟を含む人事訴訟（人訴2条参照）と②人事訴訟に係る請求の原因である事実によって生じた損害の賠償に関する請求（以下「関連損害賠償請求」という。）に係る訴訟（人訴8条・17条参照）の第1審の訴訟手続を担当している（裁31条の3第1項2号）。したがって、家庭裁判所は、離婚訴訟を含む人事訴訟及び関連損害賠償請求に係る訴訟事件の第1審について職分管轄を有しているということになる。ところで、上記①は、家庭裁判所の専属管轄であるから（人訴4条）、他の第一審裁判所（地方裁判所又は簡易裁判所）が競合して事件を担当することはできない。しかしながら、上記②は、人事訴訟の訴えと併合することを要件に例外的に家庭裁判所に職分管轄が認められたものである（人訴17条1項・2項）。つまり、関連損害賠償請求に係る訴訟事件は、本来は民事訴訟事項であって地方裁判所又は簡易裁判所の職分管轄に属するが（裁24条1号・33条1項1号）、人事訴訟に係る請求の原因である事実によって生じた損害の賠償に関するものであって、人事訴訟の訴えと併合する場合に限って、家庭裁判所にも管轄が認められるのである。したがって、この場合は、地方裁判所又は簡易裁判所と競合管轄となる。

(2)　関連損害賠償請求事件の具体的内容

　(a)　**関連損害賠償請求事件として併合が許される範囲**　　関連損害賠償請求事件として、家庭裁判所が例外的に職分管轄を有するのは、あくまでも

「人事訴訟の原因である事実」による損害賠償でなければならない。この典型的な例は、離婚訴訟の相手方に対する離婚そのものによる慰謝料請求（いわゆる「離婚に伴う慰謝料」）である。つまり、原告は、離婚請求（これは「人事訴訟に係る請求」である。）をする場合、離婚原因である事実を主張するが、被告がその原因事実を生じさせたことについて責任があるのであれば、その離婚原因である事実によって、原告と被告が離婚するという法的効果が生じるとともに、被告に、原告が被告と離婚せざるを得なくなったことについての不法行為責任が生じるのである。このほかに、離婚原因を構成する相手方の婚姻生活における個別の不法行為（不貞行為、暴力行為等）に基づく慰謝料請求なども「人事訴訟の原因である事実」による損害賠償であるといえるであろう。しかしながら、婚姻が破綻した後、相当期間が経過した段階において生じた損害賠償については、もはや「人事訴訟の原因である事実」ということはできないから、関連損害賠償請求であるとはいえない。また、不当利得返還請求権や貸金返還請求権は、そもそも損害賠償請求ではないから、関連損害賠償請求事件とはなり得ない。

　なお、関連損害賠償請求事件には、人事訴訟の当事者以外の第三者を当事者とする請求事件も含まれる。離婚原因となった不貞の相手方に対する慰謝料請求事件などがこれである。その結果、配偶者である被告の不貞行為により離婚を求める原告は、家庭裁判所において、被告に対し、離婚請求と離婚に伴う慰謝料請求（又は離婚原因となった不貞行為に基づく損害賠償請求）をするとともに、不貞行為の相手方に対し、不法行為に基づく損害賠償請求をすることができることになる。なお、最判平31・2・19（民集73巻2号187頁）は、「夫婦の一方は、他方と不貞行為に及んだ第三者に対し、当該第三者が、単に不貞行為に及ぶにとどまらず、当該夫婦を離婚させることを意図してその婚姻関係に対する不当な干渉をするなどして当該夫婦を離婚のやむなきに至らしめたものと評価すべき特段の事情がない限り、離婚に伴う慰謝料を請求することはできない」と判示し、不貞行為の相手方に対する離婚慰謝料の請求要件を限定した。

　実務上、原告から離婚を求められた被告が、原告の不貞行為を理由に、原告からの離婚請求は、有責配偶者からの離婚請求であり、信義則上許されな

いと主張して請求棄却を求めている場合に、原告に対する離婚請求の反訴を提起することなく、原告の不貞行為の相手方に対する損害賠償請求を離婚請求訴訟が係属している家庭裁判所に提起することができるかという問題がある。これは、こうした損害賠償請求事件を離婚請求事件の関連損害賠償請求事件ということができるかという問題である（なお、このような事例において、被告が原告の不貞行為を原因として離婚請求の反訴を提起するのであれば、不貞行為が反訴離婚請求の原因である事実となるから、不貞行為の相手方に対する損害賠償請求事件も関連損害賠償請求事件であるといえるであろう。それゆえ、このような場合であれば、家庭裁判所が職分管轄を有することになり、本訴被告である反訴原告は、家庭裁判所に上記請求事件を提起することもできると考えられる。）。この問題については、実務上の取扱いが確定していたと断定できないが、東京家庭裁判所においては、このような場合も、「人事訴訟の原因である事実」による損害賠償であるとして受理して審理しており、他の家庭裁判所も同様と思われる。なお、最高裁は、不貞行為の相手方に対する損害賠償請求が人事訴訟法8条1項の関連請求に該当することを認めた。[4]

(b) **家庭裁判所が関連損害賠償請求事件として審理できる場合**　関連損害賠償請求事件は、①人事訴訟の訴えと一の訴えとして人事訴訟事件について管轄を有する家庭裁判所に提起することができ（人訴17条1項）、②人事訴訟事件が既に係属している家庭裁判所にも提起することができる[5]（同条2項）。③また、第一審裁判所（地方裁判所又は簡易裁判所）に係属している場合には、申立てにより、相当と認められる場合に、人事訴訟事件の係属する家庭裁判所に移送することができる[6]（人訴8条1項）。なお、この②及び③の場合には、必ず人事訴訟事件と当該関連損害賠償請求事件の口頭弁論の併合をしなければならない（人訴17条3項・8条2項）。もっとも、弁論を併合して審理をした後に弁論を分離し、関連損害賠償請求事件に先行して人事訴訟事件について

4）　最決平31・2・12民集73巻2号107頁。
5）　この場合には、訴状に既に人事訴訟事件が家庭裁判所に係属する旨及びその事件の表示を記載しなければならないとされている（人訴規12条）。
6）　この移送の決定をする場合には、地方裁判所又は簡易裁判所は相手方の意見を聴かなければならず（人訴規5条）、移送の裁判及び移送の申立てを却下した裁判については即時抗告することができる（民訴21条）。

のみ判決をすることは認められる。これは，例えば，婚姻が破綻していることについては争いがないが，離婚原因については争いがあり，その審理に時間を要するようなときに，まず，離婚請求についてのみ判決をし，その後，引き続き離婚原因に基づく損害賠償請求事件，つまり関連損害賠償請求事件の審理を行うというような場合である。

　実務においても，地方裁判所又は簡易裁判所から家庭裁判所に関連損害賠償請求事件が移送されてくることは少なくない。しかし，不貞の相手方に対する損害賠償請求事件が移送された場合，もともと家庭裁判所に係属している離婚訴訟において，不貞行為以外の破綻原因が主張されていたり，未成年者の親権の帰属や財産分与が争点となっているために，子の監護に関する主張や財産分与の主張の整理をしたり，場合によっては，子の監護状況について家庭裁判所調査官の調査が行われていたり，婚姻後の財産形成に関する資料の有無やその提出をめぐって紛糾し，調査嘱託等の必要性等について争われていることも少なくないのである。このような場合には，離婚訴訟の当事者が移送されてきた損害賠償請求事件について，分離を求めたり，あるいは，事実上，審理をしないように求めたりするほか，損害賠償請求事件の審理にあまり協力しないことも多く，その結果，損害賠償請求事件の審理が事実上，進行しなくなるということになりがちである。上記の移送制度は，人事訴訟事件とこれに関連する損害賠償請求事件を併合審理することで，紛争を１回で解決しようとするものであるが，人事訴訟事件の争点や審理の程度によっては，このように訴訟が遅延するような事態が生じることになる。

2．土地管轄

(1)　離婚訴訟の土地管轄

　離婚訴訟について職分管轄を有する家庭裁判所の間において，どの裁判所が裁判権を有するかという定めを離婚訴訟の土地管轄という。これについては，夫又は妻が普通裁判籍を有する地を管轄する家庭裁判所の管轄に専属している（人訴４条１項）。普通裁判籍とは，住所地をいい（民訴４条２項），住所地とは，その人の生活の本拠である地をいう（民22条）。日本国内に住所がないとき又は住所が知れないときは居所（生活の本拠ではないが，多少の期間継

続して居住する場所である。）が，日本国内に居所がないとき又は居所が知れないときは最後の住所地が普通裁判籍となる（民訴4条2項）。このように，人事訴訟法は，人事訴訟に関する手続について，民事訴訟法の特例等を定めているから（人訴1条），人事訴訟法が特に規定していない場合には，民事訴訟法が適用され，同法に基づいて管轄が決まることになる。

　なお，人事訴訟法の制定に伴って廃止された人事訴訟手続法は，夫婦の共通住所地を第1順位として，三段階の土地管轄が定められていた（旧法1条1項）。これに比すると，人事訴訟法の土地管轄は，極めて簡明になり，わかりやすいものになった。しかし，人事訴訟事件の土地管轄が専属管轄であることは人事訴訟手続法（旧法）と変わっていない。人事訴訟は，その対象が身分関係であるから，その判決には対世的効力があり，それゆえ，判断内容も正しく確定されなければならず，そのために，弁論主義を制限して職権探知主義が採用されているのであり，訴訟が係属されるべき裁判所についてもこれを固定化し，多数の利害関係者から提起されるとしても，これを集中化させる必要があるからである。このように離婚訴訟については，仮に管轄のない裁判所に提起されると，管轄裁判所に移送されることになる（民訴16条1項）。なお，人事訴訟においては，合意管轄（民訴11条）や応訴管轄（民訴12条）は，認められていない（民訴13条1項）。

(2)　自庁処理

　裁判所が離婚訴訟の管轄を有しない場合においても，当該事件に前置される調停事件がその家庭裁判所に係属していたときであって，調停の経過，当事者の意見その他の事情を考慮して特に必要があると認めるときは，申立てにより又は職権で，当該離婚訴訟を自ら審理及び裁判することができる（これを「自庁処理」という。人訴6条）。未成年の子がいる場合に自庁処理をするには，その子の住所又は居所を考慮しなければならない（人訴31条）。

　自庁処理は，「特に必要があると認める」ときにすることができるのであり，合意管轄や応訴管轄を許容しない人事訴訟の専属管轄においては，例外的な措置である。したがって，自庁処理は，単に調停事件が係属していたという事情（調停事件については合意管轄が認められているのであり〔家事手続245条1項〕，それゆえ，自庁処理されることを目的に調停裁判所を合意するということも考えら

れないわけではない。）だけで認められるというわけにはいかない。そうでないと，人事訴訟を専属管轄としたことの意味がなくなるからである。

　ちなみに，東京家庭裁判所においては，①調停事件が東京家庭裁判所に係属したというだけの場合，②訴訟代理人である弁護士の事務所が東京に所在するだけの場合，③配偶者からの暴力の防止及び被害者の保護等に関する法律（配偶者暴力防止法）による保護命令が発せられるなどした事件において，他庁に比して東京家庭裁判所の警備体制が充実しているということを理由にする場合には，自庁処理を認めない取扱いをしている。なお，上記警備体制等の問題は，管轄裁判所において考慮すべき事柄である。

　自庁処理の申立ては，期日でする場合を除き，書面でしなければならず（資料4，資料5参照），申立ての際にその理由を明らかにしなければならない（人訴規3条）。既に説明したように，調停事件が係属したということだけではなく，調停の内容や経過等のほか，自庁処理すべき必要性について，具体的に記載する必要がある。

　裁判所が自庁処理をするには，相手方の意見を聴いて決定をしなければならない（人訴規4条1項・2項）（資料5参照）。ところで，自庁処理の申立ては，離婚訴訟の提起とともにされるから，裁判所が自庁処理の申立てを却下する場合には，申立てに基づき又は職権で管轄違いとして移送決定をすることになる。つまり，自庁処理は，離婚訴訟の管轄を有しない裁判所が特に必要があると認めるときに当該離婚訴訟を自ら審理及び裁判するのであるから，自庁処理をしないのであれば，当該離婚訴訟については管轄がないことになるからである。なお，自庁処理の申立てを却下したり，自庁処理をする旨の裁判については不服申立てをすることができない。しかし，自庁処理の申立てをしたがこれが認められないときは移送決定がされるから，これについては，即時抗告をすることができる（民訴21条）ことになる。他方，自庁処理をする旨の裁判に対して不服申立てをすることはできないとしても自庁処理を望まない相手方が管轄違いとして移送の申立てをすれば，移送の申立てを却下する決定において，移送することなく自庁処理するのが相当である旨の判断が示されることになる。したがって，こうした移送決定又は移送申立ての却下決定に対して即時抗告（民訴21条）すれば，自庁処理の決定の相当性につ

(3) 遅滞を避ける等のための移送

　裁判所は，当該離婚訴訟について管轄を有する場合であっても，当事者及び尋問を受けるべき証人の住所その他の事情を考慮して，訴訟の著しい遅滞を避け，又は当事者間の衡平を図るため必要があると認めるときは，申立てにより又は職権で他の管轄裁判所に移送することができる（人訴7条）。なお，未成年の子がいる場合には，移送するに当たっては，その子の住所又は居所を考慮しなければならない（人訴31条）。

　移送の申立ては，その理由を明らかにしなければならない（民訴規7条2項）。移送の申立てがされた場合は，当事者の意見聴取は必要的であり，職権で移送する場合は，当事者の意見聴取は任意的である（人訴規5条1項・2項）。移送の裁判及び移送の申立てを却下した裁判については，即時抗告をすることができる（民訴21条）。

(4) ま と め

　このように，人事訴訟法における管轄は，人事訴訟手続法（旧法）に比べると広がったように見える。しかし，いうまでもなく，実際に当該離婚訴訟について審理を行うには，どの地が適当であるか，つまり，当該離婚訴訟の最適地はどこであるかを考えなければならない。そのために，自庁処理や遅滞を避ける等のための移送の制度があるのである。それにもかかわらず，上記制度を自分の都合だけで利用しようとすると，本案の審理に入る前に無用な紛糾が生じ，その結果，訴訟が遅延することになる。

　なお，東京家庭裁判所においては，原告の住所地を管轄として訴訟を提起している例が多く見られるが，婚姻住所，被告の応訴の負担，証拠収集，未成年の子の住所等の事情を総合考慮し，公平を欠くと認められる場合には移送の判断を行うという取扱いがされている。

　ここで注意しなければならないのは，「回付」が訴訟事件の「移送」とは異なるということである。回付は，既に説明したように（16頁参照），司法行政上の本庁と支部との事務分配に関係して，本庁に係属している事件を支部において（又はその逆もある。），審理するというものである。それゆえ，支部に係属している事件を本庁に回付することを求めるという申立ては許されず，[7]

回付の決定に対する抗告も許されない。[8]

3．当事者の訴訟能力

(1) 人事訴訟における訴訟能力

　人事訴訟の審理の対象となる身分行為においては，本人の意思が尊重されなければならないから（民738条・747条・780条・797条等参照），身分関係に関する紛争においても当事者本人の意思ができる限り尊重されなければならない。そのため，人事訴訟においては，たとえ訴訟行為について能力の制限を受けた者であっても意思能力を有する限り完全な訴訟能力を有するとされている。すなわち，民事訴訟法においては，未成年者及び成年後見制度の適用を受ける被後見人，被保佐人，被補助人の訴訟能力についてこれを制限する旨の規定を設けている（民訴31条・32条1項・2項）が，人事訴訟事件において訴訟行為をするについては訴訟行為能力の制限を受けないものとされている（人訴13条1項）。

　なお，本人の意思が尊重されるとしても，当事者本人に意思能力がなければならない。意思能力の有無は，職権調査事項であり，その欠缺を看過した判決に対しては，上訴又は再審の訴えを提起することができる。しかし，人事訴訟と併合される関連損害賠償請求訴訟（人訴3条の3・8条・17条参照）は，人事訴訟ではないから，その訴訟能力については，民事訴訟法及び民法の関係規定によって規律されることとなる。

(2) 人事訴訟における訴訟代理人

　上記のとおり，人事訴訟については，意思能力があれば，たとえ訴訟行為について能力の制限を受けた者であったとしても自ら訴訟行為をすることができるが，現実問題としては，これらの者が自ら訴訟行為を行うには種々の困難を伴うことが少なくないであろう。その場合，これらの者は，弁護士に訴訟行為の委任をすることになろうが，その際，法定代理人等の意向と食い違ったり，また，委任契約の締結には報酬の支払が伴うから，その同意が必

7）　東京高決昭58・3・16判時1076号66頁。
8）　最決昭44・3・16刑集23巻3号212頁。

要になるなどの問題が生じることもある。こうした場合には，人事訴訟においては訴訟能力を有するとしても，民事訴訟法においては訴訟行為について能力の制限を受ける者について，その利益を保護する必要があるといえる。

　こうした考慮から，能力の制限を受けた者が訴訟行為をしようとする場合には，裁判長は，必要があると認めるときは，この者の申立てにより弁護士を訴訟代理人に選任することができ（人訴13条2項），この申立てがないときであっても，弁護士を訴訟代理人に選任すべき旨を命じ，又は職権で弁護士を訴訟代理人に選任することができる（同条3項）。なお，裁判長が弁護士を選任した場合の弁護士報酬は，裁判所が定める（同条4項）。

(3)　人事訴訟における成年後見人の訴訟上の地位

　人事訴訟法は，人事訴訟の当事者が成年被後見人であるときは，成年後見人が成年被後見人のために訴え，又は訴えられることができ（人訴14条1項），成年後見人が訴訟の相手方となるときは，成年後見監督人が成年被後見人のために訴え，又は訴えられることができると規定している（同条2項）。これは，人事訴訟においては，当事者が意思能力を有していれば，訴訟能力があるが，成年被後見人は，裁判所によって精神上の障害により事理弁識能力を欠く常況にあると認定されている者であるため（民7条），通常は意思能力を欠いていることが少なくないため，人事訴訟の当事者の一方が成年被後見人であっても当該人事訴訟を提起し，又は応訴することができるようにする必要があるからである。なお，人事訴訟手続法（旧法）においては，成年後見人が成年被後見人のために訴え，又は訴えられることができる範囲，つまり，成年後見人等の権限の特例となる訴訟の範囲が，離婚の訴え，離縁の訴え及び嫡出子の否認の訴えに係る訴訟に限定されていた。しかし，人事訴訟法においては，こうした限定をする合理的な理由はないとして，これを人事訴訟全体に拡張している。

　成年後見人が成年被後見人のために訴え，又は訴えられることができる場合，その成年後見人，成年後見監督人の訴訟上の地位をどのように考えるべきかという問題がある。つまり，このような場合，成年後見人等は，法定代理人の地位に就くのか，成年被後見人に代わって当事者となる（法定訴訟担当）のかということである。この点については，見解は分かれているが，身分行

為は代理に親しまないことを理由に、法定訴訟担当と解するのが判例であり[9]、通説的な立場であった。人事訴訟法が制定されるに当たって、そのいずれとするかについては決められなかったが、法定訴訟担当であることを前提に規定されたものと解される[10]。

Ⅲ　事前準備と第1回口頭弁論期日

1．訴状の記載等

(1)　離 婚 請 求

　離婚の訴えの提起は、訴状を管轄家庭裁判所に提出してしなければならないが、訴状（資料1～資料3参照）には、まず、①当事者及び法定代理人、②請求の趣旨及び原因を記載する必要があり（民訴133条）、さらに、③請求を理由づける事実を具体的に記載し、立証を要する事項ごとに、当該事実に関連する事実で重要なもの及び証拠を記載しなければならない（民訴規53条1項）。また、離婚訴訟は、当事者が婚姻していることが前提であるから、当事者の戸籍謄本を添付することが必要である（人訴規13条）。なお、実務では、調停を前置したことの証明として、訴状の提出の際に、調停調書（不成立）謄本又は調停事件の終了証明書の提出を求めている[11]。

　離婚訴訟の訴訟物は、離婚請求権であるが、民法770条1項各号の離婚事由ごとに訴訟物が異なる[12]といわれている。したがって、原告が民法770条1項各号の事由を複数主張することは、理論上は選択的併合になる。原告が同項1号ないし4号に該当する事由のいずれかだけを主張し、同項5号に該当

---

9)　最判昭33・7・25民集12巻12号1823頁、東京高判昭49・2・20判時738号72頁。
10)　石田敏明編著『新人事訴訟法：要点解説とＱ＆Ａ』（新日本法規出版、2004）109頁。なお具体的な問題の所在につき、松本博之『人事訴訟法〔第3版〕』（弘文堂、2012）121頁以下参照。
11)　東京家庭裁判所における運用については、東京家庭裁判所家事第6部編著『東京家庭裁判所における人事訴訟の審理の実情〔第3版〕』（判例タイムズ社、2012）9頁注3、青木晋編著『人事訴訟の審理の実情』（判例タイムズ社、2018）10頁を参照されたい。
12)　最判昭36・4・25民集15巻4号891頁。

する事由を主張しない場合があるが，このような場合には，実務においては，同項5号事由の主張をしないのかどうかを釈明し，明確にさせることが多い。しかし，実際の訴訟においては，民法770条1項5号を訴訟物とするものがほとんどである。こうした実情と人事訴訟法25条の規定からすると，実務における離婚原因は，民法770条1項5号が一個の相対的原因であり，訴訟物としては，同項5号が訴訟物であるという説明が理解しやすいように思われる。[13]

訴状において，離婚原因は，重要なポイントを整理し簡潔に記載するべきである。そのためには，事前に十分な事情の把握や法的検討が必要であり，離婚原因となる具体的事実をそれを端的に示すエピソードを交えて記載するとわかりやすいものになる。しかし，実務においては，こうした検討をして吟味した具体的事実を記載せずに，離婚に関する主観的な評価や価値的判断のみを記載したり，あるいは，法律の要件を念頭に置かないまま，長年にわたる婚姻生活史の詳細や婚姻前の交際状況等を延々と記載したものなどが少なくないのが実情である。

(2) 附帯処分等の申立て

(a) 申立ての時期　附帯処分等については，離婚請求等と同時に審理を行うことを求めることができ，その申立ては，事実審の口頭弁論終結時まで行うことができる。しかし，実務上，離婚等の訴え提起と同時に申立てがされる場合が多いが，申立てがされた後において，相手方の争い方を見て，取り下げることも散見される。例えば，原告が離婚請求とともに財産分与の申立てをしたところ，争点が離婚原因や子の親権者だけではなく，財産分与の対象財産及び寄与・貢献の程度等にも及ぶことが判明した場合に，離婚訴訟を早期解決するために，財産分与の申立てを取り下げ（なお，附帯処分等の申立ては，訴えではないから，その取下げに相手方の同意は不要である。），離婚判決が確定した後に改めて財産分与の審判の申立てを行うのである。なお，附帯処分等の申立ては，書面でしなければならず（人訴規19条1項），申立ての趣旨及び理由を記載する必要がある（同条2項）。

---

13)　大村敦志『家族法〔第3版〕』（有斐閣，2010）151頁。松本博之『人事訴訟〔第3版〕』（弘文堂，2012）319頁。山木戸克己『人事訴訟手続法』（有斐閣，1958）31頁。

(b)　**財産分与に関する処分の申立て**　　財産分与に関する処分は，実質的な家事審判事項であるから，その申立てをするには，その額や方法等を明示する必要はない。したがって，裁判所は，当事者から給付金額や分与方法を明示した申立てがされたとしても，これに拘束されることなく，事案に即した額や方法を命じることができる。しかし，訴訟手続の中で離婚を認容する判決において同時に裁判することを申し立てるのであるから，その額や方法等を申立てにおいて明示すべきである（人事訴訟規則19条1項は，「申立ての趣旨及び理由」の記載を要求している。）。なお，家事事件手続法も，家事審判及び調停の申立ては，申立書によることとし，「申立ての趣旨及び理由」の記載を要求している（家事手続49条2項・255条2項）。

　財産分与に関する処分の申立ては，財産分与請求権の存在を前提とし，その具体的内容の形成を求めるものである。したがって，分与を求める当事者（権利者）からのみ行うことができる[14]。また，財産分与請求権は，離婚判決が確定して初めて権利の具体的内容が形成されるから，これに対する遅延損害金の請求の起算点は，離婚判決確定の日の翌日であり，仮執行宣言を付すことができない。

　財産分与に関する処分の申立てがある場合，裁判所は，当事者がその申立ての取下げをしない限り，離婚判決とともに財産分与についても同時に判断する必要がある[15]。

　なお，財産分与の申立ては，附帯処分の申立てであるからその取下げには，相手方の同意は不要である。

　(c)　**親権者の指定**　　未成年の子の親権者の指定は，申立てがなくても，

---

14)　東京高判平6・10・13家月48巻6号61頁参照。
15)　東京高判平7・3・13家月48巻8号72頁は，財産分与の対象財産等について抵当権などが設定され，その被担保債務の返済も順調ではなく，担保権の実行を受ける可能性が高い場合には，離婚に伴って直ちに財産分与を決定するのは適当とはいえないなどとして，財産分与の申立てを棄却した。しかし，人事訴訟法では，離婚等を認容する判決において，附帯処分についての裁判をしなければならないとし（人訴32条1項），離婚請求の認諾についても，附帯処分の申立てがあるときはできないこととしており（人訴37条1項ただし書），附帯処分の同時解決に係る当事者の利益を保障していることに照らすと，財産分与の対象財産があるのであれば，附帯処分の申立てが取り下げられない限り，財産分与についてその権利内容を具体的に形成する裁判を行うべきである。

裁判所が職権で定めなければならない（民819条2項）。したがって，親権者の指定を求める申立ては，附帯処分の申立てではなく，裁判所の職権発動を促す申立てである。それゆえ，申立てについての手数料は不要である。このように，裁判所は，申立てがなくても判断することになるが，実務においては，親権者を自分に指定するよう求める旨の申立てがされることが多い。裁判所も，親権者の指定についての当事者の意向を確認するため，当事者に申立てをするように促すことが多く，申立てがない場合には，第1回弁論期日において，双方の意向を確認して調書に記載するようにしている。

(d) **面会交流の申立て**　子の監護に関する処分には，子を監護養育していない夫又は妻（非監護親）から子の監護養育をしている妻又は夫（監護親）に対する面会交流を求める申立ても含まれる（民771条・766条1項・2項）。しかし，これは，申立人が親権者として指定されれば問題はないことになるから，親権者の指定が認められない場合における，いわば予備的申立てのような位置づけになるものである。こうした申立ては，人事訴訟の制度上，否定されているわけではないが，夫婦が子の親権者の指定について激しく争っている場面においては，親権者の指定そのものが争点となっているから，それにもかかわらず相手方が親権者となったときに備えて面会交流を求める申立てをするということは実際上考えにくいであろう。なお，面会交流の申立ては，実質的には家事審判の申立てであるが，離婚及び親権者の指定の判決後における面会交流の申立てであるから，離婚判決前に裁判をすることはできず，家庭裁判所調査官による環境調整等の措置も認められていない。

実際にも，当事者が人事訴訟事件の解決として面会交流を望むのは，離婚や親権者の指定について事実上の合意がされたり，あるいは証拠関係からそれらについての結論が明らかになっている場合が多い。このような場合においては，事案によっては証拠関係から具体的な面会交流の方法等を容易に判断できるときもあるが，具体的な方法等を定めるに当たって慎重な配慮を要する事案も多いので，実務上，事件を調停に付したうえで，家庭裁判所調査官による調査や面会交流の試行を行うなどして，子の福祉・利益に配慮することが多い。

このように，離婚訴訟においては，面会交流について判断がされることは

ほとんどないといえる。

(e) **子の引渡し**　子を監護していない母（又は父。非監護親）が，自らを親権者として指定することを求めるとともに，子を監護している父（又は母。監護親）に対し，子の引渡しを求めることがある。裁判所は，子を監護していなかった父（又は母）が子を監護していた母（又は父）の下から子を連れ去って，現に監護しているような場合において，子を連れ去られた母（又は父）を親権者と定めるべきであり，その判断内容を実効性のあるものとすることが必要であると考えたときは，子の親権者を指定するとともに，職権で子の引渡しを命じることができる（人訴32条2項参照）。このような子の引渡しを求める申立ては，裁判所の職権の発動を促すものと解すべきである。したがって，申立てについては手数料は不要である。

(f) **養育費の支払**　離婚後における未成熟子の養育費の支払の申立ては，離婚後の子の監護費用（民766条）としての性質を有している。したがって，これは，将来の請求であり，その内容は，離婚した場合に離婚時（正確にいえば親権者を定める離婚判決が確定した日である。）から通常は成年（平成34年〔令和4年〕4月1日から18歳。平成30年法律第59号）に達するまでの月々の金員の支払を求めるというものである。[16]

なお，養育費は，本来，現実に子の生活に要する費用であるから，子の成長とともに，あるいは両親の収入等によって額が変化する性質を有している。したがって，これを一括で支払うように求めることは相当ではない。

養育費として月々の支払が命じられると，確定期限の定めのある定期金債

---

16) 離婚の訴えにおいて，別居後単独で子の監護に当たっている当事者から他方の当事者に対し，別居後離婚までの期間における子の監護費用（いわゆる過去の養育費）の支払を求める旨の申立てがあった場合には，民法771条，766条1項が類推適用され（最判平9・4・10民集51巻4号1972頁），人事訴訟法32条1項所定の子の監護に関する処分を求める申立てとして適法であるから，裁判所は，離婚請求を認容する際には，当該申立ての当否について審理判断しなければならない（最判平19・3・30裁判所民223号767頁・家月59巻7号120頁・判タ1242号120頁・判時1972号86頁）。ただし，婚姻費用の中には子の監護費用も含まれるので，別居後も婚姻費用が支払われている場合にはこうした問題は生じず，また，未払婚姻費用は財産分与において考慮することができるので（最判昭53・11・14民集32巻8号1529頁），離婚の訴えにおいて財産分与の申立てがされ，その中で未払婚姻費用が適切に考慮される場合には，養育費（子の監護費用）としては離婚後の分の支払を命ずることで足りると考えられる。

権となるから，その一部の不履行があれば，期限未到来のものについても債権執行することができ，間接強制による強制執行もできる（民執151条の2第1項3号・167条の15）。

(g) **年金分割** 離婚時年金分割制度とは，厚生年金保険等の被用者年金に係る報酬比例部分の年金額の算定の基礎となる標準報酬等につき，夫婦であった者の合意又は裁判（判決・審判）により分割割合を定め，その定めに基づいて，夫婦であった者の一方の請求により，厚生労働大臣等が，標準報酬等の改定又は決定を行うという制度である。年金分割をすることができるのは，平成19年4月1日以降に離婚した場合に限られる。ただし，同日以降の離婚であれば，同日以降の婚姻期間だけではなく，婚姻期間全体が分割の対象となる。年金分割制度の対象となる年金は，①厚生年金，②国家公務員共済年金，③地方公務員共済年金，④私立学校教職員共済年金の4種類ある。これらはそれぞれ別個の制度であるから（なお，被用者年金制度の一元化を図るための厚生年金保険法等の一部を改正する法律〔平成24年法律第63号。平成27年10月1日施行〕により厚生年金に国家・地方公務員及び私立学校教職員も加入することになったので，平成27年10月以降は厚生年金だけになった。しかし，実施機関は従前のままとされている。），転職により，厚生年金，国家公務員共済年金などの複数の被用者年金の対象となる者については，これらの年金ごとに年金分割を行う必要がある。

年金分割の前提として，まず，夫婦の対象期間標準報酬総額の合計のうち，その一方に割り当てるべき割合を定める必要がある（これを「請求すべき按分割合」という。）。請求すべき按分割合を定めるに当たっては，まず，按分割合の範囲を正確に把握する必要がある。これについては，厚生労働大臣（日本年金機構理事長）等からの情報提供を受けなければならない。この情報提供は，「年金分割のための情報通知書」（資料22参照）（以下「情報通知書」という。）という書面で行われる。離婚訴訟においては，「標準報酬等の按分割合に関する処分」が附帯処分となっている（人訴32条1項）。申立ての趣旨は，「原告と被告との間の別紙記載の情報に係る年金分割についての請求すべき按分割合を，0.Xと定める。」（別紙として，情報通知書を引用する。）とする。この附帯処分の申立てに当たっては，申立てから1年前以降に取得した情報通知書の原

本を提出する必要がある（人訴規19条3項，厚生年金保険法施行規則78条の5第2号）。それゆえ，申立てに際して，情報通知書を提出するとともに，申立ての趣旨を特定するために，その写しを添付してこれを引用することになる。

(3) 損害賠償請求

前記Ⅱ1(2)(a)において述べたとおり，家庭裁判所は，損害賠償請求については管轄を有していないが，人事訴訟に係る請求の原因である事実によって生じた損害賠償請求（関連損害賠償請求）については，人事訴訟と併合して審理することができ，それゆえ，これについては人事訴訟と併せて提起することができる。もっとも，損害賠償請求の請求の趣旨は，単純な金員の支払請求となることから，請求の趣旨の記載だけでは，それが損害賠償の請求なのか，前記の附帯処分としての財産分与に関する処分の申立てなのかが判然としない。そこで，この点を明確にする必要がある（また，それによって，訴訟物の価額や遅延損害金の起算日も異なることになる。）。

また，関連損害賠償請求であるとしても，例えば，離婚そのものによる慰謝料請求と離婚原因を構成する不法行為に基づく慰謝料請求とがあるから，そのいずれであるのかを明確にする必要がある（前者は，離婚することで生じる損害であるから，遅延損害金の起算点は判決確定の日の翌日〔判決確定の日とする考えもある。〕となるが，後者であれば個々の不法行為に基づく損害であるから，不法行為の日〔一部請求として訴状送達の日の翌日を起算点とするものが多い。〕となる。もっとも，実際には，離婚に伴う慰謝料を求めるものがほとんどである。）。

このように人事訴訟においては，一定の損害賠償請求しか審理することができないから，損害賠償請求については，人事訴訟の「原因である事実」によって生じたものか否かを事前に十分検討する必要がある。なお，夫婦間の貸金請求，特有財産の引渡請求や離婚交渉過程の名誉毀損に基づく不法行為による損害賠償請求などは関連損害賠償請求ではないので，家庭裁判所に管轄権はない。

2. 書　　証

訴状及び附帯処分等の申立ての書面には，証拠となるべき文書の写し（書証の写し）で重要なものを添付しなければならない（民訴規55条2項，人訴規19

条2項)。それゆえ，人事訴訟事件の審理を行うに当たって基本的な書証は，早期に提出する必要がある。通常，次のようなものが基本的な書証となるであろう。

① 暴力を受けたと主張する場合には，傷害等の診断書など主張する事実を裏付けるもの
② 子の親権者が争いとなる場合には，母子健康手帳，保育園等との連絡帳，学校の通知票，陳述書等の子の監護状況がわかるもの
③ 養育費については，原告及び被告の双方の収入に関する資料（源泉徴収票，確定申告書，所得証明書，給与明細書等）
④ 財産分与については，不動産の登記事項証明書，固定資産税評価額証明書，原告及び被告の双方名義の預貯金通帳，生命保険証書，有価証券証書，退職金規程，住宅ローン等負債の残高証明等の資産状況がわかるもの

3．訴えの手数料

(1) 離婚請求

離婚請求は，財産権上の請求でない請求，つまり，非財産上の請求であるから，訴額は160万円とされている（民訴費4条2項前段）。したがって，印紙額は，1万3000円である。

(2) 損害賠償請求が併合された場合

人事訴訟と同一の原因によって生じた損害賠償請求を併合した場合には，両者の訴額のうち，多額の一方による（民訴費4条3項）。

(3) 附帯処分等の申立てがある場合

(a) **親権者の指定** 既に説明したように，親権者の指定の申立ては，職権発動を促すにすぎないものであるから（民819条2項)，手数料は不要である。

(b) **養育費，財産分与，年金分割** 訴えの手数料とは別に，家事審判事項の申立手数料として1200円の納付を要する。ただし，数人の子の養育費請求は，子1人について1200円となる。また，年金分割については，複数の年金の分割を求める場合には，年金制度1つ（つまり，情報通知書1通）に

ついて1200円となる。

(c) その他　請求の趣旨として子の引渡しを求める場合があるが，前記1(2)(e)のとおり，これは，子の監護に関する処分として子の引渡しを求めるものではなく，親権者の指定に伴って，人事訴訟法32条2項に基づき職権発動を求めるものであるので，手数料は不要である。

(4) 調停前置との関係

調停不成立等の通知を受けてから2週間以内に訴えを提起した場合（家事手続272条3項）には，調停の際に納付した手数料に相当する額は納付したものとみなされる（民訴費5条1項）。

(5) 訴訟上の救助

訴訟上の救助の申立てがある場合には，①訴訟の準備及び追行に必要な費用を支払う資力がないこと，又はその支払により生活に著しい支障を生じること，②勝訴の見込みがないとはいえないことについて，具体的な疎明資料の提出を要する。なお，東京家庭裁判所では，司法支援センター（法テラス。旧法律扶助協会）による法律扶助の決定がされたという事実のみでは，①について疎明があったとはいえないとして，具体的な収入の資料や課税証明書等の提出を求めており，②についても事実関係を簡略に記載した訴状を提出するだけではなく，陳述書等の提出を求めて疎明をさせるという運用がされている。

4．訴訟進行に関する照会書

受訴裁判所の裁判長は，裁判所書記官に対し，最初にすべき口頭弁論の期日前に，当事者から，訴訟の進行に関する意見その他訴訟の進行について参考とすべき事項を聴取させることができるものとされている（民訴規61条1項・2項）。東京家庭裁判所では，訴状を受理する際，原告に「訴訟進行に関する照会書」（資料6～資料8参照）を交付するなどして，訴状送達の方法や調停の経過（争いのあった事項等），訴訟進行の希望等に関する情報の提供を求めるなどして，訴訟進行の参考にしている。

5．第1回口頭弁論期日の指定

受訴裁判所の裁判長は，第1回口頭弁論期日を，公示送達が予想される事件など特別の事由がある場合を除き，訴えが提起された日から30日以内の日に指定しなければならない（民訴139条，民訴規60条2項）。

　東京家庭裁判所においては，前記「訴訟進行に関する照会書」の記載等から，前置された調停の経過等を踏まえて，弁論準備手続に付すことが相当とされる事件については，当事者に異議がないことを確認したうえで，第1回口頭弁論期日前に弁論準備手続を行っている（民訴規60条1項ただし書）。なお，人事訴訟事件については，調停前置主義が採られていることから，調停段階で十分な話合いが行われ，合意ができなかった事項や訴訟手続で解明すべき事項が訴え提起の段階から明確になっているはずである（ただし，調停を経た事件のすべてが争点が明確になっているわけではない。）。したがって，こうした場合には，第1回口頭弁論期日を待つことなく，弁論準備手続を実施して，争点及び証拠の整理等を行うことが審理を迅速に進めるうえで有効である。

　また，当事者が遠隔の地に居住しているときなどは，第1回口頭弁論期日を指定することなく，書面による準備手続（民訴175条以下）に付すこともできるが，実務では，離婚訴訟事件において書面による準備手続はほとんど行われていない。このような場合には，弁論準備手続に付したうえで，電話会議の方法（民訴170条3項，民訴規88条2項・3項）による協議を通じて争点整理を行うことが多い。

6．調停手続等の情報収集

(1)　当事者からの情報収集

　裁判所は，審理計画を立てるために，当事者から訴訟進行に関する情報を収集する必要がある。なお，東京家庭裁判所においては，当事者から提出された「訴訟進行に関する照会書」の記載等から，調停経過の概略のほか，訴訟のおおまかな争点あるいは訴訟の進行上の留意点を把握し，訴訟進行の参考としている。

(2)　保護命令に関する情報収集

　裁判所は，当事者に対して配偶者暴力防止法10条に基づく保護命令が発令されている場合には，審理の進め方について慎重に検討しなければならな

い。したがって，こうした情報の収集には，細心の注意を払って当たらなければならない。なお，東京家庭裁判所では，当事者から提出された「訴訟進行に関する照会書」の記載等から，上記保護命令が発令されているかどうかについても把握し，保護命令が発令されていることが確認された場合には，当事者から保護命令の写しの提出を求めるなどして，訴訟進行の参考にしている。

7．第1回口頭弁論期日の準備

(1) 事件の振り分け方法

　裁判所は，前記のとおり，訴訟進行に関する情報収集を行い，この結果に基づき，第1回口頭弁論期日で終結できる事件であるかどうかを検討し，事件の振り分けを行っている。また，次のように，第1回口頭弁論期日に向けた準備を行っている。なお，第1回口頭弁論期日で終結することが考えられるのは，(2)以下に挙げるような場合であり，それ以外の場合には，第1回口頭弁論期日から，争点について実質的な議論ができるように努めている。

(2) 公示送達による場合

　裁判所は，公示送達（民訴110条1項〜3項・111条参照）による事件については，原告に対し，第1回口頭弁論期日において，確認的な証拠調べができるように，事前に陳述書（資料13，資料14参照）その他の証拠を提出させ，訴状とともに送達したうえで，原告本人を出頭させるように準備するように求めている。なお，東京家庭裁判所においては，人事訴訟が公益に関わる事項を対象としているので，たとえ公示送達事件であっても，原告本人尋問を実施することがある。本人尋問が実施された結果，訴状や陳述書の内容とは異なる事実が出てきたり，訴訟代理人において，本人からの事情聴取が十分されていないことが露呈することも少なくない[17]。

(3) 被告欠席の場合

---

17) 公示送達による事件の場合，実務上，被告が所在不明である旨の親族等からの証明書の添付を求めており，それがない場合には，裁判所から親族等に照会書を送付して回答を求めている。親族等に対する照会の結果，被告の住所が判明した例も少なくない。それゆえ，公示送達の申立てをする場合は，事前に親族等に対する調査の励行が求められる。

人事訴訟においては，民事訴訟法159条の適用がないため（人訴19条1項），第1回口頭弁論期日に被告が欠席した場合であっても，擬制自白が成立したものとして事件を終結させ，いわゆる欠席判決をすることはできない。

しかし，人事訴訟手続法（旧法）によれば，被告が第1回口頭弁論期日に欠席した場合には，期日を延期するほかはなかった（旧法11条）が，人事訴訟法には，そのような規定がないため，このような場合であっても，期日を延期することなく，原告が提出した訴状及び準備書面の陳述や必要な証拠調べを実施することが可能となった。したがって，事案によっては，調停の経過等から見て，被告が次の期日を指定しても出頭する可能性が少なく，特に反論も予想されない場合には，第1回口頭弁論期日において，原告に訴状等の陳述をさせ，原告の提出した陳述書や原告本人尋問等の証拠調べを実施したうえ，訴訟が裁判をするのに熟したとして，口頭弁論を終結することも可能になった。しかし，このような運用をするためには，事前に原告から必要な陳述書等の証拠を提出させ，訴状とともにこれらを被告に送達しておくなどの準備が不可欠である。附帯処分等の申立てがされているのに，立証資料の提出がないために，第1回口頭弁論期日で終結できないことも少なくない。

(4) 付調停による場合

前置されるべき調停を経ることなく訴えが提起された場合，あるいは前置される調停を一応は経ているものの相手方不出頭等により実質的な話合いがされていない場合などには，第1回口頭弁論期日において，事件が調停に付されることがある（家事手続257条2項・274条1項）。事案の内容が，訴訟よりも調停で解決するのが適当なものについても同様である。なお，事件が調停に付された場合，担当裁判官が単独で調停を行う場合（単独調停）と調停委員会を構成して調停を行う場合（調停委員会調停）があるが，時間をかけて十分な調整をすることが必要であるか否かなどを勘案して，事案に応じて使い分けられている。

(5) 請求の認諾及び放棄

人事訴訟法は，離婚の訴えを提起した原告が請求を放棄し，離婚を求められた被告が離婚請求を認諾することを認めた（人訴37条1項）。ただし，請求の認諾については，附帯処分の申立てがされていない場合及び子の親権者指

定の必要がない場合に限定されている（同項ただし書）。なお，民事訴訟法では，請求の放棄又は認諾する旨の書面を提出した当事者が口頭弁論等の期日に出頭しないときは，裁判所は，その旨の陳述をしたものとみなすことができるが，人事訴訟法では，請求を認諾する旨の書面を提出した者が口頭弁論等の期日に出頭しない場合には，その書面を陳述したものとみなすことができず，また，電話会議の方法を用いた弁論準備期日においては，請求の認諾ができないなどの違いがある（人訴37条1項・3項，民訴266条・170条3項）。

実務上，請求の認諾や放棄は多くないが，原告が訴えの取下げをしようとしたところ，被告が同意しない場合に，被告の同意を要しない請求の放棄がされることがある。

8．第1回口頭弁論期日の運営

(1) 第1回口頭弁論期日

民事訴訟法は，第1回口頭弁論期日から争点に関する実質的な協議を行い，その後，継続して争点整理を行うべき事件については，当事者と裁判所とでどの争点整理手続を採るべきかを協議するなどして，早期に争点を整理することができるようにしている。そのために，訴状には間接事実を記載し，重要書証を添付することが求められるとともに，答弁書（資料9参照）についても，同様のことが求められている（民訴規53条・55条・80条）。

このことは人事訴訟においても同様である。それゆえ，裁判所は，当事者の訴訟代理人に対し，訴状，答弁書の記載の充実や重要書証を添付することを励行するよう求め，第1回口頭弁論期日においては，単に事件の振り分けをするに止まらず（事件の振り分けは，前記のとおり，既に期日の準備として事前に行われていれば，口頭弁論期日ではそれを確認すること以上に意味はない。），争点に関し，実質的な議論をし，証拠方法等についての聴取をするなど充実した審理をすべきである。そうでないと，弁論が単に書面の交換の場に終始するなど，民事訴訟法の意図するところを実現できないからである。しかしながら，実務においては，弁論が「議論の場」になるような運用がされているとはいいがたい状況にあるといわざるを得ない。訴訟代理人において，事実主張や法律論について十分な準備をして審理に臨むことが求められるところである。

(2) 被告の基本方針の確認

　裁判所は，第1回口頭弁論期日において，被告に対し，①離婚自体を争うのか。②仮に離婚を争わないのであれば，被告において，反訴又は附帯処分の申立てをするのか。するのであれば，その時期はいつか。③離婚自体を争うのであれば，婚姻関係が破綻していることを争うのか。それとも，有責配偶者からの離婚請求であるという主張をするのか。④子の親権者の指定については，どのように考えているのか。⑤財産分与については，算定の基準時や対象財産についてどのように考えているのかなどについて，確認し，訴訟手続の計画的進行を図らなければならない。

　なお，裁判所と双方の当事者が，今後の審理について，争点整理の期間，証拠調べの期間，口頭弁論終結の目標時期などの予定を共有できれば，事件の適正かつ迅速な進行を図れることになるから，こうした点についても，意見交換し，審理の適正かつ迅速な進行に向けて意思疎通を図らなければならない。

Ⅳ　争点及び証拠の整理と集中証拠調べ

1．争点整理

(1) 離婚訴訟における争点整理の意義

　民事訴訟は，対立当事者が実体法の請求権の存否について，自ら主張立証して，裁判所がその権利の存否を判断することによって，紛争を解決する制度であり，その訴訟手続を適切に運営するには，争点整理を充実させ，整理された争点について，集中証拠調べを実施する必要がある。ところで，人事訴訟は，身分関係の形成又は存否の確認を目的とする訴えに係る訴訟である（人訴2条）が，これを規律する人事訴訟法は，民事訴訟法の特別法である（人訴1条）から，その訴訟手続を適切に運営するには，民事訴訟と同様に争

---

[18] 人事訴訟は，訴訟の対象が公益性を有する身分関係事項であるから，弁論主義が修正されて自白の拘束力がなく，また，当事者主義も修正されて職権探知主義（人訴20条）が採られている。しかしながら，人事訴訟は，あくまで当事者双方が主体的に主張立証活動を行うこ

点整理及び集中証拠調べを実施すべきである。また，離婚訴訟のほとんどを占める民法770条1項5号に基づく離婚請求については，通常の民事訴訟のように要件事実を観念できるとしても，それが抽象的であり，規範的な要素を含むことから，争点整理が不可欠である。

　(a)　**離婚訴訟における争点整理手続**　民事訴訟法は，争点整理手続として，準備的口頭弁論（民訴164条），弁論準備手続（民訴168条）及び書面による準備手続（民訴175条）を設けている。なお，前記のとおり，人事訴訟法は，民事訴訟法の特別法であるから，人事訴訟法に規定のないものについては民事訴訟法が適用される。

　このうち，準備的口頭弁論は，公開法廷で行われるが，人事訴訟事件は，夫婦及び親子等の家族に関する事項を対象とし，公開をはばかる事柄も多いため，争点整理については原則として公開を要しない弁論準備手続（民訴169条2項参照）を活用することが多い。もちろん，争点整理の結果，本人尋問や証人尋問をせざるを得ない場合には，それが非公開事由に該当しなければ，公開の法廷で行うことになる。

　(b)　**争点整理手続の実際**　離婚訴訟事件においては，調停前置主義が採られていることから（家事手続257条1項参照），前置された調停において十分な話合いがされていれば，調停が不成立になったとしても，当事者は，どのような点で合意できず，どのような点が訴訟における争点になるのかという点などについて共通の認識を有しているはずであり，その意味で，訴訟の早い段階で争点を明確にできることも多い。すなわち，家事調停においては，通常，事実関係を確認し，これに基づき争点を整理検討したうえで当事者間の調整を図り，合意が調わなければ，調停委員会において調停案を提示するという過程をたどるから，家事調停を経ていれば，当事者にとっては，当該事件についての争点が明確になっているはずである。それゆえ，家事調停手続において，どのような点が争点であったのかがわかれば，離婚訴訟の手続

　　とを前提としていると理解すべきである（高橋宏志＝高田裕成編・新しい人事訴訟法と家庭裁判所実務〔ジュリ臨増〕1259号（2003）59頁以下参照）。
　19)　井上哲男「人事訴訟と要件事実」伊藤滋夫総括編集／伊藤滋夫＝長秀之編『民事要件事実講座(2)総論Ⅱ多様な事件と要件事実』（青林書院，2005）77頁。

も比較的スムーズに進行することができるのである。したがって，離婚訴訟においては，争点整理のための期日に数期日を要するようなことは少なく，比較的早期に争点整理がされて，証拠調べ等に移行することが多い。しかし，調停段階で，①代理人（弁護士）がついておらず，当事者本人が争点を理解していなかった，②離婚を求められた相手方が，離婚に応じたくないとして感情的対応に終始した結果，事実関係の確認作業ができなかったなどの理由で，調停が前置されながら争点が明確になっていない場合には，争点整理に時間を要することになる（資料23参照）。

(2) 争点整理を効率的に行う方策

民事訴訟法においては，争点整理を効率的に行うために，期日外釈明及び準備書面の直送の規定（民訴149条，民訴規63条・83条）や，特定の事項に関する準備書面や証拠の提出期限を定める規定（民訴162条）が設けられ，民事訴訟の運用としても広く定着しているが，離婚訴訟の審理においても同様の運用が図られている。

(a) **期日外釈明** 裁判長等は，期日外においても，釈明権を行使することができ（民訴149条1項），攻撃防御の方法に重要な変更を生じ得る事項について，期日外に釈明を求めたときは，その内容を相手方に通知し（同条4項），かつ，それを記録上明らかにしなければならないものとされている（民訴規63条2項）。この期日外釈明は，裁判官の包括的又は個別的な命令を受けて裁判所書記官が行う（同条1項）が，東京家庭裁判所では，ファクシミリ等を利用するなどしてこれを行っており，担当書記官を通じて釈明することも多い。[21]

(b) **準備書面の直送** 争点整理を早期に効率的に行うために，当事者は，相手方が準備するのに必要な期間をおいて，準備書面を相手方に直送しなければならないとされている（民訴規83条1項）。そして，準備書面の送付を受

---

20) 前記（Ⅲ4）のとおり，東京家庭裁判所においては，訴状受理に際して，「訴訟進行に関する照会書」を交付し，訴状送達の方法等のほか，調停の結果について情報の提供を求めているが，調停の当事者が調停段階における争点を十分把握していないことも少なくない。
21) 東京家庭裁判所では，裁判官が双方の主張を事実整理案という形でまとめて，その中に釈明点を記載するなどして，これを事前に送付し，次回期日に釈明点に答えさせたり，事実整理案に対する意見を聴くなどするという方法も行われている。

けた相手方は，提出者及び裁判所に受領書面を提出しなければならない（同条2項）。

(c) **準備書面・書証等の提出期限**　弁論準備手続期日においては，双方の主張や証拠を確認し，次回期日までの課題を設定することが通常であるが，次回期日における議論を充実させるためには，特定の事項に関する主張及び証拠の提出期限を定め，それに対する反論を検討する時間も考えて期日を迎えるようにすべきである。それゆえ，東京家庭裁判所の実務においても，準備すべき事項等及び提出期限については，調書に記載するなどして裁判所と当事者との間において訴訟の進行状況についての共通認識を有するようにしている。

(3) 準備書面・書証等の提出方法

(a) **準備書面の提出**　準備書面については，離婚原因等は訴訟事項に関する主張であり，附帯処分等は実質的家事審判事項に関する主張であるから，これらをできるだけ区別して記載することが求められる。しかし，それらの主張を記載した別々の書面を作成する必要はなく，1通の準備書面として提出すれば足りる。

なお，このように離婚訴訟事件における主張には，離婚原因等の訴訟事項に関するものと，附帯処分等の実質的家事審判事項に関するものがあることに注意して主張をすべきである。つまり，訴訟事項に関する主張は，口頭弁論において陳述されなければ判決の資料とならないが，実質的家事審判事項に関する主張は，必ずしも口頭弁論で陳述される必要はなく，また，訴訟事項に関する資料は，書証として証拠調べの方法により裁判の基礎資料とされるが，実質的家事審判事項に関する資料は，必ずしも書証として取り調べる必要はなく，事実の調査がされれば，裁判の基礎資料となり，その閲覧等の規律が訴訟事項に関する資料である証拠とは異なっているのである（民訴91条，人訴33条・35条参照）。

このように，理論的には，訴訟事項に関する主張・資料と実質的家事審判事項に関する主張・資料とはその取扱いの方法は異なるが，実際には，その双方に共通の主張・資料となっていることも多く，しかも，附帯処分等についても，訴訟手続において審理され，そこで得られた主張・資料をそのまま

用いて裁判することができるし、前記のとおり、そもそも事実の調査による資料収集は補充的かつ限定的なものとして位置づけられていることからすれば、基本的には附帯処分等に関する主張も口頭弁論で陳述され、その資料は証拠調べにより収集されるように取り扱うのが相当である。実務上も、このような取扱いがされている。

　(b)　**書証等の提出**　書証は、弾劾証拠となるものを除き、弁論準備手続等の争点整理手続中にすべて提出させる必要がある（民訴170条2項、民訴規102条）。離婚訴訟の運営においても、書証の早期提出の慣行が確立するように努めなければならないが、実務においては、必ずしも励行されているとはいえない状況にある。

　なお、書証の申出をするには、文書の記載から明らかな場合を除き、証拠説明書を提出しなければならないとされており（民訴規137条1項）、証拠説明書には、文書の標目、作成者及び立証趣旨のほか、原本の有無について記載する必要がある。離婚訴訟においては、不貞行為の立証のためと称して写真やメールをプリントアウトしたものなどが提出されることが多いが、証拠説明書に立証趣旨を明確に記載したものは少なく、その結果、趣旨が明らかでないものがいまだ多いようである。

　離婚原因等の訴訟事項に関する文書、附帯処分等の実質的家事審判事項に関する文書は、原則として書証として取り扱い、前述のとおりの要領で提出すべきである。ただし、例外的に、附帯処分等の実質的家事審判事項のみに関する資料で、かつ、相手方に開示することが相当ではないものについては、事実の調査による資料として提出することもできる。その場合には、証拠説明書とは別に人事訴訟法35条2項各号に該当する具体的事由を記載した資料説明書の提出をすべきである（**資料10参照**）。このようなものに該当するものとしては、15歳以上の子の親権者に対する意向を記載した書面で、その内容からして、相手方に開示されることがためらわれるようなものなどがこれに当たるが、実際には、このようなものは、上記の子の意向書面以外はほとんどないのが実情である。

　(c)　**人証の申出**　人証の申出は、できるだけ一括してしなければならないとされている（民訴規100条）。証人尋問の申出書には、証人の住所・氏名

のほか，尋問に要する見込み時間（民訴規106条），同行の予定・呼出手続の要否についても記載する必要がある。証人尋問の申出をするには，尋問事項書を提出しなければならず（民訴規107条１項），これは相手方に直送されることになっている（同条３項）。

2．離婚原因の争点整理

民法は，770条１項１号ないし５号を離婚原因としている（これについての詳細は，**第３章Ⅰ3参照**）から，離婚原因の争点整理をするに当たっては，各号の要件に即して行うことになる。[22]

しかしながら，実務上は，離婚原因のほとんどを占める５号事由をどのように捉えるかが重要である。「婚姻を継続し難い重大な事由」とは，別の表現をすれば，婚姻が破綻しているということであり，婚姻の破綻は，婚姻の当事者双方に婚姻共同関係を修復する意思がなく，また，客観的に見ても婚姻共同関係を修復することが著しく困難であることである。このように破綻には，主観的要素と客観的要素があるので，その点を意識した主張がされ，これに基づく争点整理がされるべきである。

(1) 婚姻破綻の主観的要素

婚姻破綻の主観的要素は，婚姻の当事者双方がいずれも婚姻共同生活を修復する意思がないということである。わが国においては協議離婚が認められているから，当事者の双方が婚姻共同生活を修復させる意思がなければ，協議離婚するということになるはずであるが，[23]それにもかかわらず訴訟で争われることがある。これは，破綻の原因や経緯が争われ，これに関連して，慰謝料請求権の存否のほか，離婚に伴う未成年の親権者の指定や財産分与が争点となる場合があるからである。

このような場合，実務上，口頭弁論調書に，「婚姻が破綻していることは

---

22) 最判昭36・4・25民集15巻4号891頁。
23) 婚姻が破綻していることについて，当事者間に争いがない場合（離婚請求に対して離婚の反訴提起がされた場合も同様である。）には，婚姻破綻の主観的要素は認められるようであるが，人事訴訟には弁論主義の適用がなく自白原則が適用されないから，これをもってただちに婚姻が破綻しているとするわけにはいかない。しかし，当事者双方が婚姻が破綻していることを争わないような場合には，通常，客観的要素も認められることが多いであろう。

争わない。請求棄却を求めるのは，慰謝料請求権の有無及び額を争う趣旨である。」又は「婚姻が破綻していることは争わないが，親権者の指定及び財産分与について争う。」などと記載して争点を絞って主張整理をしている。
(2) 婚姻破綻の客観的要素

　婚姻の破綻の客観的要素は，客観的に見て婚姻共同生活を修復させることが著しく困難であることであるが[24]，これは規範的要件であるから，離婚を求める原告は，その評価の根拠となる事実を主張立証すべきであり，離婚を争う被告は，原告主張事実の存在そのものを争うほか，破綻という評価の障害となる事実を主張立証することになる。

　そして，客観的に見て婚姻共同生活を修復することが著しく困難であるという評価を得る事実であるためには，それが婚姻共同生活において特に重要な事実又はエピソードであることが必要である。つまり，夫婦が婚姻共同生活を送っている以上，日常生活における相手方の言動に対して感情的になったり，不満を抱くことはしばしば起こり得るのであり，こうしたことだけをもって客観的に婚姻の破綻原因とすることはできないといわざるを得ないからである。また，婚姻生活が長年にわたっている夫婦の婚姻が破綻しているか否かが争われている事案において，婚姻前や新婚旅行の際の言動等の過去のできごとのほか，長年にわたる婚姻生活における言葉のやり取りや行き違いなどに対する不満等が主張されることがある。しかしながら，こうしたことが客観的に見て婚姻共同生活を修復することが著しく困難であるという評価を得る事実となり得るか疑問である。結局のところ，婚姻が破綻しているという評価を受ける中核的事実は，通常，相当期間にわたる別居か，暴力・暴言又は不貞行為等の有責行為ということになるであろう。

　なお，別居期間が長期化している場合には，婚姻の破綻が推定されるから，被告がこれを否定するには，長期間にわたる別居がされているが，これについては相応の理由があるなどの特段の事情があることを主張立証することになる。他方，別居しているが，別居がいまだ長期間に及んでいない場合には，

---

24) 内田貴『民法Ⅳ親族・相続〔補訂版〕』（東京大学出版会，2005）120頁，大村敦志『家族法〔第3版〕』（有斐閣，2010）145頁等。

婚姻の破綻を主張する原告において，別居に至った経緯，つまり被告の有責行為を主張立証することになる。

(3) 有責配偶者からの離婚請求

離婚を求められた被告から，有責配偶者からの離婚請求であるとして，当該離婚請求が信義則上許せないという主張がされた場合には，原告は，①夫婦の別居が当事者の年齢及び同居期間との対比において相当長期間に及んでいること，②その間に未成熟子が存在しないこと，③（未成熟子が存在するとしても）被告が離婚によって精神的・社会的・経済的に極めて苛酷な状態におかれることがないことなどの離婚請求が認容されても著しく正義に反するといえない特段の事情があること[25]を主張立証しなければならない。したがって，このような場合には，こうした事実に沿って主張整理がされることになる。

3．附帯処分等の争点整理

(1) 附帯処分等の審理方法

附帯処分等については，その裁判に当たり事実の調査ができることとされている（人訴33条）が，訴訟手続の中で審理され判決により判断されるものであり，なにより利害関係を有する当事者自身がその事実について一番よく知っているのであるから，当然に裁判所の事実の調査によるべきであるというのではなく，基本的には，当事者の主張立証によるべきである。それゆえ，証拠調べを実施し，事実の調査はいわば補充的なものとして実施されるべきである。このような事実の調査の位置づけを十分に踏まえて，証拠調べ及び事実の調査に先立つ争点の整理を行う必要がある。

特に，附帯処分等については，権利義務の発生消滅等についての攻防をする通常の民事訴訟とは異なり，権利義務が存在するということを前提として，その具体的内容を形成するものであるから，とかくその主張も漠然としたものになりやすい傾向がある。そのため，その争点整理では，権利義務の具体的な形成に影響する具体的事実を主張させて，具体的な争点を提示させる必要がある。例えば，離婚等については争いがなく，親権者の指定，財産分与

---

25) 最大判昭62・9・2民集41巻6号1423頁。

といった附帯処分に争いがあるという程度では，抽象的であり，これで争点が整理されたなどとはいえない。つまり，具体的にどのような点に争いがなく，どのような点に争いがあるのか，また，当事者の主張を裏付ける具体的な資料はあるのかなど，具体的に争点が提示される必要がある。

(2) 財産分与に関する処分

(a) 財産分与に関する処分（清算的財産分与）については，原告及び被告の双方が，①まず，財産分与の対象となり得る財産として何があるかを明らかにする（その際，原告及び被告が，それぞれの名義の不動産の登記事項証明書，預貯金の通帳，株式等の取引明細書等を提出する。），②そのうえで，財産分与の対象となるものとならないもの（特有財産＝固有財産）についての主張があれば，その旨の主張をする，③次いで，財産形成についての寄与（貢献）の程度を主張する，という手順で主張整理をすることが有用である。こうした作業手順のためには，財産分与の主張に関する表（資料20，資料21参照）を作成して，順次，原告及び被告が主張を入力して裁判所に提出し，担当裁判官がこれをまとめるという方法が効率的であると思われる。[26]

(b) 財産分与に関する処分については，十分な理論的な検討がないままに，種々の金銭給付を求めたり，債務の分担を求めるような例も見られるが，分与されるべきは，別居時において存在する積極財産であり，それがない場合には，清算すべき対象がないとするのが原則である。婚姻期間中に給与を得ているから，それが一定額貯蓄されているはずであるなどとして，その2分の1相当額の支払を求めるなどという主張がされることも多いが，このような場合において，資産の存在が立証されることはほとんどないといってよい。財産分与請求権は，積極財産が存在することを前提として，これをどのように清算すべきかということであり，清算の方法として，対象財産の名義人から他方に分与（金員の支払や不動産の所有権移転等）がされるのである。

(c) なお，慰謝料については，慰謝料的要素として財産分与の中で斟酌すべきものと，損害賠償請求としての慰謝料請求によるものとがあるので，これを区別する必要がある。財産分与として，不動産（あるいはその共有持分）

---

[26] 青木編著・前掲注11) 27頁以下参照。

の取得を求める場合に，その寄与度（貢献度）の認定によっては，引換給付判決となることがあるが，このような引換給付を回避するために，慰謝料的要素が主張されることがある。このような場合には，第一次的には，財産分与の慰謝料的要素として主張し，その余の部分ついては，財産分与ではなく慰謝料として請求する趣旨であることを明確にさせるべきである。

(d) 過去の婚姻費用の分担の調整も財産分与の中で考慮することができるが，それは別居後のものであって，基本的には別居前の婚姻中の生活費の分担の調整まで行うものではない。

(e) 不動産等については，所有名義のいかんにかかわらず，婚姻期間中に取得した財産は一応夫婦の実質的共有財産と事実上推定されるから，それが特有財産（固有財産）であると主張する当事者において，それを裏付ける資料等の提出をすべきである。なお，不動産の取得に際して，取得代金の頭金を特有財産（固有財産）から出している場合に，不動産全体を物権法上の共有財産であるとして，財産分与の対象ではないという主張がされることがある。しかし，通常は，夫婦の一方が頭金を出したとしても，残代金の住宅ローンについては家計費から返済していることが多いから，このような場合は，当該不動産を財産分与の対象となるとしたうえで，頭金の存在は，財産の形成又は維持に関する寄与度（貢献度）として考慮すべきである。

(f) 寄与度（貢献度）については，基本的には，特段の事情がない限り2分の1が原則であると解すべきであるから，これを争う者は，これとは異なるという特段の事情を主張し，それを裏付ける資料等の提出をすべきである。なお，婚姻期間が長期間に及ぶ事案においては，時系列の婚姻生活史を作成すると（**資料11参照**），これにより分与対象財産の形成経過及び寄与（貢献）の経過が一覧でき，理解しやすい。

(3) 養育費の支払

養育費の支払については，実務では，東京・大阪養育費等研究会の提言に係る「養育費・婚姻費用の算定方式と算定表」に基づき，審理・裁判がされ[27]

---

27) 東京・大阪養育費等研究会・前掲注2）巻末綴じ込み小冊子285頁以下，青木編著・前掲注11）巻末資料15「養育費・婚姻費用算定表」98頁以下参照。なお，標準的算定方式に代わ

ている。そして，上記算定表に基づく算定においては，当事者の収入額が基礎になるから，家庭裁判所は，養育費が問題となる場合，まず，源泉徴収票や確定申告書等の提出を求め，当事者双方の収入を確定したうえで，必要に応じて，家計収支状況表の提出を求め（資料12参照），上記算定表所定額の範囲と異なる金額とすべき特別の事情があるかを確認している。[28]

(4) 親権者の指定

(a) 夫婦が離婚する場合には，未成年の子の親権者を父母のいずれかに決めなければならない（民819条1項・2項）。ところで，調停段階において親権者の指定が争点となり合意が形成されなかった場合であっても，客観的には，親権者の指定について容易に判断ができ，ただ当事者の一方が主観的に納得していないという例が圧倒的に多い。このような事案にあっては，証拠調べは必要がなく，もちろん事実の調査も必要がないといえる。なお，裁判所が父母の一方を親権者と指定する場合には，いずれが親権者にふさわしいか，つまり，親権者としての適格性を有しているかを判断するから，親権者に指定するよう求める者は，こうした事実を主張すべきである。しかし，訴状，答弁書においても，親権者の適格性を基礎づける具体的事実を的確に記載しているものは少ないように思われる。

(b) 親権者の指定については，まず，監護の現状が未成年者の福祉に反す

る新たな提言として，日弁連の「養育費・婚姻費用の新しい簡易な算定方式・算定表に関する提言」（平成28年11月15日）があるが，裁判所においてこれによったと思われるものはないようである。

[28] 家計収支状況表は，特別の事情等の有無を明らかにするために用いることを予定している。実務上，実際に支出した額を問題にして，家計簿や領収書等の膨大な資料を提出してくる例もあるが，多くは不要あるいは関係がないことが多い。むしろ収入がいくらであるかという立証に力を注ぐべきであろう。

また，実務上，高額な学費や海外留学費用等の負担をどうするかということがしばしば問題となるが，こうした特別の事情については，当該学校への入学や留学等について夫婦間でどのような協議や合意等がされたのか，また，家計費等とのバランスがどうであるかなどについて主張をしたうえで，それについての資料を提出すべきであろう（これらの問題については，青木晋「養育費・婚姻費用算定表の活用について」ケース研究279号（2004）151頁，岡健太郎＝平城恭子「養育費・婚姻費用算定表の運用上の諸問題」ケース研究287号（2006）104頁，濱谷由紀＝中村昭子「関西家事事件研究会報告⑵養育費・婚姻費用算定の実務―大阪家庭裁判所における実情」判タ1179号（2005）35頁，岡健太郎「養育費・婚姻費用算定表の運用上の諸問題」判タ1209号（2006）4頁参照）。

るような状況にあるかどうか，その監護がどのようにして開始されたのかについて双方の主張を確認しなければならない。現在，子を監護していない親（非監護親）が監護の現状に問題があると主張するときは，どのような問題があるのかを具体的に主張し，その裏付けとなる資料等の提出をすべきである。親権者の指定についての争いがある事案の中には，非監護親が監護の現状について漠然とした不安を訴えているに止まり，問題視している監護についての具体的な主張をすることなく，また，自己が監護する場合の監護養育の具体的な計画を立てることもなく，監護補助者の協力も得られる見通しがないなどといったものもある。裁判所は，そのようなものについては争点整理の段階で，審理の見通しを伝えることで訴訟の争点から外している。なお，実務上，このような場合には，「子の親権者については強いて争わない。」などと調書に記載して，争点から外したことを明らかにしている。

(c) 親権についての争いが大きい場合には，双方とも，自分の方が親権者としての適格性を有することについて具体的に主張立証しなければならない。

監護親は，①監護親が子を監護するに至った経緯（別居時の経緯等），②子が出生してから現在まで，どのように監護されていたかについての具体的状況，③監護親の健康状態，稼働状況及び経済状況，④子の現在の生活状況と健康状態，保育園や学校等における様子，⑤子の監護を補助・援助してくれる親兄弟姉妹等（監護補助者）の有無と監護補助の態様や程度，⑥監護親が非監護親よりも親権者としてふさわしい理由と根拠，⑦非監護親が親権者としてふさわしくない理由と根拠，⑧今後の監護方針等について，具体的に主張・立証する必要がある。

他方，非監護親は，上記①及び②を主張・立証するとともに，③非監護親が子と同居していた時期において子の監護に関与した具体的状況，④非監護親の健康状態，稼働状況及び経済状況，⑤非監護親が親権者となった場合の監護補助者の有無と期待できる監護補助の態様や程度，⑥非監護親が監護親よりも親権者としてふさわしい理由と根拠，⑦監護親が親権者としてふさわしくない理由と根拠，⑧今後の監護方針等について，具体的に主張・立証する必要がある。

要するに，監護親及び非監護親ともに，自己が親権者としての適格性があ

り，相手方は適格性がないことを具体的事実に即して主張・立証しなければならないのである。

　(d)　また，家庭裁判所調査官による事実の調査の必要があると思われる場合でも，争点整理手続において，できるだけ争点を絞って，資料等も十分に提出させ，調査事項が特定された効率的な調査ができるように努めている（人訴規20条）。通常，想定される調査事項としては，①子の監護の現状が未成年者の福祉（子の利益）に沿うものであるかどうか，②専門的技法を用いた子の意向の把握，③親権者の適格性といったものが考えられる。しかしながら，十分な争点整理がされれば，調査事項は自ずと①又は②に絞られてくるはずである。[29] つまり，親権者の指定については，子の監護状況がどのようなものであるか，そこに問題はないか，また，子の意向は，どのようなものであるかなどが判明すれば，十分判断することができるのであり，親権者の適格性そのものがわからなければ判断することができないという事例は少ないのである。なお，監護親の監護に重大な問題があったり，夫婦が同居したままで訴訟に至ったり，夫婦が交替で子を監護していたりする場合には，現在の監護状況だけでは，親権者の適格性を判断できないので，上記③を調査せざるを得ないであろう。

　(e)　なお，未成年者が15歳以上である場合には，その陳述を聴く必要があるとされ（人訴32条4項），後述のとおり，親権者の指定について争いがある事案においては一般的には裁判官による審問の活用も考えられるが，親権者の指定について争いがない場合，あるいは争点整理の結果，争いがなくなった場合には，書証として，監護親から未成年者の意向を記載した未成年者作成の書面の提出を求めることが多い。実務上，後者の事例がほとんどである。

　(f)　当事者からは，子の意向を親権者の指定の判断要素とすることを求める場合も少なくないが，15歳以上の子を除いては，子の意向の調査は，慎

---

29)　東京家庭裁判所においては，平成16年4月1日から平成22年3月31日までの間，上記①を調査事項として調査命令が発令された事例が279件であるのに対して，上記③は5件であり，監護状況と適格性を調査事項としたものは4件である（東京家庭裁判所家事第6部編著・前掲注11）巻末資料1「東京家庭裁判所における人事訴訟事件の処理の実情（統計編）」84頁参照）。

重であるべきである。すなわち，子は，その意向を表明することで両親のいずれかを裏切ることになるとして，これを何とか避けたいといういわゆる忠誠葛藤に陥りやすいのであり，こうした子らの心情を傷つける結果にならないように十分留意することが必要であるからである。

(5) 年金分割

年金分割の制度趣旨等の詳細は，別に述べられているが（Ⅲ1(2)(g)参照），要するに，請求すべき按分割合は，「対象期間における保険料納付に対する当事者の寄与の程度その他一切の事情」を考慮して割合を定める（厚年78条の2第2項）とされており，当事者は，このような考慮すべき事情について，具体的な主張をする必要がある。しかし，現行の被用者年金の中心となる老齢年金は，その性質及び機能上，基本的に夫婦双方の老後のための所得保障としての社会保障的意義を有しており，婚姻期間中の保険料納付は，互いの協力により，それぞれの老後等のための所得保障を同等に形成していくという意味合いを有しているものと評価することができるので，対象期間における保険料納付に対する夫婦の寄与の程度は，特別の事情のない限り，互いに同等とみるのが制度の趣旨と解される。それゆえ，同居期間に比例して割合が決まるものではなく，別居期間があっても，原則としては2分の1と考え，別居期間が長期間に及んでいることやその原因等については，例外的な取扱いに関する考慮事情とするに止めるとされている。[30]

4. 家庭裁判所調査官による事実の調査を命ずるための準備

争点整理の中で，親権者の指定について家庭裁判所調査官による事実の調査が必要とされる場合には，争点整理手続に引き続き，調査に向けた当事者との打合せが行われている（資料13，資料14，資料16，資料17参照）。このような場合には，弁論準備手続が終結する予定の期日（通常，弁論準備手続には訴訟代理人だけが出頭しており，双方の当事者本人が出頭することは少ない。）に，当事者本人の出頭を求めることにしている。なお，前記のとおり，財産分与の争点整

---

[30] 東京家庭裁判所においては，和解においては，財産分与等その他の経済的給付に関する合意とのかね合いから，0.5以外の割合を合意するケースもあるが，判決においては，0.5以外の割合を定めた例はほとんどない。

理と同時並行的に親権者の指定についての事実の調査を行うこともある。また，子への虐待や不貞行為等のために十分な監護をしていないということが親権者の適格性の問題として争われている事案においては，事実関係を確定するために，原告及び被告の本人尋問等の証拠調べを先行して，その後，親権者の指定についての事実の調査を実施することもある。このような場合には，どのような事実が認定されるかが問題となるのであり，これは裁判所の事実認定そのものであるから，家庭裁判所調査官に対して上記の虐待等の事実の調査を命ずることはすべきではないし，実際にもこのような調査を命じていない。

5．集中証拠調べ

(1) 集中証拠調べの実施

　証人尋問及び本人尋問は，できる限り，争点整理が終了した後に集中して行わなければならないとされており（民訴182条），東京家庭裁判所においては，原則として原告及び被告の各本人尋問を同一期日に実施している。なお，本人尋問を続行したり，当初から別々に尋問を実施するという例もないわけではないが，これは，本人の心身の状態等から，このようにせざるを得ないような場合であって，ごくまれにしかされていない。

　集中証拠調べをするためには，陳述書を活用しなければならない。すなわち，陳述書は，現在の民事訴訟においてその有用性や効用が確認されているので，人事訴訟においても，その十分な活用を図る必要がある。つまり，陳述書には証拠開示機能があり，陳述書の内容により，事案の把握，理解が容易になって，事前準備が可能となり，効果的な反対尋問や補充尋問を実現することができ，また，争点ではない事項の立証を陳述書にゆだねることで，証人尋問・本人尋問の重点化を図り，尋問時間の短縮化をもたらす効果があるからである。

　しかしながら，実際には，訴状や準備書面を単に「ですます調」に変えただけの陳述書や，陳述書をそのまま訴状とし，そのため，誤字脱字まで同じというものまで見受けられるのである。また，中には，真の争点を尋問によらず，陳述書にゆだねようとする代理人もいるが，陳述書によって立証すべ

きは，争いがない事実や前提となる事実に止めて，争点や重要な事実関係については，尋問で立証すべきである。なお，本人尋問において，原告（又は被告）に対して陳述書を示して，この記載内容に間違いがないことを確認するだけでは，立証事項について，十分証明されたことにはならない。

(2) 本人尋問及び証人尋問の実施

(a) 離婚訴訟では，通常，離婚原因とされる事実が夫婦である原告及び被告しか見聞していないことが多い。つまり，破綻原因となる出来事が日常生活における暴行や暴言のほか寝室内での事柄など，第三者が立ち会って見聞していないことがほとんどである。そのため，前記のとおり，主張整理が重要になるが，その立証という場合においても，結局のところ，原告及び被告の各陳述書と各本人尋問によらざるを得ないのである。しばしば，原告及び被告の両親兄弟姉妹のほか友人等について証人申請されることがあるが，離婚訴訟の上記特質からすれば，不貞行為の有無等が争点となり，不貞行為の相手方とされている者を証人として尋問するような場合以外は，他の人証は採用して調べるだけの必要性がないであろう。

なお，原告及び被告の主張事実が対立する場合，陳述書の記載内容が対立するのみならず，供述内容が対立するから，同一期日に本人尋問を実施しないと心証を採ることができかねる場合が多い。それゆえ，離婚訴訟においては，特に集中証拠調べが実施されるべきである。

(b) 原告及び被告の本人尋問を実施するに当たっては，上記のとおり，争点となる事実を見聞しているのは，その場にいた原告及び被告以外にはいないのであるから，当該事実を否認している方からすれば，相手方がどのような事実を述べるのかについて事前に開示されなければ，反対尋問を実施することができないこと，また，婚姻生活が長期間にわたる場合，破綻に至る経緯を全部供述により立証しようとするのでは尋問時間がいくらあっても足りるものではないこと，しかも，破綻原因については，婚姻生活の中のすべてが問題となるのではなく，そのうちの特定の事実が契機となるというのが通常と考えられることなどから，本人尋問に先だって必ず陳述書が提出されなければならない。

したがって，民事訴訟は，証人尋問及び当事者尋問はできる限り，争点及

び証拠の整理が終了した後に集中して行わなければならないということを原則（民訴182条）としているが，人事訴訟の場合は，原告及び被告の一方が入院や施設に入所しているため，所在尋問を実施しなければならないような場合などの特別の事情のない限り，集中証拠調べを実施すべきである。[31]

(3) 当事者尋問等の公開停止

(a) 憲法82条は，裁判公開の原則を定めており，それには十分な考慮を払うべきであるが，人が社会生活を営むに当たっての基本となる法的身分関係の形成又は存否の確認を目的とする人事訴訟において，裁判の公開を困難とする真にやむを得ない事情があり，かつ，裁判を公開することによって，かえって適正な身分関係の形成又は存否の確認が行われないおそれがあると認められる場合には，同条2項にいう「公序を害するおそれ」に該当するものと解することができる。

このような憲法の定める裁判の公開原則の例外に該当するものとして，人事訴訟法は，一定の厳格な要件の下で当事者尋問等の公開停止をする途を認めている（人訴22条1項）。

(b) その要件は，人事訴訟の目的となる身分関係の形成又は存否の確認の基礎となる事項であって，自己の私生活上の重大な秘密に係るものについて証人又は当事者本人が尋問を受ける場合であり，①真にやむを得ない事情が存在すること（つまり，その当事者等又は証人が公開の法廷で当該事項について陳述することによって，社会生活を営むのに著しい支障を生ずることが明らかであることから，当該事項について十分な陳述ができないという真にやむを得ない事情がある場合である。），②誤った身分関係の形成又は存否の確認がされるおそれが存在すること（つまり，当該陳述を欠くことにより他の証拠のみによっては当該身分関係の形成又は存否の

---

31) 東京家庭裁判所では，前述のとおり，離婚訴訟については，原告及び被告の各本人尋問を同一期日に実施（原則として，原告及び被告につき，原則として，主尋問及び反対尋問を各30分，各当事者の手持ち時間を1時間，合計2時間で尋問を終えるようにしていたが，現在は，尋問時間を各20分，手持ち時間を40分として，この範囲内で人証ごとの振り分けをしてもらっているようである，青木編著・前掲 注11) 35頁。なお，尋問時間については，事案に応じて，適宜，増減しているが，尋問を続行するということはよほどのことがない限り，行っていない。）して終結している。また，不貞行為の有無等が争点となるような場合等以外は，原告及び被告以外の人証を採用して調べることはほとんどないのが実情である。

確認のための適正な裁判ができないおそれが認められる場合である。）が必要である。こうした事由がある場合に限り，当該事項の尋問のみを公開停止することができる（人訴22条1項）のである。なお，有名人や著名人が単に私生活を公開されたくないといったような事情は理由にならない。

　これを具体的事案に即して説明すると，離婚請求事件においては，長期間にわたる異常な性生活等を強いられたことが「婚姻を継続し難い重大な事由」に当たるとして請求原因を主張し，原告がその異常な性生活等の状況を公開法廷で陳述することを強いられるような場合であろう（なお，他の人訴事件についていえば，離縁請求事件において，養親による養子に対する長年にわたる異常な性的虐待等があったことが「縁組を継続し難い重大な事由」に当たるとして請求原因を主張し，原告がその異常な性的虐待等の状況を公開法廷で陳述することを強いられるような場合，認知請求事件において，原告が近親相姦等により出生したという出生の秘密をもって請求原因を主張し，近親相姦により原告を出産した証人がその近親相姦等の状況を公開法廷で陳述することを強いられるような場合などである。）。ちなみに，東京家庭裁判所における公開停止の事例は，平成16年4月以降，1件のみである。

　(c)　公開停止の具体的手続は，通常，当事者や証人から公開停止の措置の発動を求める申出がされる際に，公開停止の必要性のほか，書面による尋問を相当としない理由，公開停止を求める尋問事項等を記載してその旨の申出をさせる必要がある（資料15参照）。裁判所は，当事者尋問等の公開の停止決定をするには，あらかじめ当事者等及び証人の意見を聴かなければならない（人訴22条2項）。

　(d)　裁判所は，裁判官の全員一致により公開停止の決定をするときは，その旨を理由とともに公開の法廷で言い渡し，その後，公衆を退廷させ，当該事項に係る尋問が終了した場合には，再び公衆を入廷させなければならない（人訴22条3項）。

　(e)　公開停止の決定に対しては，独立して不服申立てをすることはできず，当事者尋問等を非公開で行った終局判決に対する上訴でその当否を争い得るに止まる（民訴312条2項5号参照）。特別抗告の可否については，民事訴訟法336条等の解釈にゆだねられるが，特別抗告を認めると，上訴により公開停止の裁判の当否を争う方法と重複してしまうという問題があることから，特

別抗告は認められないと解すべきである。

　なお，公開停止に係る口頭弁論調書については，民事訴訟法91条2項が適用される。この点について，非開示事由が認められる場合に，当事者本人に開示するのは相当ではないが，弁護士たる訴訟代理人のみに開示することができるかという問題がある。少年保護事件の場合には，少年本人に調査報告書を開示することはないが，付添人弁護士には開示するということがある。これは，本人が少年であることや，付添人弁護士が審判の協力者という役割をも担っていることを考慮した運用である。しかし，人事訴訟事件の場合には，弁護士たる訴訟代理人と当事者本人との関係は私的な委任契約によって律せられるものにすぎない。むしろ，訴訟代理人は，委任契約上，本人のために委任事務処理の報告義務を負っているから，弁護士たる訴訟代理人のみに限定して開示したとしても，非開示事由に当たる事実の調査部分が当事者本人に開示されないという保障はない。こうした理由から，実務上，弁護士たる訴訟代理人のみに開示するという扱いはされていない。

(4)　遮へい措置等

　離婚訴訟においては，いわゆるDV事案において，相手方本人の面前で供述することを極度におそれる当事者がいる。このような場合については，民事訴訟は，①不安や緊張を緩和するのに適当な者の付添い（民訴210条・203条の2），②遮へい措置（民訴210条・203条の3），③ビデオリンクの方法による尋問（民訴210条・204条）の規定を設けている。

　このうち，実務上最も利用されているのが，上記②の措置である。これは，尋問を受ける者と当事者本人又はその法定代理人もしくは傍聴人との間に，遮へい板を置くことで，一方又は相互に相手の状態を認識することができないようにする措置をとるというものである。

　当事者本人又はその法定代理人との間に，遮へいの措置をとることができるのは，事案の性質や尋問を受ける者の年齢又は心身の状態，尋問を受ける者と当事者本人又はその法定代理人との関係（尋問を受ける者がこれらの者が行った犯罪により害を被った者である場合を含む。），その他の事情によって，尋問を受ける者が当事者本人又はその法定代理人の面前で陳述するときに圧迫を受け，精神の平穏を著しく害されるおそれがあると認められる場合であって，裁判

所が相当と認めるときである。尋問を受ける者と傍聴人との間に，遮へいの措置をとることができるのは，事案の性質や尋問を受ける者が犯罪により害を被った者であること，尋問を受ける者の年齢，心身の状態又は名誉に対する影響，その他の事情を考慮して，裁判所が相当と認めるときである（民訴210条・203条の3第1項・第2項）。

離婚訴訟においては，いわゆるDVの事実の存否等について争いがあることが多く，遮へい措置をとることについて相手方が反対し，また，遮へい措置を講じる必要性があるとはいえない場合も少なくないため，東京家庭裁判所においては，要件の有無については，慎重に吟味されていることが多いようである。[32]

V 裁判の終了

1．判決（判断の形式）

(1) 離婚請求と附帯処分等の裁判

離婚等とともに附帯処分等について同時に裁判する場合には，「判決」と「審判」という2つの形式の裁判を観念的に同時に行っているのではなく，終局裁判として，あくまで1つの判断としての「判決」という形式の裁判を行っていると理解すべきである。なぜなら，附帯処分等は，離婚請求権の存否という訴訟事項とともに1つの訴訟手続で審理されるからである。

したがって，判決のうち附帯処分等に関する部分のみに不服があった場合にも，不服申立方法は，判決に対する控訴であって，即時抗告ではない。また，離婚の訴え又は附帯処分等のいずれか一方の判決部分に対してのみ上訴がされた場合には，確定遮断効のほか上級審への移審効を全部の事項について認めることになる。なお，離婚の訴えと損害賠償請求の訴えが単純併合されて1つの判決がされ，離婚の判決部分又は損害賠償請求の判決部分のみについて上訴がされた場合にも，上訴不可分の原則により，判決の全部の事項

---

[32] 青木編著・前掲注11) 35頁。

について確定遮断効と移審効が生じることになる。

(2) **判決の基準時**

(a) 離婚の訴えに係る訴訟の判決の基準時は，口頭弁論終結時である。附帯処分等についても，口頭弁論終結時を基準時として，判決（資料18，資料19参照）により離婚の訴えと同時に判断され，言い渡されることになる。

(b) 附帯処分等については，事実の調査が許されることから，口頭弁論終結後に提出された資料等も事実の調査によって判断の資料にできるように思われるが，附帯処分等に係る具体的な権利内容は訴訟手続の中で形成され，そのような訴訟手続において事実の調査も行われるのであるから，口頭弁論の終結後には，附帯処分等の事実の調査もできない状態になっているのである。したがって，口頭弁論終結後に附帯処分等に関する資料が提出されても，判断の資料とすることはできず，仮に，それが重要な資料であり，それを判断の資料とすることによって判決の結論が変わる可能性がある場合などには，弁論の再開を要するものであり，そのうえで，証拠調べを行って判断資料とするか，事実の調査を行って判断資料とするかの選択をすべきである。なお，家事事件手続法においては，家庭裁判所は，別表第2に掲げる事項（財産分与や養育費分担等）についての家事審判の手続においては，申立てが不適法であるとき又は申立てに理由がないことが明らかなときを除き，相当の猶予期間を置いて，審理を終結する日を定めなければならないとされている（家事手続71条）。これは，審判の基礎となる資料について，提出期限と範囲を明らかにすることで，当事者の攻撃防御権を保障しようとするものである。このように審理の終結日が規定された結果，家事審判についても，裁判所が判断の基礎とする資料は，終結日までに提出及び収集されたものに限られ，その結果，審判の終結日が審判の基準日となることになった。[33]

(c) 附帯処分等のうち，養育費の支払や親権者の指定については，実質的家事審判事項であるという性質から，基準時以後の事情の変更によって当該処分の内容が相当ではなくなる場合には，新たな処分を命ずる家事審判によっ

---

33) 秋武憲一編著『概説家事事件手続法』（青林書院，2012）135頁。金子修編著『逐条解説・家事事件手続法』（商事法務，2013）235頁。

てその内容が変更されることがある（旧法15条4項・5項はその旨を明示的に規定していた。人事訴訟法にはこのような規定はないが，性質上当然のことと考えられることから，あえて規定されなかったものと理解すべきである。）。

(3) 判決によらない婚姻終了の場合の附帯処分等の裁判

(a) 従来，離婚等とともに申し立てられた附帯処分については，前提となる離婚等の訴訟係属が失われると，その存立の基礎を失って，当該申立ては不適法として却下されていた[34]。しかし，そのような処理は，当事者の通常の意思に反するばかりか，改めて附帯処分に係る家事審判の申立てをすることを求めることは，人事訴訟事件の職分管轄が家庭裁判所に移管された状況の下では合理性もない。そこで，和解等により婚姻が判決によらないで終了した場合においても，附帯処分について新たに家事審判の申立てを要することなく，引き続き審理・判断されるものとされた（人訴36条）。

(b) 附帯処分は，実質的な家事審判事項であるが，離婚の訴訟係属が失われた後の審理については，家事審判手続ではなく，訴訟手続で審理され，その判断も「判決」という形でされる（もっとも，人訴33条・34条の適用があることは勿論である。）。

2．訴訟上の和解

(1) 訴訟上の和解の位置づけ

(a) 人事訴訟法は，離婚の訴えに係る訴訟について訴訟上の和解を認めた（人訴37条）。したがって，「原告と被告は離婚する。」旨の和解条項による訴訟上の和解が成立し，これが調書に記載されると，ただちに実体法上離婚の効果が生じ，当事者による戸籍事務管掌者への届出も報告的届出となる。もっとも，これによって，従来から行われていた「原告と被告は協議離婚することを合意し，協議離婚届を提出する。」旨の和解ができなくなるわけではないと考えられる。実務上も，当事者があえて協議離婚の方法を選択し，その方法による弊害がないと認める場合などには，そのような方法による和解が行われている。しかしながら，協議離婚をする旨の和解が成立した場合にお

---

[34] 最判昭58・2・3民集37巻1号45頁。

いて，和解成立後に和解内容に基づき協議離婚届出用紙に署名押印を求めたものの，これを拒まれたり，又は署名押印はしたものの，不受理の申出（戸籍27条の2第3項・4項参照）がされているなどすると，上記内容の和解が成立しても，これによって離婚をすることができず，結局，改めて離婚訴訟を提起せざるを得なくなるという危険性がある。

(b) 他方，当事者の合意による解決方法としては，調停に付す方法もある。そこで，和解と調停とをどのように振り分けるかであるが，和解は裁判官が主宰するのに対し，調停は原則として調停委員会が主宰し，家庭裁判所調査官が関与することも可能であるなどといった相違点があることから，証拠調べ等の結果による心証に基づいて合意による解決を図る場合には和解が，相当程度の話合いや継続的な人間関係の調整等が必要な場合には調停が適しているように思われる。実際には，調停による場合は，離婚後における子との面会交流が問題になり，その試行を行う場合（当事者によっては，和解で面会交流について合意しても，長らく子と会っていないため，面会交流の実施に不安を抱くことがある。その場合は，家庭裁判所調査官の立会い，援助の下で，試行的面会交流を行うことが有益である[35]。したがって，このような場合に，調停に付して試行的面会交流を実施し，これを踏まえて，その直後に調停を成立させるようにすると当事者双方にとって納得のいく合意ができることになる。）や財産分与の対象となる不動産を第三者に売却して清算する場合などに限られている。

(2) 和 解 手 続

(a) 訴訟上の和解による離婚の性質は，訴訟を終了させる訴訟上の合意であるとともに，実体法上の婚姻関係の解消に係る私法上の合意を裁判所の面前で行うという性質を併せ有するものと解されている。したがって，離婚する旨の和解によって実体法上離婚の効果がただちに発生するが，このような和解は，身分行為そのものであるため，実体法の要請として代理には親しまず，和解を成立させるためには本人の出頭が必要である。

(b) また，訴訟上の和解による離婚については，和解条項案の書面による受諾（民訴264条）や裁判所が定める和解条項（民訴265条）の規定は適用され

---

35) 秋武憲一『離婚調停〔第3版〕』（日本加除出版，2018）180頁参照。

ず（人訴37条2項），電話会議を用いた弁論準備期日における和解の規定（民訴170条3項）も適用されない（人訴37条3項）。家事事件手続法においても，調停条項案の書面による受諾（家事手続270条1項）及び電話会議を用いた調停（家事手続258条1項・54条1項）の規定が設けられているが，いずれもこれで離婚又は離縁の調停を成立させることはできない（家事手続268条3項・270条2項）。

(c) なお，離婚訴訟において親権者の指定をしなければならない場合には，離婚についてのみ訴訟上の和解をするということはできず，親権者の指定に関する条項を設ける必要がある。しかし，財産分与等の附帯処分の申立てがあるときは，附帯処分の解決を保留したまま，離婚についてのみ訴訟上の和解をすることはできる。この場合は，前述のとおり（前記1(3)），離婚についての和解成立後，引き続き附帯処分についての審理が続行され，裁判所は附帯処分について裁判をしなければならないことになる（人訴36条）。

(3) 和解条項

典型的な和解条項の例を紹介する。

(a) **訴訟上の和解による離婚**

「1　原告と被告は，離婚する。

2　原告と被告との間の長女○○（平成○年○月○日生）の親権者を原告と定める。

3　被告は，原告に対し，財産分与として金200万円を令和○○年○月末日限り支払う。

4　被告は，原告に対し，前記○○の養育費として，令和○○年○月から同人が20歳（又は18歳）に達する日が属する月まで毎月金○万円を末日限り支払う。

5　原告と被告との間の別紙記載の情報に係る年金分割についての請求すべき按分割合を0.5と定める。

6　原告及び被告は，本件に関して，本件和解条項に定めるほか，財産分与及び慰謝料等を含め，何らの債権債務のないことを相互に確認する。

7　訴訟費用は各自の負担とする。」

なお、訴訟上の和解による離婚の届出義務者は原告（戸籍77条1項・63条1項）であるから、被告が民法767条2項により婚氏続称を希望する場合には、和解条項に「被告の申出により」という記載をして（「原告と被告は、被告の申出により離婚する」などと記載する。）被告が離婚届出をし、同時に戸籍法77条の2により婚氏続称の届出ができるようにする必要がある。また、被告が離婚により復氏を希望するが、その戸籍がすでに除かれていた場合（戸籍の筆頭者をはじめ全員が死亡するなど）や復籍を希望せずに、新戸籍の編製を求める場合には、同じく届出義務者は原告となるから、和解条項に「本籍を○○○○として新戸籍を編製する。」という記載を要する（戸籍19条1項）。ちなみに、判決で養育費の支払を命ずる場合には、その始期は「判決確定の日」であり、終期は「子が成人に達するまで」とするのが一般であるが、調停の場合には、当事者の合意により、始期と終期を明確にして単純な月払とするため、○月から「成人に達する日が属する月まで」とすることが少なくない。この和解条項は、これにならったものである。年金分割についても、分割割合（請求すべき按分割合）を定めることができる。

(b) **協議離婚届をする旨の和解** 人事訴訟手続法（13条）は、離婚について訴訟上の和解を否定していたため、実務上、協議離婚をし、その届出をするという旨の訴訟上の和解がされていたが、人事訴訟法施行後においても、戸籍の記載等（訴訟上の和解による離婚の場合は、「離婚の和解成立」と記載される。）を考え、協議離婚をするという和解がされることがある。その場合は、次のような和解内容となる。

「1　原告と被告は、協議離婚することを合意し、原告がその届出をする。
　2　被告は、原告に対し、前項の離婚届出が受理されることを条件として、慰謝料（又は解決金）として金○○万円を離婚届出が受理された日から○○日以内に支払う。
　3　原告は本件訴えを取り下げ、被告はこれに同意する。」

又は

「1　原告と被告は、協議離婚することに合意し、本和解の席上において、協議離婚届出書を作成し、原告は被告にその届出を託した。
　2　原告と被告とは、本件訴訟手続を終了させることを合意する。」[36]

3．請求の認諾及び放棄

(1) 請求の認諾及び放棄

　請求の放棄は，請求に理由がないことを自認する原告の裁判所に対する意思表示であり，請求の認諾は，請求に理由があることを認める被告の裁判所に対する意思表示である。これらは，いずれも請求自体に関するものであり，これらが調書に記載されると確定判決と同一の効力を生じ（民訴267条），判決は不要となる。

(2) 離婚請求の認諾及び放棄

　人事訴訟法は，離婚の訴えを提起した原告が請求を放棄し，離婚を求められた被告が請求を認諾することを認めた（人訴37条1項。なお，請求の認諾がされた場合は，戸籍には「離婚の請求認諾」と記載される。）が，請求の認諾については，附帯処分についての裁判又は親権者の指定についての裁判を要しない場合に限られている（同項ただし書）。また，請求を認諾する旨の書面を提出した者が口頭弁論期日に出頭しない場合には，その書面を陳述したものとみなすことはできず（人訴37条1項，民訴266条2項），電話会議の方法を用いた弁論準備期日においては，弁論準備手続の期日に出頭しないで手続に関与した当事者は，請求の認諾をすることができない（人訴37条3項，民訴170条3項・4項）。

　実務上，請求の放棄・認諾がされることは少ないが，請求の放棄については，原告が離婚の訴えの取下げをしようとしたところ，これに被告が同意しないために訴えの取下げができないときに，請求の放棄（被告の同意は不要である。）をするという例が散見される。

　請求の放棄は，請求に理由がないことを自認する原告の裁判所に対する意思表示であり，離婚請求について請求の放棄をし，これが調書に記載されると確定判決と同一の効力が生じ（民訴267条），失権的効果（人訴25条）も生じる。しかし，この失権的効果は，請求放棄をした時点において離婚請求権が

---

36) なお，協議離婚届をする旨の和解においては，訴えの取下げか，訴訟終了の合意によって訴訟を終了させる取扱いがされている。

存在しないことを確定するものでしかない。つまり，後日，改めて離婚の訴えを提起した場合においては，請求放棄をした後の事由を加えて，その時点で離婚原因があるか否かを判断するというのが実務上の取扱いであるため[37]，請求の放棄後の事情を含めて改めて離婚請求をすることができるとされているからである。

4. その他の終了事由

(1) 訴えの取下げ

(a) 訴えの取下げは，訴えによる審判要求を撤回する旨の裁判所に対する意思表示であるが，被告が請求の当否（本案）について準備書面を提出し，弁論準備手続において申述をしたり，口頭弁論をした場合は，被告に請求棄却判決を取得する利益が生じているから，被告の同意がなければ取下げの効力は生じない（民訴261条2項本文）。

(b) 離婚訴訟係属中に当事者間において協議離婚が成立して，離婚の訴えの取下げがされた場合，裁判所は，協議離婚が成立したことや，その際，附帯処分の対象となる事項について当事者間で定めがされているか否かを把握することができない。しかし，離婚請求とともに附帯処分の申立てがされている場合には，裁判所は，離婚の訴えが取り下げられても，附帯処分について審理及び裁判をしなければならない。したがって，このような場合に離婚の訴えの取下げをしようとする者は，附帯処分の申立てについての取下げをしない（なお，附帯処分の申立ての取下げについては，相手方の同意は不要である。）のであれば，離婚の訴えの取下げの書面とともに，協議上の離婚をしたことを証する戸籍謄本等を提出しなければならない（人訴規29条1項）。裁判所は，そのうえで，双方から協議離婚に際して附帯処分に係る事項について定められているか否かを聴き，附帯処分の審理及び裁判の要否を判断することになる（同条2項）。

(2) 調停により離婚がされた場合（家事手続268条1項）

---

[37] 三代川俊一郎「第12 判決の効力及び判決に対する不服申立ての取扱い」野田愛子＝安倍嘉人監修『改訂 人事訴訟法概説：制度の趣旨と運用の実情』（日本加除出版，2007）348頁以下。

離婚訴訟係属後であっても，受訴裁判所は，いつでも職権でその事件を調停に付すことができ（家事手続274条1項），離婚についての調停が成立すれば，確定判決と同一の効力を有する（家事手続268条1項）から，離婚訴訟は終了することになる。なお，どのような場合に調停に付すかは前記２(1)(b)において説明したとおりである。

(3) 調停に代わる審判が確定した場合（家事手続284条1項・287条）

離婚訴訟係属後であっても，受訴裁判所は，いつでも職権でその事件を調停に付すことができ（家事手続274条1項），調停手続において，調停に代わる審判がされ，これについて異議の申立てがされなければ，確定判決と同一の効力を有する（家事手続287条）から，離婚訴訟は終了することになる。

(4) 離婚訴訟の係属中に原告又は被告が死亡した場合（人訴27条）

原告又は被告が死亡した場合は，離婚訴訟は当然に終了する（ただし，損害賠償請求訴訟が併合されている場合には，その承継及び受継の問題が生じる。）。

5．戸籍事務管掌者に対する判決確定等の通知

戸籍の届出等を要する事項について，家庭裁判所において調停が成立し又は審判が確定したときは，戸籍事務管掌者（戸籍1条1項）に対する通知をするものとされている（家事手続116条，家事規130条2項）。当事者が法定期間内にこうした届出をしないと前記調停又は審判の内容が戸籍上の記載に反映されないことになる。このような事態は，戸籍の機能に照らして望ましくないので，戸籍事務管掌者は，こうした事態を把握して，届出をしない当事者に催告等の手続（戸籍44条）をとるなど，すみやかに戸籍の整備に努めなければならない。こうしたことを可能にするため，裁判所書記官が戸籍事務管掌者に対して上記通知をするものとされているのである。そのため，離婚判決が確定したほか，訴訟上の和解が成立し又は請求の認諾があった場合にも書記官が戸籍事務管掌者に対して通知をすることになっている（人訴規17条・31条・35条）。

6．履行の確保

人事訴訟法は，附帯処分について裁判で定められた義務について，家事審

判・調停の場合と同様に履行の確保の規定を設けている（人訴38条・39条）。これは，附帯処分について定められた義務は，判決で定められたものであっても，その性質は実質的な家事審判事項であるから，家事審判・調停で定められたものと同様に履行の確保の手段を保障する趣旨である。しかし，調停が成立せずに，訴訟にまで至った場合には，紛争性が高く，履行勧告等が効果を生ずる事案は少ないであろう。特に，養育費等については，強制執行手続が改正され，養育費は，確定期限の定めのある定期金債権であるから，その一部に不履行があるときは，確定期限が到来していないものについても，債権執行を開始することができ（民執151条の2第1項3号），一定の額の範囲では差押禁止の範囲の対象外とされている（民執152条3項）ほか，間接強制という方法による強制執行をすることができるとされた（民執167条の15第1項〜6項）。このように，確定期限の到来前の差押えが認められて，一定の範囲では差押禁止の対象外とされ，また，間接強制による強制執行が可能とされたから，その活用が求められるところである。

VI 参与員の立ち会う審理（人訴9条）

1. 制度趣旨

　人事訴訟は，身分関係の形成等を目的とするから，一般社会の利益に影響し，また，家庭に関する紛争を対象にするから，一般国民の良識を反映させることが望ましいといえる。そこで，裁判官以外の一般国民を参与員として審理に関与させ，裁判官がその意見を聴くことができるように参与員制度が設けられている（人訴9条）。

　人事訴訟法は，家庭裁判所が「必要があると認めるとき」に参与員を事件に関与させることができるものとしている（人訴9条1項）。これは，どのような事件について参与員の関与を求めるのが適当か，また，審理のどの段階で参与員の関与を求めるのが適当かなどについて，家庭裁判所の裁量判断にゆだねる趣旨である。

　参与員を関与させるかどうかは，当事者の意向によるものではなく，裁判

所の裁量判断にゆだねられている。したがって，当事者が参与員の関与を望まない場合であっても，裁判所がその必要があると認めるときには参与員を関与させることがある。他方，当事者が参与員の関与を希望していても裁判所としてその必要がないと認めるときには参与員を関与させないこともある。[38]

2．関与対象事件

　参与員制度の趣旨を踏まえると，離婚事件のうち有責性や破綻の有無が問題となっている事案や慰謝料の額が問題となっている事案は，まさに一般良識に基づく評価・判断を反映させるにふさわしいものであるといえる。したがって，こうした事案については，参与員の関与を求めるべきであり，東京家庭裁判所においても，主としてこのような事案に関与を求めている。実務上，いわゆる有責配偶者からの離婚請求の事案で離婚請求を認めることが苛酷な状況といえるのかどうかが争点となるものや事実関係におおむね争いがないが破綻の有無についての評価が問題となるものなどについて，参与員の指定をしている。

3．参与員が関与する手続段階

　参与員制度は，一般国民の負担において司法参加を図る制度であることから，その関与の段階を検討する際にも，できるだけ国民に負担をかけないような形で効果的にその良識を反映させる運用を目指す必要がある。このような意味からは，いまだ争点の整理ができていない段階において関与を求めるよりは，争点が整理されてその争点に絞った証拠調べが行われる段階で，証人尋問や本人尋問に立ち会うような関与を求めるべきであろう。

　なお，和解の試みへの関与については，参与員をこれに「立ち会わせ」るとあるように（人訴9条1項），簡易裁判所の司法委員に，当事者間に争いがない訴訟について和解条項の細部を調整することなどを含めて，和解を試みるについての補助をさせているのとは異なり，裁判官の同席が常に必須の前

---

38) 東京家庭裁判所においては，審理を円滑に進めるために，裁判所が参与員の関与を要するものと認めたときは，その旨を事前に当事者に説明して理解を求めるようにしている。

VI　参与員の立ち会う審理

■参与員が関与する場合の手続の流れ

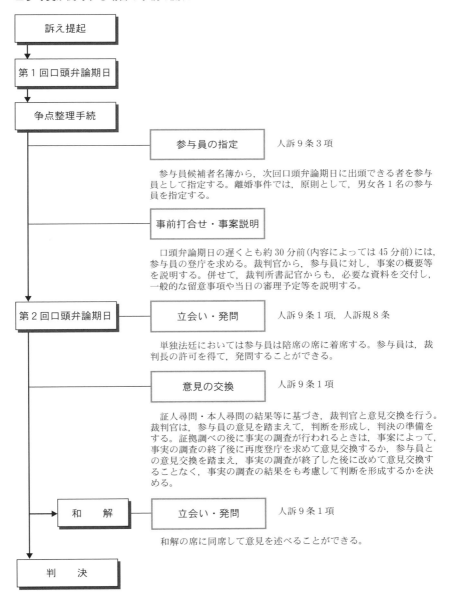

提となっている。[39]

4．参与員の指定

参与員の員数は，各事件について1人以上とするとされているが（人訴9条2項），離婚事件においては，男女それぞれの立場からの良識が反映されることが望ましいことから，男女各1名の参与員の関与を求めている。[40]

5．参与員に対する事前の説明

参与員が指定されると，通常，証拠調べの前に，裁判官から事案の概要，争点，当日の審理の予定等が説明されるが，その際には，弁論準備手続で整理された主張整理書面（口頭弁論期日において弁論準備の結果として陳述されるもののほか，裁判所の事実整理案として事前に当事者に交付又は送付したものなど），参与員に対する説明用に作成した書面，当事者から提出された身分関係図，陳述書等が用いられている。この説明には，事案に応じて30分ないし45分程度の時間を要している。

6．参与員の権限

(1) 証拠調べへの立会い

裁判長は，必要があると認めるときは，参与員が証人等に直接問いを発することを許すことができるとされている（人訴規8条）。実際にも，発問している参与員も少なくない。

(2) 和解の試みへの立会い

---

[39] 東京家庭裁判所においては，争点整理が終了する前に参与員に関与を求めることはしておらず，参与員を和解手続に立ち会わせるときは，裁判官が同席している。参与員が和解に関与するのは，争点整理終了後に証拠調べを実施し，証拠調べの結果に基づいて和解勧試を行う場合であり，証拠調べの実施前の和解に参与員が関与した事例はない。

[40] 東京家庭裁判所においては，参与員候補者を一般からと調停委員から各2分の1ずつ選出しており，上記男女各1名は，一般からの選出者と調停委員からの選出者とで構成されている。このように，調停委員も参与員候補者となっているが，具体的な指定に当たっては，当該人事訴訟事件に前置される調停事件に調停委員として関与した者は参与員に指定しないという取扱いをしている（人訴規6条）。

参与員は，和解の試みに立ち会って，意見を述べることができるとされている（人訴9条1項）。したがって，証拠調べの終了後，直ちに和解を勧試する場合などには，引き続き和解手続にも関与することになる。実際にも，裁判官とは違う視点から和解についての意見を述べ，成立に至ることもある。なお，証拠調べ終了後の和解だけではなく，続行期日にも立ち会って意見を述べる参与員も少なくない。

(3) 意見陳述

参与員は，審理に立ち会った事件について，証拠調べで得られた心証によって，意見を述べており，裁判官とも意見交換をしているが，裁判官にとって有益かつ参考となる意見が述べられることが多い。[41]

7．参与員への結果連絡等

参与員への結果連絡については，東京家庭裁判所においては，意見交換の際，参与員から判決内容を知りたいか否か，また判決書の写しの交付を希望するか否かを確認して，希望に添うようにしている。

なお，判決には，参与員が審理に立ち会い，その意見を聴いた旨を記載しているが，参与員の氏名までは記載していない。

Ⅶ　保全処分（仮差押え，仮処分等）

1．旧法下における議論

人事訴訟手続法（旧法）16条は，「子ノ監護其他ノ仮処分ニ付テハ仮ノ地位ヲ定ムル仮処分ニ関スル民事保全法（平成元年法律第91号）ノ規定ヲ準

---

[41] 東京家庭裁判所においては，参与員から意見を聴く際，まず，一般からの選出者が述べ，次いで，調停委員からの選出者が述べ，その後，両者による意見交換をしてもらい，その後において，担当裁判官が意見を述べ，全員で意見交換をするという方法で行っている。このようなやり方をするのは，遠慮することなく，自由な意見を述べてもらうためである。なお，参与員は，それぞれの経験等に基づききちんと意見を述べており，その結果，夫婦や人間関係等に対する認識を新たにすることも多い。また，このような意見交換の結果，結論が同じになることがほとんどであるのが実情である。

用ス」と定めていたが，同条の解釈をめぐって，いわゆる通常仮処分説と特殊仮処分説が対立していた。

通常仮処分説は，人事訴訟においても，民事保全法（同法の施行前は旧民事訴訟法）による通常の仮処分が認められることを前提に，人事訴訟手続法16条は，疑義を避けるために注意的にそのことを規定したものにすぎず，同条によって特別な仮処分を認めたものではないとする説であり，これが多数説であり，裁判実務もこれに従っていたといわれている。

これに対し，特殊仮処分説は，同条は民事保全法上の仮処分と異なる特殊な仮処分を定めた規定であるとし，民事保全法上の仮処分の要件を満たさない場合においても，裁判官が自由裁量によって必要な仮処分をすることを認めたものであるという。[42]

特殊仮処分説は，人事訴訟手続法16条がドイツ民事訴訟法の規定を引き継いだものであることを根拠に，ドイツにおいて婚姻関係訴訟において自由裁量による仮処分を認めていたことを主たる理由としていたもので，それなりの説得力を有するものではあった。しかし，同条が特殊な仮処分を認めるというのであれば，具体的にどういう場合にどういう仮処分が認められるのかについての規定があってしかるべきであるが，そうした規定がまったくなかったことから，この説に立つとしても，どういう場合に仮処分を認めるかが不明瞭であったこと，また，これを裁判所の自由裁量とするということに対しては，この問題についてのみ裁判官の権限，役割をそこまでのものとすること自体への抵抗感があったことから，結局多数説になるに至らなかったといえよう。

2．新法における規律

人事訴訟法（新法）においては，仮の地位に関する仮処分に関しても，一般の民事保全法の規定を直接適用することを前提に，人事訴訟手続法16条に相当する規定を置かないこととされた。従来の多数説であった通常仮処分

---

42) 両説の説明については，吉村徳重＝牧山市治編『注解人事訴訟手続法〔改訂〕』（青林書院，1993）234頁以下〔岩井俊〕が要領よくまとまっている。

説の立場から，同条を注意的規定であるとしたら，あえて同条を置く必要はないという考えから，このような立法措置が採られたという。これによって，少なくとも法律の規定上は，従来の特殊仮処分説の根拠がなくなったことになる。

　人事訴訟手続法16条の立案に関与した担当者の説明として[43]，仮に，特殊仮処分説の見解を前提としても，同条の規定によっては，具体的にどのような場合にどのような仮処分が認められるか明らかではないので，同条をこのまま存置することは相当ではない（から削除したのである）という説明がされている。仮に，特殊仮処分説を支持するとしたら，立法としては，特殊な仮処分が認められる要件等についての規定を置くということになったはずであるから，そのような方法を採らずに，単純に同条を削除したということは，人事訴訟法の立案担当者において，特殊仮処分説に立たなかったことの表れといえよう。

　そこで，人事訴訟法においては，人事訴訟法下の保全処分が通常の民事保全であることを前提として，人事訴訟全体が地方裁判所から家庭裁判所に移管されたことに伴い，人事訴訟を本案とする保全命令事件も併せて家庭裁判所で担当させるべく，保全命令事件の管轄に関する特則として，人事訴訟法30条が置かれたのみであって，人事訴訟法下における保全処分であることによる特別な規定は置かれないこととなった。

　ただ，従来，特殊仮処分説の立場から，通常仮処分説を批判する理由として，財産分与などの附帯処分を本案とする仮処分について，財産分与が附帯処分として人事訴訟に併合されたとしても，これが非訟事件の性質を持っていることに変わりはなく，非訟事件を本案訴訟とみることができるのか，という批判がされていた。こうした指摘には，今でも考えさせられるものがあり，こうした疑問に対しては，新法下においても十分に説明される必要があると思われる。財産分与など人事訴訟法32条の附帯処分を本案とする保全命令については，やはり通常の民事保全と異なる特色があるように感じられ

---

[43] 小野瀬厚＝岡健太郎編著『一問一答新しい人事訴訟制度：新法・新規則の解説』（商事法務，2004）126頁参照。

る。これについては後述する。

3. 管　　轄

　これまでに述べた理由で，人事訴訟を本案とする保全処分に関しても，基本的には，一般的な民事保全法が適用されることを前提として，人事訴訟法の規定のうえでは，管轄についての特則である人事訴訟法30条が置かれているだけである。

　一般的な民事保全の管轄は，民事保全法12条1項によって，「本案の管轄裁判所又は仮に差し押さえるべき物若しくは係争物の所在地を管轄する地方裁判所が管轄する」と定められている。この規定をこのまま人事訴訟を本案とする保全処分に適用すると，「本案の裁判所」である家庭裁判所に保全命令の申立てができるのは問題ないとしても，「仮に差し押さえるべき物若しくは係争物の所在地を管轄する地方裁判所」にも保全命令の申立てができることになってしまう。しかし，人事訴訟を家庭裁判所に移管した以上，人事訴訟を本案とする保全処分についても人事訴訟を専門的に扱う家庭裁判所に専属的に担当させた方が，より充実した審理をすることが期待できることから，人事訴訟法30条1項は，上記「地方裁判所」とあるのを「家庭裁判所」と改めることとし，「人事訴訟を本案とする保全命令事件は，民事保全法第12条第1項の規定にかかわらず，本案の管轄裁判所又は仮に差し押さえるべき物若しくは係争物の所在地を管轄する家庭裁判所が管轄する」と規定したものである。

　ところで，人事訴訟とは，離婚の訴え，離婚無効確認の訴え，認知の訴えなど身分関係の形成又は存否の確認を目的とする訴えをいうところ（人訴2条），こうした人事訴訟本体を本案とする保全命令は少々観念しにくいところがある。民事保全には，仮差押え，係争物に関する仮処分及び仮の地位を定める仮処分という3類型があるが，このうち仮差押えは金銭債権を保全するためのものであるし，係争物に関する仮処分は，物の引渡しの訴え，登記に関する訴えなど特定物に関する給付請求権を保全するためのものであるから，明らかに身分関係を訴訟物とする本案は想定することができない。そこで，考えられるとすれば，仮の地位を定める仮処分が考えられるのみである

が，理論的には考える余地がないではないものの，安定性を要する身分関係について，これを通常の民事保全によって，仮定的，暫定的に形成することは受け入れがたいし，実際そうした仮処分がされた例を聞いたことはない。このように考えると人事訴訟法30条1項が意味をなさないことになってしまう。やはり，これを合理的に解釈すると，同条にいう「人事訴訟を本案とする保全命令事件」は，人事訴訟本体を本案とするものだけではなく，財産分与に代表される，人事訴訟法32条による附帯処分を本案とする保全命令をも含んだ概念と理解するのが合理的であろう。現在の裁判実務もそのような理解の下に運用されている。

本案の裁判所の意義であるが，本案が係属中の場合は，当該係属中の裁判所が本案の管轄裁判所となる。本案が家庭裁判所に係属中の場合は当該家庭裁判所，控訴審に係属中の場合は当該控訴審裁判所となり，上告審に係属している場合は，かつて当該事件が係属していた家庭裁判所が本案の裁判所となる（民保12条3項）。

本案未提起の場合は，人事訴訟法の規定によって本案を管轄するべき家庭裁判所が本案の裁判所となる。人事訴訟法4条にいう「身分関係の当事者が普通裁判籍を有する地」を管轄する家庭裁判所が本案の裁判所になることは当然であるが，このほかに，人事訴訟法5条ないし7条によって管轄を認められるべき裁判所も含むと考えられる。しかし，訴え提起前に，例えば，人事訴訟法6条による「自庁処理」が認められるべき裁判所となるかどうかを判断することは難しい。すなわち，「自庁処理」が認められるのは「特に必要がある」と認められたときのみであり，これに当たるかどうかは，相手方の意見も聞いたうえで判断されるし，裁判所の裁量による部分が大きいので，「自庁処理」の要件に該当するかどうかは，保全処分の段階では必ずしも容易に判断できないとも思われ，保全処分の管轄を認めてよいかについては，慎重な判断が求められると思われる。

なお，当然ながら，附帯処分を本案とする保全命令については，附帯処分として人事訴訟と同時に審判される可能性があることが必要になる。したがって，既に協議離婚した夫婦は，離婚訴訟を提起する余地がなく，その財産分与については，家事審判の申立てができるだけであるから，この場合には，

財産分与の申立てを本案とする保全命令の申立てはできない。この場合は，家事事件手続法上の保全処分の申立てができるだけである。

　次に，人事訴訟法30条2項は，「人事訴訟に係る請求と当該請求の原因である事実によって生じた損害の賠償に関する請求とを一の訴えですることができる場合には，当該損害の賠償に関する請求に係る保全命令の申立ては，仮に差し押さえるべき物又は係争物の所在地を管轄する家庭裁判所にもすることができる」と規定する。「人事訴訟に係る請求と当該請求の原因である事実によって生じた損害の賠償に関する請求とを一の訴えですることができる場合」とは，人事訴訟法17条1項と同様の表現であって，例えば，離婚に伴う慰謝料請求又は離婚原因である暴力，不貞など個々の不法行為による慰謝料請求をいう。これらは通常の民事訴訟の性質を持つことから，本来，単体で地方裁判所に民事訴訟として訴えが提起でき，それを本案とする保全命令も民事保全法12条1項によって，本案を管轄するべき地方裁判所に保全命令の申立てをすることができるほか，仮に差し押さえるべき物又は係争物の所在地を管轄する地方裁判所に保全命令の申立てをすることができる。もちろん，人事訴訟法17条1項によって，現に離婚訴訟と併合審理され，又は，併合審理される予定の家庭裁判所に対しても，民事保全法12条1項にいう本案の裁判所として保全命令の申立てをすることができる。しかし，これだけの条文だと，上記の損害賠償請求を本案とする保全処分は，仮に差し押さえるべき物又は係争物の所在地を管轄する家庭裁判所は管轄を有しないことになってしまうが，人事訴訟を本案とする保全命令事件を家庭裁判所に専属させる以上，人事訴訟と併合可能なそれら損害賠償請求訴訟を本案とする保全命令事件を，仮に差し押さえるべき物又は係争物の所在地を管轄する家庭裁判所にも管轄を認めることとしたのである。

　なお，これらの損害賠償請求に関し，例えば，離婚は求めないで，不貞行為を原因に慰謝料請求だけをするといった場合には，家庭裁判所で審理される可能性はないから，地方裁判所だけが本案の管轄裁判所となる。家庭裁判所が本案の管轄裁判所となるのは，離婚と併せて請求しようとする場合のみである。家庭裁判所に離婚訴訟が提起されていても，これと別に地方裁判所に損害賠償請求訴訟が係属しているときは，人事訴訟法8条によって家庭裁

判所に移送されない限り，損害賠償請求の「本案の裁判所」は，当該地方裁判所のみであると解される。

　家庭裁判所で人事訴訟実務を担当して，ときどき出会うことがある困った例としては，離婚訴訟に関連して，特有財産に関して，所有権に基づく引渡請求権を被保全権利とする処分禁止の仮処分や，特有財産を無断で処分されたなど特有財産に関する損害賠償請求を被保全権利とする仮差押えを，単体で申し立て，又は，通常の財産分与や慰謝料請求を被保全権利とする保全命令に併合して申し立ててくる事例がある。しかし，民事訴訟のうち，離婚訴訟と併合することができるのは，人事訴訟法17条1項の損害賠償請求だけであり，これら特有財産に関係する民事訴訟は，地方裁判所に訴えを提起するほかないのであるから，家庭裁判所には，それを本案とする保全命令を申し立てることはできないので，注意を要する。

4．保全命令の要件

　以上に述べたとおり，人事訴訟法においては，人事訴訟を本案とする保全処分と人事訴訟法17条1項によって人事訴訟に併合できる損害賠償請求を本案とする保全処分についての家庭裁判所の管轄に関する規律のみが置かれているだけであって，管轄以外の保全命令の要件や審理手続については，基本的には，一般の民事保全と同様に考えれば足りる。これについては，民事保全についての一般的な教科書を参考にしていただきたい。[44] かいつまんでいえば，次のとおりとなる。

　保全命令の発令については，被保全権利と保全の必要性の2要件が必要であり（民保13条1項），この2要件について疎明を要する（同条2項）。

　被保全権利とは，保全処分によって保全されるべき本案訴訟の対象となる権利又は法律関係のことをいう。これについて，財産分与などの附帯処分が本案となり，附帯処分によって形成される権利又は法律関係が被保全権利と

---

[44]　須藤典明＝深見敏正＝金子直史『LP民事保全〔四訂版〕』（青林書院，2019），瀬木比呂志『民事保全法〔第3版〕』（判例タイムズ社，2009），同『民事保全法〔新訂版〕』（日本評論社，2014）など。

なるかどうかが，従前から議論されていたことは前述のとおりである。これらの事項は本質的に非訟事項であって，本案訴訟としての適格性に欠けるという批判が，特殊仮処分説の立場からされており，また，通常仮処分説のなかでも離婚訴訟自体を本案とみる見解からも，そのような批判がされていた。しかし，財産分与等の附帯処分は元来非訟事項であるといっても，これを人事訴訟に附帯することとし，判決という形式によって，財産分与，子の監護等をめぐる法律関係が具体的に形成され，これが債務名義となる以上，これらをもって本案訴訟とみることは差し支えなく，附帯処分によって形成されるべき権利又は法律関係をもって，保全処分の被保全権利とみることができる。本案訴訟を必要としないという特殊仮処分説は，現行法から導くのは無理であろうし，離婚の訴えがされても，附帯処分の申立てがなければ，附帯処分に関する権利又は法律関係が形成されるわけではないから，離婚訴訟自体がそれらの保全命令の本案となり，離婚請求権が被保全権利となるわけではないと考えられる。したがって，非訟事項であっても，人事訴訟の附帯処分として審理されるものである限り，保全処分の被保全権利となるといってよい。

　なお，東京家庭裁判所家事第6部（人事訴訟専門部）で保全訴訟を担当していると，この被保全権利の検討が十分でない申立てにときどき出会うことがある。所有権に基づく特有財産の引渡し請求が人事訴訟に併合できないことから，これを被保全権利とする仮処分を家庭裁判所に申し立てることができないことは前述のとおりである。保全処分の被保全権利とできるかどうかについては，その本案が，人事訴訟の附帯処分又は人事訴訟法17条1項の損害賠償請求として構成できるかどうかをよく検討する必要がある。そのほかに，例えば，離婚訴訟に関連する婚姻費用の分担や，認知請求訴訟等の親子に関する訴訟に関連する扶養料請求などは，人事訴訟に附帯して申立てをすることができないから，保全命令を申し立てる余地はない。これらについては家事事件手続法上の保全処分ができるのみである。[45]

---

[45] 旧法下においては，人事訴訟に併合できないものでも，判決までの仮定的暫定的状態を定めるために必要な保全処分が許されるという見解があり，離婚訴訟において婚姻費用の分担

保全の必要性については、一般の民事保全とまったく変わりない。人事訴訟法上の保全命令の申立ては、慰謝料又は財産分与を被保全債権とする仮差押えが大半を占めるが、個別類型ごとの実務上の問題については後述する。

5．保全処分の種類

民事保全においては、仮差押え（民保20条1項）、係争物に関する仮処分（民保23条1項）、仮の地位を定める仮処分（同条2項）の3種類があるが、人事訴訟法においても、観念的には同様である。

仮差押えは、金銭の支払を目的とする債権を保全するための保全処分であって、人事訴訟における保全処分といえば、実務的には離婚慰謝料請求権や財産分与請求権を被保全債権とする仮差押えがほとんどであって、一番活用されている類型である。

係争物に関する仮処分は、特定物の給付請求権の執行を保全するための保全処分であって、後述のとおり財産分与において、特定の現物給付がされる蓋然性が高い場合において、活用されている類型であるが、この発令数はさほど多くない。

仮の地位を定める仮処分は、係争権利関係について確定判決があるまでの間に、権利者に生じる著しい損害又は急迫の危険を避けるために暫定的に法律状態を形成する保全処分である。しかし、人事訴訟において、この類型の仮処分が利用されることはほとんどない。[47]

なお、人事訴訟でよくある類型の保全処分については、後に別項（7～9参照）を設けて、その実務上の問題点について論じてみたい。

などを命じる仮処分が許されるという見解が存在した。しかし、新法下においては、本案を予定しない仮処分が許容できないことは前述のとおりである。こうした問題については、婚姻費用分担の申立てや扶養料の申立てなどの家事審判を活用すれば足りる。

46) 仮差押えにおける保全の必要性については、須藤ほか・前掲注44）102頁以下を参照されたい。

47) 仮の地位を定める仮処分のうち、理論的に発令の余地があるのは、離婚訴訟に附帯可能な養育費仮払いの仮処分などの仮払仮処分くらいであろうが、婚姻関係訴訟であれば、生活に困窮しているとすれば、家事審判で婚姻費用の支払を求めれば足りるし、そちらの方が確定的な債務名義を得ることができるので、一般的には仮払仮処分の必要性を肯定することができないであろう。

6. 保全命令の審理手続

　保全命令の審理手続についても基本的には一般の民事保全と変わりがない。一般的な仮差押えや処分禁止仮処分の申立てについていうと，書面審理又は債権者面接（審尋）により，決定手続によって発令される。また，疎明については即時性が要求され（民訴188条の準用），即時に取り調べることができる証拠によってしなければならないことから，文書送付嘱託や調査嘱託の申立てはすることができない。

　ところで，東京地方裁判所においては，保全訴訟は民事第9部という専門部が担当し，申立て当日に債権者面接まで入れることが多いと聞く。しかし，東京家庭裁判所においては，保全命令の申立て件数がさほど多くないこともあって，通常の人事訴訟を担当する家事第6部の裁判官が本案とともに担当しており，人事訴訟自体相当な件数を処理していることから，保全命令の申立日には，証拠調べ期日や和解期日が隙間なく入っていて，直ちに対応できないことがある。そのような場合でも，できるだけ早期に面接期日を入れるようにしているが，そういった処理体制の違いがあることに留意していただきたい。

　ところで，人事訴訟法17条1項によって人事訴訟に併合できる損害賠償請求を本案とする保全処分については通常の民事保全そのものであるが，附帯処分を本案とする保全訴訟においては，附帯処分が非訟事項であることから，保全訴訟の手続も純然たる民事保全と異なる部分がある。すなわち，人事訴訟に併合されたとしても，附帯処分は本来非訟事項であることから，①裁判所は当事者の請求の趣旨に拘束されず，上訴に当たっても不利益変更禁止の原則が働かない，②職権探知主義が働き，③証明においても，厳格な証明ではなく，自由な証明で足りる（民事訴訟法で法定された証拠調べのほかに人事訴訟法33条による事実の調査をすることができる。）などの特質を有する。附帯処分を本案とする保全処分においても同様の性質を有すると考えられる。しかし，実際には，本案の審理においても，当事者の請求する金額を超えて財産分与をするなどの例はほとんど聞かず，上訴人に不利益に原判決を変更するということもまれであろう。また，人事訴訟本体の審理も含めて，職権で証

拠調べを行うことはほとんどされていない。なお，自由な証明で足りるといっても，実際に活用されているのは，人事訴訟法34条による調査官調査に限られており，保全訴訟の段階では，疎明の即時性の趣旨からして，調査官調査を利用することはできないと考えられる。したがって，附帯処分を本案とする保全処分の審理についても，本案審理において意識することがないのと同様，実務的には，通常の民事保全との違いを意識することはないといってよいであろう。

それでは，一般論はこの程度にしておいて，人事訴訟において，多く見られる保全処分の類型ごとに実務上の問題について論じてみたい。

7．人事訴訟法17条1項による損害賠償請求を本案とする保全処分における留意点

人事訴訟法17条1項による損害賠償請求（人事訴訟に係る請求と当該請求の原因である事実によって生じた損害の賠償に関する請求）は，人事訴訟と「関連性」があるだけでは不十分であって，「請求原因事実の同一性」が要求されており，完全に請求原因が同一でなくても，重なり合う関係が必要である。一般的には離婚訴訟とともに，不貞，暴力，悪意の遺棄など離婚原因となる行為によって離婚に至ったことによる精神的苦痛に対する慰謝料請求がほとんどである。これを被保全権利とする保全処分の類型としては，通常の場合，仮差押えが想定されるだけである。

実務的には，被保全債権である慰謝料の金額が問題となることがある。[49] 慰謝料請求に限定すれば500万円を超える認容事例はごくまれであって，1000万円を超えて認めた例はない。高額所得者や資産家が多い東京においても，慰謝料の認容額は，統計的にみて，その程度である。これに対し，本案でもそうであるが，仮差押えにおいても，かなり高額の請求をしてくる例がときどき見られる。保全の段階では，あまりそこまで厳格に絞る必要はないかも

---

48) これを認めた判例として，最判平2・7・20民集44巻5号975頁。
49) 東京家庭裁判所家事第6部（人事訴訟専門部）での認容事例は，東京家庭裁判所家事第6部編著・前掲注11) 86頁が詳しい。

しれないが，本案の裁判が上記のような実情にあるため，ほとんどの場合，500万円以下の金額に修正してもらっている。

　仮差押えの対象物については，保全の必要性の観点から，債務者により打撃の少ないものから選択していく必要がある。給与など，一般的に債務者にとって打撃の大きい財産を差し押さえる場合は，他に差し押さえるべき不動産や債権等がないか，あっても担保権が設定されていて余剰がないことの疎明が必要であろう。この点，離婚係争中であっても，夫婦であれば，一般の民事保全に比べて，債務者の財産状態について十分な情報があることが多いと思われるから，しっかりとした疎明が必要である。離婚訴訟の場合，相手方の生活に影響が出ることを知りながら，不動産を差し置いて，まず給与などの債権の差押えを求める事例もあるが，通常の民事保全と同様の検討が必要である。また，退職金については，近い将来（おおむね1年程度以内）に退職が予想されるという疎明がないと，原則として，保全の必要性を肯定することができないであろう。

　担保の額については，通常の民事保全と同様である。不動産の仮差押えにおいて，被保全債権の金額と目的となる不動産の価額のどちらを基準とするかについては，裁判所によって取扱いが異なり，東京地方裁判所では仮差押えの対象となる不動産の価額を基準としているが，東京家庭裁判所においても同様である。

8．財産分与を被保全権利とする保全処分における留意点

　財産分与請求権を被保全権利とする仮差押え又は不動産の処分禁止の仮処分も，慰謝料請求権を被保全権利とする仮差押えと並んで，人事訴訟下での保全処分に多い類型である（実務上，ほぼ，この2類型しか見かけないといってよい。）。

　財産分与請求権についても，申立ての当初においては，その被保全権利の疎明が十分でないものが多い。本書の財産分与の項（第3章V）でも述べるが，財産分与は，清算的財産分与が基本であるが，その金額を決定するためには，夫婦全体の資産及び負債がいくらかを知る必要がある。しかし，保全

50）　須藤ほか・前掲注44）116頁参照。

処分の申立て段階では、相手方の資産のみを単純に2分の1としている例が多いが、それでは不十分である。そのため、相手方の負債、申立人の資産（及び負債）の額について主張と疎明を追加してもらうことが多い。

また、財産分与は、金銭給付の形で命じられるのが原則であり、居住の必要性など特別な事情がある場合にのみ、例えば自宅不動産の所有権移転などの現物給付が命じられる。したがって、財産分与は、金銭債権の形となるのが原則であって、基本的に仮差押えが求められるのみである。

自宅不動産の所有権移転が相当であるというケースでは、処分禁止の仮処分を求めることができる場合がある。しかし、そうした財産分与が命じられる蓋然性が高いことを疎明する必要がある。例えば、夫婦のめぼしい形成財産が自宅しかないといったケースでは、自宅全部について妻が分与を求めることはできず、基本的には、その時価の2分の1に相当する金銭が財産分与されるだけであることが多い。このようなケースで、自宅不動産全部が夫名義の場合、その所有権の2分の1について処分禁止の仮処分を求める場合があるが、所有権の2分の1を分与するという例があまりないため、特段の事情がない限り、そうした仮処分はできず、自宅不動産の時価の2分の1に相当する財産の仮差押えができるのみである（負債がある場合は、それも控除するので金額はさらに下がる。）。[51]

処分禁止の仮処分には、上記のような問題点があることから、東京家庭裁判所においては、処分禁止の仮処分を取り下げてもらい、仮差押えとして、再度申し立ててもらう例は多い。

保全の必要性については、財産分与を被保全権利とする場合でも、上記慰謝料請求権について述べたのと同様のことがいえる。

---

51) 瀬木比呂志「第10 保全処分」野田＝安倍監修・前掲注37）294頁は、こうした所有権の一部についての処分禁止仮処分について、本案との結びつきを考えれば、変則的であるとして消極的評価を与えつつも、こうした仮処分が和解等に一定の機能を果たしているという分析をしているが、少なくとも、東京家庭裁判所に関する限り、そのような本案が予想されるという特段の事情のない限り、そのような仮処分は発令していない。和解や調停のために仮処分をするのは、保全処分の本来の目的でないことはいうまでもない。

9．子の引渡しと保全処分

　離婚訴訟又は婚姻取消訴訟において，裁判所は，附帯処分として「子の監護者の指定その他の子の監護に関する処分」をすることができ（人訴32条1項），現に子を監護する親が親権者とならなかった場合，親権者の指定を受けた者に対する「子の引渡し」を命じることができる（同条2項）。そこで，理論的には，これを被保全権利として，仮に子の引渡しを命じる「仮の地位を定める仮処分」（民保23条2項）を命じる余地がある。しかし，この仮処分は断行的な仮処分であり，当事者や子に対する影響が大きいことから，かなり高度の疎明が要求されるところ，民事保全の手続の中では調査官調査が利用できないこともあって，そこまでの疎明をすることが困難であることが多く，実務的には，子の引渡しに関して，民事保全の手続は，まったくといってよいほど，利用されていない。[52]

　その代わりに，離婚に関する裁判実務で，別居中の夫婦間の子の監護をめぐる紛争において，よく利用されているのが，子の監護者指定の家事審判を申し立て，家事事件手続法上の保全処分として子について仮の引渡しを求めることである。この審判手続においては，調査官調査が利用できることから（家事手続106条3項），十分な資料収集が可能であり，また，子の引渡しの必要がある事案では，家庭裁判所が迅速に対応する体制が整ってきたことから，子の奪い合いのようなケースでは，よく家事事件手続法上の保全処分が利用されている。離婚裁判の実務において，判決で「子の引渡し」を命じるのは，実はかなり少ないことであるが，それはそれ以前に上記家事審判が提起され，それによって適切な監護者に引き渡されているケースが多いことも理由の一つであろうと思われる。

　過去には，家事審判法上の保全処分の規定が整備されておらず（昭和55年法律第51号によって，家事審判法上の保全処分に関して，同法15条の3の規定が置かれ

---

52) そうした申立てが過去にあり，取下げになったということを同僚の裁判官より聞いたことがあるが，筆者自身はかかる申立てを見たことがない。東京家庭裁判所では，原則的に保全処分の取下げを勧告し，子の監護者指定の家事審判を申立て，審判前の保全処分として子の仮の引渡しを求める申立てをするよう促すという取扱いをしている。

た。)，上記の規定が整備された後も，これに基づく直接強制について執行機関が消極的な姿勢をとっていたこともあって，子の引渡しについては，人身保護法に基づく人身保護請求が利用されることが多かった。しかし，人身保護法は，夫婦間の子の監護をめぐる紛争に利用されることを念頭に置いた法律ではなく，この利用については批判も多かった。そのような状況下において，平成5年に，最高裁判所第三小法廷は，「夫婦の一方（請求者）が他方（拘束者）に対し，人身保護法に基づき，共同親権に服する幼児の引渡しを請求した場合」に，拘束の違法性が顕著であるとして請求が認められるためには，「幼児が拘束者の監護の下に置かれるよりも，請求者に監護されることが子の幸福に適することが明白であることを要する」とする判断をし，これによって人身保護請求ができる場合が限定されることになった。この判決に関与した可部恒雄裁判官は，補足意見の中で「共に親権を有する別居中の夫婦（幼児の父母）の間における監護権を巡る紛争は，本来，家庭裁判所の専属的守備範囲に属し，家事審判の制度，家庭裁判所の人的・物的の機構・設備は，このような問題の調査・審判のためにこそ存在するのである。しかるに，幼児の安危に関りがなく，その監護・保育に格別火急の問題の存しない本件の如き場合に，昭和55年改正による審判前の保全処分の活用……を差し置いて，『請求の方式，管轄裁判所，上訴期間，事件の優先処理等手続の面において民事刑事等の他の救済手続とは異って，簡易迅速なことを特色とし』『非常応急的な特別の救済方法である』人身保護法による救済を必要とする理由は，とうてい見出し難いものといわなければならない。」という意見を述べられている。

この結果，現在においては，別居中の夫婦間の子の監護をめぐる紛争については，子の監護者指定の家事審判で解決するということが実務的に定着している。[54]

---

53) 最判平5・10・19民集47巻8号5099頁。
54) 上記平成5年の最高裁判決をきっかけとして，別居中の夫婦間の子の監護をめぐる争いについては，家事事件手続法上の子の仮の引渡しの保全処分が活用されることになり，その強制執行についても適正迅速に行われるように，家庭裁判所と執行に当たる執行官が連携して，執行前に必要に応じて情報交換を行うという実務が定着していった。しかし，子の引渡しの

10. 起訴命令についての特則

　保全命令が発令されているが，本案の訴えがいまだされていないという場合に，債務者は，保全命令を発した裁判所に対して，債権者に相当と認める期間内に本案の訴えを提起し，提起したことを証する書面を提出するように命じること（起訴命令）を申し立てることができ，債権者がこの起訴命令に従わない場合，債務者は，保全命令の取消しを求めることができる（民保37条1項～3項）。しかし，人事訴訟においては，調停前置主義が採用されていることから（家事手続257条1項），起訴命令を受けても，家事調停の申立てをしていることを証明すれば，起訴命令を遵守していないことにはならない（民保37条5項）。この場合，調停が不成立又は取下げによって終了したときは，債権者は調停終了の日から，起訴命令で定められた期間と同一の期間内に本案の訴えを提起しなければならない（同条6項）。

　この場合の本案の訴えは，保全処分の被保全権利に対応したものでなければならない。財産分与を被保全権利とする保全処分に対して，起訴命令がされた場合は，単に，離婚訴訟を提起したのみでは，本案の訴えということはできず，必ず財産分与の申立てを附帯しておく必要がある。なお，財産分与を被保全権利とする保全処分に対して，起訴命令がされた場合，債務者から提起された離婚訴訟中において，被告となった債権者が予備的に財産分与の申立てをした場合であっても，本案の訴えを提起したものといえる。[55]

　　強制執行については，民事執行法上の明文規定がないという問題があり，意思能力のない子について動産の引渡しの規定を類推して実施されていた。また，国際的な子の奪取の民事上の側面に関する条約の実施に関する法律の施行後は，この法律による強制執行の運用に準じて子の引渡しの強制執行がされていたが，この法律では子と債務者が共にいる場合に限り，解放実施ができるとされていた（改正前子奪取140条3項）ところ，実際には債務者の抵抗に合い，子の引渡しの直接強制が実現できないという事案が増えていた。そこで，同法の改正に合わせて，民事執行法も改正され，子の引渡しの規律が新設され（令和元年法律第2号，令和元年5月17日公布），執行時の債務者と子の同時存在を要件とせず，執行官の権限についても規定が整備された。今後は，子の引渡しの強制執行の成功率が上がることが期待される（もちろん，任意に履行されるのが望ましく，大部分の事件はそうしているようである。）。

55）　東京高決平5・10・27判時1480号79頁。この判決で問題になった保全処分は，慰謝料請求権をも被保全権利とするものであったが，東京高裁は，上記財産分与の申立てが慰謝料的

11. 国際裁判管轄

　一般の民事訴訟の国際裁判管轄については、平成23年の民事訴訟法改正によって明文の規定が整備されたのに対し、人事訴訟については明文の規定はなかった。一般の民事保全においては平成23年の民事訴訟法改正と同時に、「日本の裁判所に本案の訴えを提起することができるとき、又は仮に差し押さえるべき物若しくは係争物が日本国内にあるときに限り、することができる。」との規定（民保11条）が設けられたのに対し、旧人事訴訟法30条1項で民事保全法11条の規定を適用除外としていたことから、人事訴訟を本案とする民事保全においても明文の規定がない状態になっていた。このたび人事訴訟法等の一部を改正する法律（平成30年法律第20号）が平成31年4月1日に施行され、この改正法により人事訴訟の国際裁判管轄について明文の規定（人訴3条の2～5）が置かれることとなり、これと同時に旧人事訴訟法30条1項が削除され、民事保全法11条の規定が人事訴訟を本案とする民事保全にも適用されることになった。これによって本案の人事訴訟の国際裁判管轄が日本の裁判所にある場合に加えて、仮差押えの目的物や仮処分の係争物が日本に存在する場合にも人事訴訟を本案とする民事保全の国際裁判管轄が認められることになった。

要素を含むことを明示してされたことに着目し、かかる財産分与が認容されたときは、重ねて慰謝料請求をすることができないから、上記財産分与の申立ては、慰謝料請求権を被保全権利とする仮差押えの本案ともなり得ると判断した。この判示部分も注目すべきである。これによれば、単純な清算的財産分与の申立てのみの場合は、慰謝料請求権を被保全権利とする仮差押えの本案とみることは困難であろう。

第3章

離婚訴訟における主要な論点

I　離婚原因（民770条1項1号～5号）

1．有責主義と破綻主義

(1)　各国とわが国における離婚に関する法律及び制度の動向

　離婚に関する法律及び制度法制は，各国における文化・歴史及び宗教観等が大きく影響する法領域であるといえる。そのため，諸国における離婚に対する立法政策も，当然それらを反映するものとなっている。それゆえ，主として宗教的理由からであるが，離婚制度を否定する法制度を採る国もある。こうした法制度の国は多かったが，次第に，これでは婚姻が個人に対する不当な拘束となってしまうとして，一定の場合には，そこから自由になることを認めるべきであるとの考えが強くなり，離婚の自由が認められるようになった。その場合，婚姻したとしても，一定の場合には離婚を許容する，つまり，婚姻の相手方当事者に有責行為がある場合に離婚を認めるという有責主義が採られ，その後，こうした当事者の有責行為の有無を問わず，婚姻が破綻をしている場合には，離婚を認めるべきであるという破綻主義へ展開を遂げてきたといわれている。

　わが国の民法は，770条で離婚原因を定めるが，同条1項5号が「婚姻を継続し難い重大な事由」を挙げていることから，破綻主義をとっているものと理解されている。[1]

(2) 消極的破綻主義

　破綻主義の中でも，婚姻当事者の有責性をまったく問題にせずに，婚姻が破綻していれば，破綻の原因を作出したいわゆる有責配偶者からの離婚請求であっても，離婚を許容するものを積極的破綻主義という。他方，婚姻が破綻しているとしても，破綻の原因を作出したいわゆる有責配偶者からの離婚請求については，これは認めないとするものを消極的破綻主義という。

　わが国の民法は，いわゆる有責配偶者からの離婚請求の可否については，明文の規定を置いていない。しかし，判例によって，原則として，有責配偶者からの離婚請求は認められないとされてきたため，わが国は，消極的破綻主義の立場をとっているものとされていた。ところが，最大判昭62・9・2（民集41巻6号1423頁）は，「夫婦の別居が両当事者間の年齢及び同居期間との対比において相当の長期間に及び，その間に未成熟の子が存在しない場合には，相手方配偶者が離婚により精神的・社会的・経済的に極めて苛酷な状態におかれる等離婚請求を認容することが著しく正義に反するような特段の事情が認められない限り，当該請求は，有責配偶者からの離婚請求であるとの一事をもって許されないとすることはできない」と判示して，従来の判例を変更した。これにより，わが国においては，積極的破綻主義になったものと理解されている。

2．わが国における離婚に関する法律及び制度

　民法の離婚原因は，訴訟における離婚の要件（形成要件）である。したがって，離婚訴訟においては，離婚原因がない限り離婚請求は認容されないことになる。

　わが国においては，当事者の合意のみによる協議離婚（民763条）を認めている。こうした協議離婚制度については，当事者の合意のみで離婚を認め

1）　なお，旧民法（昭和22年法律第222号による改正前のもの。以下「旧民法」という。）は，①重婚，②妻の姦通，③夫が姦淫罪により刑に処せられたとき，④一定の犯罪により刑に処せられたとき，⑤同居に耐えない虐待，重大な侮辱，⑥悪意の遺棄，⑦配偶者の直系尊属からの虐待，重大な侮辱，⑧配偶者による自己の直系尊属に対する虐待，重大な侮辱，⑨3年以上の生死不明，⑩婿養子の場合の離縁があったとき，養子が家女と婚姻した場合の離縁又は縁組の取消しがあったとき（旧民813条）としていた。

ると，当事者の社会及び家庭内における力関係等から離婚することが強要されるという事態が生じることがあるとして，離婚の合意については，国家が真意であるか否かや離婚する事情等を確認するなど後見的に関与する方策を講じるべきであるとする批判がある。他方，婚姻及び離婚というのは，本来，個人の自由意思に任せられるべき事項であり，協議離婚制度は，こうした私的自治の原則に沿うものであり，しかも，裁判等の手続をとることなく，低コストで迅速に婚姻を解消することができるとして評価する見解もある。協議離婚は，当事者の自由な意思によって離婚を認めるものであり，民法上の離婚原因があるかどうかということにはかかわりがない。協議離婚においては，婚姻当事者の双方が離婚意思を有し，離婚することに合意して離婚の届出をすれば，それだけで離婚が成立するのである[2]。

　しかし，離婚について当事者間に協議が調わない場合には，離婚訴訟を提起しなければならない。なお，こうした離婚訴訟を提起する前に家庭裁判所に調停の申立てをしなければならない（調停前置主義〔家事手続257条〕。**第1章Ⅰ3以下参照**）。この場合の調停は，離婚訴訟の前段階であるが，調停は，当事者の話合いの場であり，調停委員会は，その話合いや当事者間の合意を調整するのであるから，離婚調停においては，民法の離婚原因の有無は，調停進行の絶対的な指針になるというわけではない。しかしながら，当事者間において離婚についての合意が成立せずに，調停が不成立（不調）になった場合には，離婚を望む当事者は，訴訟を提起し，そこでは，離婚原因の有無が問題とされるのであるから，離婚調停においても，当然，離婚原因を意識した進行・運営がされなければならない。

2）　協議離婚は，当事者双方が離婚することに合意していなければならない。それゆえ，一方の配偶者が他方の配偶者の同意を得ずに，勝手に離婚の届出をしても協議離婚したことにはならない。しかし，このような届出がされ，これが受理されてしまうと，戸籍には，協議離婚した旨の記載がされてしまい，この記載を訂正するには，「離婚無効確認訴訟」を提起しなければならない（民742条類推，戸籍116条1項）。そこで，こうしたことを防止するために，戸籍実務上，離婚届不受理申出制度が設けられている（戸籍27条の2第3項）。これによれば，離婚の届出を他方の配偶者が勝手に提出するおそれがある場合には，事前に不受理申出をしておれば，離婚の届出が受理されることはない。なお，離婚の届出が提出された場合においては，本人確認をすることになっている（戸籍27条の2第1項）

離婚調停に関しては，当事者とは世代や社会生活が異なる調停委員から，一定の婚姻観を押し付けられているのではないかとの批判がされることもある。しかし，実際の調停においては，破綻主義を相当徹底させた運営がされているように思われる。

　なお，離婚調停においては，当事者が話合いをした結果，夫婦関係を修復することを決意して，円満な婚姻生活が復活する場合や当事者双方が一定の冷却期間を置いて検討するため，当分の間，別居する旨を合意するという場合も少なくない。こうしたことが合意されることから明らかなように，調停においては，離婚訴訟の枠組みよりも，柔軟な解決が可能である。こうした点にも，調停制度の存在意義があるといえる。

3．民法の離婚原因 （民770条1項1号〜5号）

(1) 民法の離婚原因

　民法は，770条1項において，離婚原因として，不貞行為（1号），悪意の遺棄（2号），3年以上の生死不明（3号），強度の精神病（4号）及び婚姻を継続し難い重大な事由（5号）を挙げている。

　民法770条1項1号から4号までの事由は，離婚原因として具体的事実が規定されているので，これを「具体的離婚原因」という。他方，同項5号については，離婚原因が「婚姻を継続し難い重大な事由」というように抽象的に規定されているので，これを「抽象的離婚原因」という。

　このように，1号から4号までの事由については，それぞれ比較的単純な事実の有無から構成されているので，こうした事実の有無が主張・立証の対象となり，5号については，一定の事実に対する評価が問題となるので，こうした評価を受けることになる事実や評価そのものを減殺又は発生させない事実の有無が主張・立証の対象となる。つまり，民法770条1項5号の事由は，いわゆる規範的要件事実であり，離婚を請求する当事者は，「婚姻を継続し難い重大な事由」であるという評価を受け，これを根拠づける事実を主張・立証する必要があり，離婚の請求を争う相手方は，こうした評価を受けないか，評価そのものを減殺する事実を主張・立証する必要があるということになる。

これから，民法770条1項各号が挙げる離婚原因ごとに，簡単に解説する。ところで，同項1号から4号までの事由（具体的離婚原因）については，これをどの程度厳格に理解するかについての考え方が対立している。つまり，5号の事由（抽象的離婚原因）は，上記のとおり，規範的要件事実であるから，当然，裁判官の評価が重要であり，その裁量も広くなるので，裁判官の裁量判断に対する信頼感が重要になる。それゆえ，裁判官の判断に対する不信感があると，1号から4号の事由に該当する範囲を広くして，5号の事由に該当する範囲を狭くしようとする考慮が働くことになる。他方，裁判官の裁量判断について，これを信頼することができ，これによって具体的な事案が適切に解決されるものと考えると，1号から4号からの事由に該当する範囲を広くする必要はないことになる。裁判官の裁量判断に対する信頼があれば，5号の事由に該当する範囲を広くしても問題はないことになるからである。かつては，学説の中には，裁判官の裁量判断に十分な信頼をおくべきではなく，それゆえ，1号から4号の事由に該当する範囲そのものを広くし，5号の事由に該当する範囲を狭くすべきであるという考えもあったようである。しかし，現行の民法が施行されて，すでに約70年以上が経過し，それなりに離婚に関する判例も蓄積され，また，社会における婚姻や離婚に関する考え方も変化して，破綻主義的な考え方が受け入れられていると思われること，さらにいえば，前記のとおり，離婚訴訟に前置する調停においても，破綻主義に基づく運用がされており，後述するように，離婚訴訟の訴訟物についての考え方も，1号から4号の事由は5号の事由の例示であり，訴訟物は5号であるという考えが多くなっていることからすれば，1号から4号のそれぞれの意味内容を厳密に議論する意味も乏しくなっていると思われる。そうなると，今後は，5号の事由をより具体化・個別化するための基準，つまり，裁判官の裁量判断を明確化するための基準を明らかにすることを目指すべきであろうと思われる。

(2)　**不貞行為**（民770条1項1号）

　不貞行為とは，異性と自由意思に基づく性的関係を持つことである。これについては，相手方の意思に関わらない。したがって，相手方の意思に反する強制的な性交や抗拒不能状態に乗じての姦淫行為であっても不貞行為にな

る。判例も，「配偶者のある者が，自由な意思にもとづいて，配偶者以外の者と性的関係を結ぶこと」をいうとしている。なお，自由意思に基づいて性的関係を持つことであるから，強制的に性交されたり，抗拒不能状態で姦淫された場合には，本人の自由意思に基づく性的関係がなされたとはいえないから，不貞行為にはならない。

　これは，有責主義による離婚原因の典型であるといえる。

　なお，異性と過度に交際したとしても，性的関係を伴わない以上，民法770条1項5号の問題とはなっても，不貞行為に該当せず，同性との性的関係についても，同様に同条同項5号の問題となるとしても，不貞行為とはならない。

　不貞行為については，それが一時的なものであるか，継続的なものであるかは問わない。不貞行為が一時的なもので，婚姻の破綻に至らない場合には，「不貞行為」には該当しないという見解もあるが，「不貞行為」としたうえで，民法770条2項の問題とすべきである。

　配偶者の一方が他方の不貞行為を知りながら，これを宥恕（ゆうじょ。許すこと）している場合には，「不貞行為」にはならないと考えられる。しかし，宥恕の有無については，問題も多い。

　同性愛は，ここにいう「不貞行為」ではないが，民法770条1項5号の「婚姻を継続し難い重大な事由」にはなり得る。

　離婚訴訟において，離婚原因として不貞行為が主張されることは少なくないが，その立証には問題がある。つまり，不貞行為をしたとされる相手方が，それを認めたり，不貞行為の現場写真等の有力な証拠があるということは，少ないからである。実務上，配偶者の一方が他の異性と親密なメールのやりとりをしたものをプリントアウトして，証拠として提出されることがあるが，これだけでは，性的関係を持ったと認定することはできないことが多いのが

3）　最判昭48・11・15民集27巻10号1323頁。
4）　実務的には，宥恕は，婚姻が決定的に破綻する相当以前に不貞行為がある場合において，その不貞行為が婚姻破綻の一因として主張されたときに，その反論として主張されるということが多いようである。このような場合には，他の原因も離婚原因として主張されていることも多く，宥恕されたとする不貞行為と破綻との因果関係も必ずしも明らかであるとはいえないことが少なくないから，あえて宥恕を問題とする必要がないように思われる。

実情である。こうした立証の困難性からすれば，性的関係の存在が立証できない場合であっても，異性との限度を超えた親密な交際があれば，「婚姻を継続し難い重大な事由」（民770条1項5号）になり得るから，不貞行為とともに，5号を主張し，その立証に力を注ぐべきであろう。

　配偶者の一方が不貞行為を行った場合，不貞行為の相手方は，他方の配偶者が有している婚姻共同生活の平和の維持という権利又は法的保護に値する利益を侵害したことになり，不法行為責任を負わなければならない[5]。もっとも，婚姻が既に破綻していたのであれば，すでに保護すべき婚姻共同生活はないことになるから，不法行為責任は生じない[6]。それゆえ，こうした問題の場合，不貞行為がされた時点で既に婚姻が破綻していたか否かが重要な争点となる。なお，未成年の子は，不貞行為の相手方に対し，損害賠償請求ができないというのが判例である[7]。

　夫婦の一方の配偶者が，第三者が他方の配偶者と同棲したことによって取得する損害賠償請求権（慰謝料請求権）については，他方の配偶者の同棲関係を知った時から，それまでの請求権の消滅時効が進行するから，同棲を知った時から3年前に発生した慰謝料請求権も時効消滅することになることに注意すべきである[8]。

(3)　**悪意の遺棄**（民770条1項2号）

　「悪意の遺棄」とは，正当な理由のないまま，配偶者に対する同居・協力・扶助義務を放棄することである。この場合の「悪意」とは，通常の法律用語である，ある事実を知っているということではなく，社会的・倫理的に非難されることを意味する。配偶者の一方が理由もなく，他方の配偶者や子らを放置して，それまで同居生活をしていた住居を出て，配偶者や子らの生活費の負担もしないような場合が典型例である。

　このように「悪意」に非難の要素があることもあり，実務上，相手方の有責性を強調するために「悪意の遺棄」が主張されることも少なくない。しか

---

[5]　最判昭54・3・30民集33巻2号303頁。
[6]　最判平8・3・26民集50巻4号993頁。
[7]　前掲注5）最判昭54・3・30。
[8]　最判平6・1・20裁判集民171号1頁・判タ854号98頁。

し，別居の原因が一方の配偶者だけにあるとはいえないケースも少なくない。つまり，別居したとしても，その原因が一方の配偶者にのみあるのではなく，双方にあることも多く，それゆえ，別居した配偶者に一方的に責任があるとはいえないことが少なくないのである。他方，後述するように，夫婦が一定期間，別居した場合，別居が長期間，継続しているということだけで「婚姻を継続し難い重大な事由」に該当するとされる場合がある。したがって，「悪意の遺棄」をもって離婚原因とされる例は，以前よりも少なくなったようである。

　しかしながら，現在においても「悪意の遺棄」を離婚原因とするのが適当な場合がある。それは，被告の住居所が不明である場合である。こうした場合には，公示送達により訴状を送達せざるを得ないが，このように訴状の送達が公示送達によらざるを得ないような場合には，配偶者が他の配偶者に自己の住居所を明らかにせず，連絡もしていないのであるから，「悪意の遺棄」があるといわざるを得ないであろう。

　なお，配偶者の生死が不明とはいえないとしても，他方の配偶者から郵便や電話等で連絡したとしても，何ら応答せず，こうした状態が3年以上続いている場合がある。このようなときは，「婚姻を継続し難い重大な事由」（民770条1項5号）に当たると考えられる。当事者が再婚を予定している場合には，戸籍先例では，「悪意の遺棄」を離婚原因とする離婚請求を認容する判決の理由中で，3年以上の継続した別居が認定されているときには，子についての父性の混乱はないから，女性の再婚禁止期間内であっても，新たな婚姻の届出を受理するという取扱いがされている[9]。このような場合には，必要に応じて，3年以上の継続した別居がある旨の事実を判決理由中で認定したうえで「悪意の遺棄」による離婚請求を認容することもある。現在，再婚禁止期間は，前婚解消等から100日である（平成28年法律第71号）。

(4)　**3年以上の生死不明**（民770条1項3号）

　「3年以上の生死不明」というのは，配偶者の生存・死亡が不明であるという客観的状況が3年間継続していることを意味する。こうした状況であれ

---

9)　法務省民事局長昭和40年3月16日民甲第540号回答。

ば，婚姻が破綻しているといえるからである。したがって，生死不明の原因は問わないことになる。なお，配偶者が単なる行方不明であるとか，音信が不通であるというだけではなく，死亡の可能性が相当程度あるということが必要である。3年の起算点は，生存が推定させる最後の消息があった時点である。

　配偶者の生死が不明であるものの，その期間が3年に満たない場合や単に配偶者の行方が不明であるとか，音信が途絶えているという場合には，「3年以上の生死不明」には当たらない。しかし，「婚姻を継続し難い重大な事由」（民770条1項5号）に該当することがある。

　なお，配偶者の生死不明が7年以上であれば，失踪宣告の要件を具備する（民30条1項）。したがって，失踪宣告の申立てをして，宣告がされれば，これによって死亡したものとみなされる（民31条）。その結果，婚姻は，当事者の一方の死亡によって解消されることになる。しかし，その後，その生存が判明して，失踪宣告が取り消される（民32条1項）と，当事者が悪意であれば，前婚が復活して重婚状態になり，前婚には離婚原因があり，後婚には取消事由があるとする考えが有力である。

　離婚の相手方となる配偶者が生死不明であれば，調停をすることはできない。したがって，調停を前置する必要はなく，ただちに離婚訴訟を提起することができる。この場合，被告の住居所が不明であるから，公示送達によって訴状が送達され，原告において離婚原因を主張・立証することになる。

(5)　**強度の精神病**（民770条1項4号）

　「強度の精神病」が離婚原因とされるのは，配偶者が強度の精神病に罹患している場合には，夫婦としての協力義務を果たすことができず，婚姻共同生活を送ることができないからである。したがって，配偶者が単に精神病に罹患しているだけで足りず，それが強度のもので回復が困難な状況にあることが必要である。なお，精神病に罹患すること自体は，配偶者本人に何ら責任はないはずである。したがって，これが離婚原因とされるのは，破綻主義に基づく離婚の典型であるといえる。

　実務上，民法770条1項4号に基づく離婚請求がされると，被告の親族等から，被告の療養看護を一方的に放棄するものであるという非難がされるこ

とがある。精神病に罹患したことは，本人に責任のないことであるが，これを理由に離婚が認められると，配偶者からの経済的援助（生活費，療養費等）が得られなくなり，その反面，後記のとおり，現在でも精神病に罹患した者に対する公的，社会的支援が必ずしも十分とはいえない状況であるため，離婚された者の親族が経済的負担や心理的負担を負わざるを得ないからである。こうしたこともあってか，この事由に対する裁判所の判断は，他の事由よりも厳格であるようである。

　精神病であるかどうか，それが強度のもので回復が困難な状況にあるかどうかは，医師等の専門的な判断によらなければならないが，裁判所は，専門家の診断結果等に従うのではなく，これが離婚事由とされているということから改めて判断しなければならない。配偶者がアルツハイマー病に罹患した場合については，問題がある。アルツハイマー病が本号にいう「精神病」といえるかについては疑問があるとし，他方，配偶者がアルツハイマー病に罹患して，意思疎通を欠くに至ったときは，民法770条1項5号の「婚姻を継続し難い重大な事由」に該当するとした裁判例がある。[10]

　前記のとおり，裁判所は，「強度の精神病」に該当するか否かについては，厳格な判断を示す傾向があると思われるが，判例は，該当する場合であっても，民法770条2項を適用して，「諸般の事情を考慮し，病者の今後の療養，生活等についてできるだけ具体的な方途を講じ，ある程度において，前途に，その方途の見込みがついた上でなければ，ただちに婚姻関係を廃絶することは不相当と認めて，離婚の請求は許さない法意であると解すべきである。」としている。[11] これに対しては，批判的な学説も多いが，精神病に罹患した者に対する公的，社会的な支援体制は，現時点においても，必ずしも十分であるとはいえない以上，この問題については，一方配偶者の婚姻から解放される利益と精神病に罹患した本人の保護とを総合考慮しなければならないであろう。そのためもあって，実際の訴訟においては，精神病に罹患した配偶者の生活費及び療養費の負担，配偶者に代わる保護者の存在，療養の受入先等

10）　長野地判平2・9・17家月43巻6号34頁・判タ742号236頁は，本項5号により離婚請求を認容した。

11）　最判昭33・7・25民集12巻12号1823頁。最判昭45・11・24民集24巻12号1943頁。

の療養看護態勢の整備状況等が審理の重要なポイントとなっている。それゆえ，離婚を求める原告は，これらについて，具体的かつ現実的に立証する必要があるといえる。

　なお，配偶者が単に精神病に罹患しているというだけでは，民法770条１項５号には該当しないが，場合によっては，「婚姻を継続し難い重大な事由」になることがある。この場合においても，「強度の精神病」において，上記のような具体的かつ現実的な方法等を要求する趣旨は，同様に当てはまるであろう。それゆえ，上記に準ずるような措置・方法等がとられていることが求められることになる。このように，同項５号の事由による離婚請求の場合，同条２項による裁量棄却の対象にはならないということに注意しなければならない。

　ちなみに，配偶者が精神病に罹患していることを理由として，成年後見開始の審判を受けて，成年被後見人になっているときには，他方の配偶者は，成年後見人を被告として離婚訴訟を提起することになる（人訴14条１項）。このような場合においては，原告となる配偶者が成年後見人に選任されていれば，成年後見監督人を被告として離婚訴訟を提起することになる（同条２項）。

(6)　**婚姻を継続し難い重大な事由**　（民770条１項５号）

　(a)　「婚姻を継続し難い重大な事由」というのは，婚姻共同生活が破綻し，その修復が著しく困難な状態にあることである。これには，主観的な要素と客観的な要素とがある。主観的な要素というのは，婚姻当事者の双方が婚姻を継続する意思がないということ（破綻の主観的要素）である。このような状況になれば，婚姻共同生活を継続することができないことは明らかであるといえる。これに対して，客観的な要素というのは，別居が長期化するなどして婚姻共同生活そのものが破綻し，これを修復して婚姻生活を継続することが著しく困難な状態にあるということである。

　なお，婚姻が破綻したといえるためには，こうした主観的要素と客観的要素の両方が必要というわけではない。そのいずれか一方が認められれば，婚姻は破綻したことになり，離婚請求は認容されることになる。また，婚姻の破綻については，配偶者の一方に有責行為があるかどうかは関係がないが，婚姻破綻の客観的要素を検討する際，有責行為の有無が考慮されることはあ

(b) 以下において、「婚姻を継続し難い重大な事由」として、これまでの裁判例で問題になった具体的事例を概観してみることとする。

(ｱ) 暴行・虐待　配偶者に対する暴行、虐待は、それがされたということだけ離婚原因になるというのではなく、他の事情も含めて、婚姻の破綻原因となる。いわゆるDV事案が典型例である。配偶者に対するものではなく、子どもに対する暴行や虐待の場合も破綻原因となる。

暴力や虐待については、これをしたとされた相手方配偶者がこうした言動そのものを認めず、事実そのものを争うことが多い。また、暴力を振るったことを認めたとしても、原告が先に手を出したから、防御のために行ったとか、原告がDVの被害者を装うために、わざと被告に手を出させるように挑発行動をしたからであるなどという反論もされることがある。このような場合、暴行や虐待に関する客観的な証拠（診断書・受傷結果の写真等）だけではなく、暴行等に至る事実経過の認定が重要になる。しかし、認定が難しい事案も少なくない。

なお、配偶者からの暴力の防止及び被害者の保護等に関する法律（平成13年法律第31号）が制定され、配偶者からの暴力により、生命又は身体に重大な危害を受けるおそれがある場合には、被害者の申立てによって地方裁判所から保護命令が発令される（配偶者暴力10条）。こうした保護命令事件の記録が当事者から証拠として提出されれば、裁判所の認定判断が示されているだけに、暴力等の有力な資料となることが多い。ただし、これについても、DV被害者を装うために、暴力等の事実もないのに、いわゆるシェルターに逃げ込み、こうした申立てがされたなどという反論がされることも少なくない。

(ｲ) 重大な侮辱　一方の配偶者による重大な侮辱は、旧民法でも離婚原因とされていた（旧民813条5号）が、婚姻の破綻を認定する重要な要素である。この侮辱的行為は、直接、配偶者に対してされなくても、第三者に対して配偶者を中傷する行為をした場合も含まれる。なお、配偶者に対する重大な侮辱的行為やモラルハラスメントは、配偶者からの暴力の防止及び被害者の保護等に関する法律においては、身体に対する暴力に準ずる心身に有害

な影響を及ぼす言動とされている（配偶者暴力1条1項）。

　　(ウ)　勤労意欲の欠如・過度の浪費や借財・ギャンブル等　　稼働しないことが破綻原因となるのは，稼働能力があり，稼働しなければならない経済状態であるにもかかわらず，勤労意欲がなく，就労しようとしない場合である。浪費や借財をしたり，ギャンブルに耽溺するということも，そのことだけで離婚原因となるのではなく，こうしたことをすることにより婚姻共同生活を維持・継続することが困難になる場合に離婚事由となるのである。こうした状況になれば，婚姻が破綻したとはいえるからである。

　　(エ)　犯罪行為と刑事施設への収容等　　配偶者本人に対する犯罪行為がされ，それによって実刑判決を受けて刑事施設に収容された場合には，婚姻を破綻させたものといえるであろう。また，こうしたものではない犯罪行為を行って，それによって刑事施設に収容された場合は，これによって長期間にわたり婚姻共同生活を送ることができなくなり，しかも，他方の配偶者の名誉等に重大な影響を与えたことになるから，婚姻の破綻事由になる。

　　(オ)　疾病や身体的障害　　婚姻後，配偶者が病気に罹患したり，身体に障害が生じた場合には，これが回復の見込みのない精神病に当たらないとしても，破綻原因となることがある。しかし，夫婦には，協力扶助義務があるから，疾病に罹患したり，身体障害が生じたりしたということだけでは，破綻原因とはならない。これらが破綻原因となるのは，こうしたことによって，夫婦関係が不和となったり，相互に協力扶助義務を果たすことができなくなったりしたような状況に至り，その結果，婚姻を継続することができないような状態になることが必要である。

　なお，婚姻生活が相互の愛情の下に築かれるとしても，性的関係は重要な要素であるから，婚姻前に性的不能状態にあることを自覚していながら，これを告げずに婚姻し，婚姻後も性交ができないような場合には，婚姻の破綻事由となり得るであろう。婚姻後に性的不能になったような場合には，それが長期間にわたり，通常の婚姻生活とはいえないような状況であるときには，やはり，破綻原因となり得るであろう。これに関連して，性交することができるにもかかわらず，さしたる理由もなく性交を拒否しているような場合には，破綻原因となるといえる。

(カ)　宗教活動　　夫婦間においても，信教の自由は，相互に尊重されなければならない。しかし，過度に宗教活動に没頭し，その結果，婚姻共同生活が維持されていないような状況に至っている場合には，既に正常な婚姻関係にあるとはいえないから，破綻原因となるであろう。

(キ)　親族との不和　　配偶者が他方の配偶者の親族と不和となっていたとしても，そのことだけで婚姻破綻の原因となるとはいえない。しかし，他方の配偶者が，その親族に過度に加担したり，その不和を解消する努力等をしようとせず，これを放置しているような場合には，破綻原因となることがあるといえる。

(ク)　性格の不一致　　夫婦が個人同士の結びつきである以上，その間に多少の性格の不一致があるのは当然といえる。そして，婚姻の当事者は，婚姻共同生活を維持・継続しなければならないから，性格の不一致についても，相互に解消するように努力をする義務があるということができる。それゆえ，夫婦間に性格の不一致があるからといって，そのことだけで破綻原因があるとはいえない。しかし，他の事情と相まって，破綻原因となることはある。なお，離婚原因として，性格の不一致が主張される場合には，さしたる離婚原因がなかったり，真の原因があるが，これを主張したくないというような事情があることがあるので，注意すべきである。つまり，こうしたときに，性格の不一致が離婚原因に利用されるのである（掃除洗濯等の家事の怠慢が離婚原因として主張される場合にも，同様のことがいえる。）。このような場合には，真の原因が何であるかを把握する必要がある。

(c)　「婚姻を継続し難い重大な事由」というのは，婚姻が破綻していると評価される事由のことである。これは，一定の事実に対する総合的な評価である。したがって，離婚請求をする側が評価根拠事実を主張・立証しなければならない。これに対し，離婚請求をされた側は，評価根拠事実として主張された事実の存在を否定するか，評価障害事実を主張・立証することになる。「婚姻を継続し難い重大な事由」がこうした総合的な評価であるため，主張・立証される事実は，夫婦生活における機微に関する事項はもとより，その夫婦のみならず，親族等の関係者のプライバシーや秘密にしておきたい事項等にも及ぶおそれがあるといえる。また，こうした者に対する人格攻撃とも思

われる事項が主張されることも少なくない。しかし，こうしたことが行われると，主張事実が不必要に広がるだけではなく，当該夫婦やその関係者等の人権を侵害することにもなりかねない。何より婚姻の破綻の評価根拠事実となり得るのは，通常，婚姻破綻に直結するような直接的かつ直近の事実であるから，主張すべき事実と婚姻の破綻との関係を十分検討して，節度ある主張・立証がされるようにすべきである。

(7) **裁量的棄却事由**（民770条2項）

裁判所は，民法770条1項各号の事由がある場合であっても，一切の事情を考慮して離婚請求を棄却することができる。これが民法770条2項の離婚請求の裁量的棄却制度である。これは，離婚訴訟における裁判官の裁量を広く認めるものといえる。これに対しては，立法当初は，裁判官の裁量を警戒し，本条2項の存在を批判する学説も少なくなかったようである。確かに，本条2項は，その文言からして婚姻を維持する方向に裁判官の裁量を認めたものといえる。また，人事訴訟法の改正前の人事訴訟手続法には，婚姻を維持するために職権で証拠調べをし，当事者が提出しない事実を斟酌することができるという旨の規定（同法14条）があった。こうした実体法及び手続法の規定からすると，離婚に関する，わが国の法制度は，離婚を避け，婚姻を維持する方向を指向していたように思われる。しかしながら，前述のとおり，現在においては，民法制定後すでに70年以上が経過し，社会の婚姻観や離婚観も大きな変化し，離婚訴訟や離婚調停の実務においても，破綻主義が定着している運用がされている状況にある。したがって，その適用については慎重に検討しなければならない段階にきているといえる。

こうしたこともあって，民法770条2項は，強度の精神病を原因とする離婚請求の場合に，療養看護等について具体的方策等を求めるという判例法理の根拠となる以外には，それほど適用例を見ていないといえる。実務においては，その適用には，慎重であるといえる。

なお，人事訴訟法は，裁判所は，当事者が主張しない事実を斟酌し，かつ，職権で証拠調べをすることができると規定しており（人訴20条），裁判官の裁量が必ずしも，婚姻を維持する方向にのみ働くものではないということを明確にしている。

4．離婚訴訟における離婚原因の意義

(1) 離婚訴訟の訴訟物

　民法の離婚原因をどのように理解するかということは，離婚訴訟における，訴訟物の個数に関する議論に関係してくるといえる。

　離婚訴訟の審理の対象，すなわち訴訟物については，民法の定める離婚原因ごとに異なるという考え方（多元説）と，訴訟物は一つであって，民法の定める離婚原因は攻撃方法にすぎないという考え方（一元説）がある。これは，民事訴訟法学における旧訴訟物論と新訴訟物論との対立にも関係するところでもあるが，旧訴訟物論が多元説に，新訴訟物論が一元説になじみやすいといえるとしても，実際には，そのような単純な対立構造となっていない。

　ところで，最判昭36・4・25（民集15巻4号891頁）は，妻が精神分裂病（統合失調症）に罹患しているという事案について，原審が，妻の病状が強度なものであるが，回復困難とはいえないとして4号の事由はないとしたうえで，反対の事情がない限り，5号の事由も主張しているものと解すべきであるとして，5号に基づき離婚請求を認容したのに対し，4号所定の離婚原因が婚姻を継続しがたい重大な事由の一つであるからといって，4号所定の離婚原因を主張して離婚の訴えを提起した被上告人（一審原告）は，反対の事情がない限り，5号所定の離婚原因があることをも主張しているものと解することはできないという判示をしている。この判決については，一般には，多元説に立っているものとみられているが，民法770条1項各号ごとに訴訟物が異なることを判示したものというよりも，当事者の申し立てない事項について判決してはならないという当事者主義違反（不意打ち防止）を述べたものにすぎないと理解することもできるから，これをもって判例が多元説に立つものと断定することはできないように思われる。[12]

　実務においては，実体法上は，民法770条1項5号のいわゆる抽象的離婚原因が離婚請求権の中核であり，同項1号から4号までの具体的離婚原因は

---

[12] 最判解民昭和36年度135頁〔川添利起〕，岩井俊『人事訴訟の要件事実と手続』（日本加除出版，2017）235頁。

その例示であるとして，離婚訴訟の訴訟物は一つであるとする一元説によっているように思われる。なお，実務においては，原告が同条1項1号から4号に該当する事由のいずれかのみを主張し，5号に該当する事由を主張していない場合には，裁判所から5号の主張をしないのかという点について釈明がされている[13]。

　一元説については，批判的な見解もある。しかし，離婚訴訟については，再訴禁止の効果が広範に働くのであり（人訴25条），それゆえ，当事者としても，主張すべきことは主張しておかなければ，後になって主張することは許されなくなるため，複数の事由を主張するというのが通例であるといえる。また，離婚訴訟においては，通常の民事訴訟事件とは異なって，裁判所が釈明権を行使することによる負担もそれほどあるとはいえない。したがって，実際には，多元説と一元説との差はそれほどないものと思われる。

　一方配偶者が離婚請求をしたのに対して，他方配偶者が別の離婚原因を主張して反訴請求（離婚請求）を提起する場合がある。これについては，多元説によれば，当事者の主張するそれぞれの離婚原因の有無を審理して，本訴請求と反訴請求のいずれかを認容するか，いずれも理由なしとして棄却するかを判断するということになると思われる。人事訴訟手続法の下の実務において，こうした場合に，離婚の反訴請求が提起されたということによって，当事者間の婚姻は，すでに破綻したものと認定して，双方の請求を認容するという扱いもあったようである。確かに，このように，双方が離婚を望んで離婚請求をしている場合に，裁判所が婚姻の破綻の有無について，改めて審理・判断するというのは，実際的ではないともいえる。しかし，離婚請求に対して離婚の反訴が提起されたということだけで，ただちに婚姻が破綻しているとするのは，安易すぎるように思われる。このような場合には，上記のように，一元説に立ったうえで，婚姻破綻を，主観的側面と客観的側面に分け，そのいずれかが存在する場合には，婚姻が破綻しているものとし，離婚の本訴と反訴が提起されているということは，婚姻当事者の双方が婚姻の継続を望んでいないということであるから，婚姻は破綻していることになると

---

[13]　青木晋編著『人事訴訟の審理の実情』（判例タイムズ社，2018）14頁参照。

すべきあろう。そして，このことを訴訟手続上明確にするために，口頭弁論期日において，双方に婚姻を継続する意思がないことを確認したうえで，口頭弁論調書に双方からその旨の陳述があった旨を記載すべきである。これは迂遠なようであるが，婚姻の破綻は，裁判所の判断事項であり，人事訴訟においては，弁論主義の適用がなく，自白原則がないのであるから，裁判所としては，当事者の意思をきちんと確認し，これを手続上明らかにしておくべきである。このような取扱いをすることについては，有責配偶者からの離婚請求であっても，離婚請求が認容されてしまうことになるとか，離婚請求においては，いずれの当事者に有責性があるかを問題にしたいというのが当事者の意思であるのに，これが判断されないことになってしまうなどといった批判も考えられる。しかし，有責配偶者からの離婚請求に関する前記最大判昭62・9・2は，有責配偶者からの離婚請求が信義則上許されるかどうかの判断要素として，有責配偶者の責任の態様・程度のほか，「相手方配偶者の婚姻継続についての意思」を挙げており，このことからすれば，相手方当事者が婚姻の継続を望んでいない場合は，有責配偶者からの離婚請求であっても許容されるものと解することができるのである。また，当事者が相手方配偶者の有責性を問題にしたいということであれば，離婚訴訟とともに婚姻破綻について不法行為に基づく損害賠償請求訴訟（慰謝料請求訴訟）を提起するか，損害賠償請求訴訟を提起して，先行する離婚請求訴訟に併合を求めれば（人訴8条），通常の民事訴訟事件として，当事者主義によって離婚原因について審理されることになる。そうであれば，むしろ，こうした審理方法の方が望ましいといえるのではないかと思われる。

(2) 離婚訴訟における攻撃・防御の実際

　実務上は，離婚訴訟の審理の対象は，「婚姻を継続し難い重大な事由」の有無（婚姻破綻の有無）である。既に説明したように，婚姻破綻には，主観的要素と客観的要素があり，少なくとも，その一つが認定されれば，婚姻が破綻していると判断されることになる。

　ところで，離婚訴訟の中には，離婚そのものには争いがないが，未成年の子の親権者の指定，財産分与の対象財産及び寄与・貢献の割合，慰謝料の支払義務の存否等に争いがある場合がある。このような場合には，離婚訴訟の

争点は，もはや離婚原因にはないといえる。したがって，裁判所は，親権者の指定，財産分与，又は慰謝料の支払を争点として審理を進めるために，前記のとおり，双方から婚姻を継続する意思がない旨の陳述があったことを口頭弁論調書に記載し，破綻における主観的要素を認定して，離婚請求については，これを認容することにすべきであろう。

　他方，離婚そのものに争いがある場合には，破綻の客観的側面の攻防が重要になってくる。

　破綻の客観的側面において，実務上，最も重要な意味をもっているのは別居である。確かに，現行の民法では，別居そのものが離婚原因とされているわけではない。しかし，婚姻している夫婦が別居しているのであれば，婚姻共同生活が行われていないのであるから，その別居が単身赴任等の双方の合意に基づく理由のあるものでなければ，「婚姻を継続し難い重大な事由」があるということになる。実際にも，離婚訴訟が提起される場合，ほとんどが別居しているといえる[14]。そして，別居の期間が相当期間に及ぶ場合には，そのこと自体で婚姻破綻が事実上推定されることになる。したがって，特に，他方の配偶者の有責行為の立証をしなくても，離婚請求は認容されることになる。そうであれば，相当期間の別居が継続している場合には，婚姻が破綻しているかどうかについては，相手方の有責性は関係しないから，相手方において，自己に有責行為がないと主張したとしても意味がないことになる[15]。

14）　これは，かつてに比べて住宅環境がよくなり，賃貸住居の確保が容易になったことや，離婚に対する認識の変化等により親兄弟等のいわゆる実家からの経済的援助がされようになったこと，配偶者の暴力等から避難するためのいわゆるシェルター等の設置等の行政的支援が充実してきたことなど，婚姻関係が悪化した場合に夫婦（特に妻）が別居することを容易にするような社会的な環境の変化があるためであると思われる。

　　なお，「家庭内別居」という言葉が用いられることがあるが，主張する者によって意味する内容が異なることが多いので注意すべきである。通常は，夫婦が同一の住居において生活していながら，寝起き，食事及び洗濯等を別々に行い，互いに別個独立の日常生活を送っている場合を示すことが多く，このような生活状況にあるとすれば，その婚姻は破綻しているともいえる。しかし，「家庭内別居」であるとする主張がされる事案の中には，一方の配偶者だけが婚姻を継続する意思を失っているにすぎず，客観的には婚姻生活が破綻しておらず，単に相互の意思疎通を欠くものの，修復が可能なことが多いようである。実際にも，同居している夫婦からの離婚請求であっても，これが認められるという場合もあるが，双方が離婚することに合意している場合のほかは，事例としては，少ないように思われる。

15）　最判昭33・12・25家月11巻3号105頁。

このような場合に，相手方の抗弁となり得るのは，離婚を請求している配偶者がいわゆる有責配偶者であるという主張しかないことになる。なお，この有責性には，別居が長期化したことについての原因（配偶者を住居から追い出し，帰宅させないようにするなど）があることも含まれるであろう。他方，別居期間が短期間であるような場合には，別居しているということだけでは，婚姻の破綻が事実上推定されるとはいえないから，相手方の有責行為を主張・立証しなければならないことになる。

このように，実務では，離婚訴訟の攻撃，防御は，相当期間にわたる別居が継続しているかどうかによって異なるのであるから，こうした点に留意しながら，主張と反論を検討しなければならない。

(3) 離婚訴訟における要件事実

離婚訴訟の訴訟物に関して，多元説をとると，民法770条1項1号から5号までの各号について訴訟物が別個と考えられるから，上記各号について，不貞行為の存在（1号），悪意の遺棄の存在（2号），3年以上の生死不明の事実の存在（3号），回復の見込みがない強度の精神病の存在（4号）及び「婚姻を継続し難い重大な事由」の存在（5号）を，離婚請求をする側で立証する必要がある。この場合，4号については，療養看護態勢の整備等の具体的方途が講じられていないことを同条2項の裁量的棄却事由の具体化と考えると，具体的な方途が講じられていないことが抗弁となる。また，5号は，規範的要件であるから，離婚請求をする側でその根拠評価事実を立証し，根拠障害事実はその反証・抗弁となる。

他方，前記のように，一元説をとると，民法770条1項5号が「婚姻を継続し難い重大な事由」が訴訟物であるから，不貞行為，悪意の遺棄，3年以上の生死不明，回復の見込みがない強度の精神病の存在は，評価根拠事実となる。

5．離婚原因の見直し議論

法制審議会が平成8年2月26日に決定した「民法の一部を改正する法律案要綱」には，次のような規定が設けられていた。

「一　夫婦の一方は，次の掲げる場合に限り，離婚の訴えを提起すること

ができるものとする。ただし，（ア）及び（イ）に掲げる場合については，婚姻関係が回復の見込みのない破綻に至っていないときは，この限りではないものとする。
- （ア）　配偶者に不貞な行為があったとき。
- （イ）　配偶者から悪意で遺棄されたとき。
- （ウ）　配偶者の生死不明が3年以上明らかでないとき。
- （エ）　夫婦が5年以上継続して婚姻の本旨に反する別居をしているとき。
- （オ）　（ウ），（エ）のほか，婚姻関係が破綻して回復の見込みがないとき。

二　裁判所は，一の場合であっても，離婚が配偶者又は子に著しい生活の困窮又は耐え難い苦痛をもたらすときは，離婚の請求を棄却することができるものとする。（エ）又は（オ）の場合において，離婚の請求をしている者が配偶者に対する協力及び扶助を著しく怠っていることによりその請求が信義に反すると認められるときも同様とするものとする。」

　これは，現行法の離婚原因から「強度の精神病」（4号）の事由を削除したうえで，新たに「5年以上継続した別居」を離婚原因として明示したものである。また，いわゆる苛酷条項を設けて，離婚原因がある場合にも，一定の事由があるときには離婚請求を棄却できるものとしている。

　離婚訴訟においては，婚姻の破綻が総合的な判断であることから，前記のとおり，夫婦の機微にわたる事項が公開の法廷において問題とされ，これについて主張・立証されることをまったく避けて通ることはできない。しかし，こうしたことを避けるために，人事訴訟法22条は，一定の場合に，当事者尋問等の公開制限を認め，訴訟手続上の手当てをしている。これについては，離婚事由を規定する実体法においても，上記の要綱のように，一定期間の別居という比較的立証しやすい客観的な事項を離婚原因とすることが求められるといえる。この立法化はいまだ実現されていないが，一定期間の別居という客観的な事実をもって離婚原因とするという考え方は，前述したように，実務上においては，既に取り入れられているものと思われる。

Ⅱ　有責配偶者からの離婚請求

1．有責配偶者からの離婚請求に関する法理

(1)　問題の所在

　現在のわが国の離婚法は，既に説明したように，民法770条1項5号において離婚原因として「その他婚姻を継続し難い重大な事由」を挙げ，一般的な破綻主義を採っていると理解されている。ところで，有責配偶者，すなわち，自分で婚姻の破綻を招いた者からの離婚請求を認めるかどうかについては見解が分かれている。これを認めない立場を消極的破綻主義といい，これを認める立場を積極的破綻主義という。かつての判例・多数説は消極的破綻主義であった。

(2)　昭和27年最高裁判決

　最判昭27・2・19（民集6巻2号110頁）（以下「昭和27年判決」という。）は，情婦の下に走りその間に一子をもうけた夫（上告人）が，妻（被上告人）に対して離婚の請求をした事案において，「婚姻関係を継続し難いのは上告人が妻たる被上告人を差し置いて他に情婦を有するからである。上告人さえ情婦との関係を解消し，よき夫として被上告人のもとに帰り来るならば，何時でも夫婦関係は円満に継続し得べき筈である。……かくの如きは未だ以て前記法条にいう『婚姻を継続し難い重大な事由』に該当するものということは出来ない，……結局上告人が勝手に情婦を持ち，その為め最早被上告人とは同棲出来ないから，これを追い出すということに帰着するのであつて，もしかかる請求が是認されるならば，被上告人は全く俗にいう踏んだり蹴たりである。法はかくの如き不徳義勝手気儘を許すものではない。道徳を守り，不徳義を許さないことが法の最重要な職分である。総て法はこの趣旨において解釈されなければならない。……子供は気の毒であるけれども，その為め被上告人の犠牲において本訴請求を是認することは出来ない。前記民法の規定は相手方に有責行為のあることを要件とするものでないことは認めるけれども，さりとて前記の様な不徳義，得手勝手の請求を許すものではない。」と判示

した。本判決は，その判示内容から，「踏んだり蹴たり判決」と呼ばれるものであるが，有責配偶者からの離婚請求は，民法770条1項5号にいう「婚姻を継続し難い重大な事由」に該当しないと解するものであった。つまり，昭和27年判決は，有責配偶者からの離婚請求を認めず，消極的破綻主義に立つものであった。

(3) 学説の状況

学説の多数は，昭和27年判決を支持していた。こうした消極的破綻主義が論拠とするところは，①婚姻道徳や離婚の倫理観[16]，②権利濫用又は信義則の適用[17]，③クリーンハンド又は公平の原則[18]，④裁判離婚制度等[19]多様である。

他方，積極的破綻主義も，その論拠は多岐にわたり，①婚姻観，倫理性[20]，

---

16) 自ら婚姻を破綻させ，それを理由に離婚を請求し得るとなすことは，夫からの追い出し離婚を認める結果となりやすく，国民の倫理観がこれに反発する（我妻榮『親族法〈法律学全集〉』（有斐閣，1961）176頁），婚姻義務の履行は公共にとって保護に値する利益であるから，婚姻義務の懈怠には離婚請求の拒否というサンクションを与え，安易な離婚を阻止しなければならない（中川善之助ほか「離婚原因」『総合判例研究叢書(2)民法親族・相続民法(3)』（有斐閣，1957）7頁）。等

17) 自ら招いた婚姻関係の破綻を理由とする有責配偶者からの離婚請求は，相手方配偶者の地位ないし名誉を著しく阻害し，平和な家庭生活の安定ないし保持をさまたげること必定である限り，吾人の社会的倫理観ないし公序良俗に反するのだから，それは信義誠実の原則に反する離婚権の行使として権利濫用の法理により許容されるべきではない（太田武男『現代家族法研究』（有斐閣，1982）262頁）。等

18) 有責行為をしながら離婚を請求することは衡平の精神からみて許されるべきではない（田中実『親族法・相続法』（三和書房，1954）68頁）。等

19) 積極的破綻主義の立場に立って有責配偶者からの離婚請求を認めることは，結局自ら婚姻関係を破綻させさえすれば離婚の自由を獲得し得ることを認めることに帰着し，その結果自らの自由意思で離婚事由を作出し得ることになり，離婚原因を法定すること自体を無意味にするということにもならざるを得ない（鍛冶良堅「積極的破綻主義と消極的破綻主義」高梨公之教授還暦祝賀論文集『婚姻法の研究(下)現代婚姻法の課題』（有斐閣，1976）274頁）。

20) 破れたものを破れたとみて，もちろん採るべき責任は充分に採らせつつ，離婚の道を開いておくことの方が，一層倫理的である。民法770条1項5号は，破綻した婚姻を破綻したものと認め，そう認めることのうちに個人の尊厳と幸福とがよりよく実現されると考える立場を採るのである（高梨公之『日本婚姻法論：民法における婚姻の自由とその社会的基礎についての一研究』（有斐閣，1957）250頁）。夫婦間の愛情が冷却して婚姻が一方にとって堪えがたいものとなり，それが通常の人にとっても堪えがたいと思われる程の客観性を帯びる場合に，それが一方の有責行為に起因したとしても，形ばかりの婚姻を継続させる理由はない。社会的見地から見れば，いったん破綻した婚姻，家族の解体は，法的に阻止し得るものではなく，事実上解消している婚姻に対して法的承認を与えることによって社会的不利益の生ず

②先行した事実状態の尊重[21]，③プライバシー保護[22]，④重畳的内縁の発生など[23]を理由とする[24]。

(4) その後の裁判例等

その後，昭和27年判決が採った消極的破綻主義の内容を明らかにする判例が出され，①相手方の有責性との比較において，原告側のそれが被告側のそれに比して大とはいえないとき[25]，又は原告被告が同程度に有責であるとき[26]，②婚姻関係の破綻がもっぱら又は主として原告によって惹起されたとはいえないとき[27]，③離婚請求者の有責行為が婚姻関係を破綻させたこととの間に因果関係のあることが必要であり，原告側の有責事由が婚姻関係の破綻後に生じたようなときには[28]，有責配偶者からの離婚請求であっても，これを認めるようになった。

他方，1960年代後半から70年代にかけて，世界の主要国の離婚法制において，積極的破綻主義を採る改正が相次ぎ[29]，このような世界的潮流の影響や国民意識の変化もあって，積極的破綻主義を支持する学説が多くなるととも

ることも見出しがたい（田村精一「有責配偶者の離婚請求についての試論」大阪市大法学雑誌4巻3＝4号（1958）259頁）。
21) 婚姻関係の客観的な破綻があると認定されれば，その事実は，身分法における事実先行の性格から当然に法的評価の対象となり得てしかるべく，事実を権利にまで引き上げることができるものと考えてよい（中川淳「離婚請求権の濫用」末川先生古稀記念『権利の濫用(下)』（有斐閣，1962）47頁）。
22) プライバシーの権利は絶対権ではなく，国家のやむにやまれぬ干渉を許す相対権である。しかしながら，寝室の秘事を裁判所であらわにしなければ離婚できないという形の干渉が，国家のやむにやまれぬ干渉といえるだろうか（島津一郎「有責配偶者からの離婚請求」加藤一郎＝米倉明編『民法の争点』（有斐閣，1978）358頁）。
23) 判例理論は多くの重畳的内縁を生ぜしめているが，積極的破綻主義の採用によって重畳的内縁を生ずる社会的原因を除去すべきである（野田愛子「離婚原因法と家事事件―離婚否認法理の検討に向けて」鈴木忠一＝三ケ月章監修『新・実務民事訴訟講座(8)非訟・家事・人訴事件』（日本評論社，1981）495頁）。
24) 学説の整理については，門口正人・最判解昭和62年度552頁以下によった。
25) 最判昭30・11・24民集9巻12号1837頁。
26) 最判昭31・12・11民集10巻12号1537頁。
27) 最判昭37・5・17裁判集民60号629頁。
28) 最判昭46・5・21民集25巻3号408頁。
29) 野田・前掲注23)467頁，稲本洋之助ほか「離婚の比較法的研究」比較法研究47号（1985）55頁。

に，判例の硬直的運用に対する問題も指摘されるようになった。このような状況の下，昭和62年大法廷判決は，従前の判例を変更し，基本的には積極的破綻主義を採ることを示した。

2．昭和62年大法廷判決

(1) 判決要旨

(a) 有責配偶者からされた離婚請求であっても，夫婦がその年齢及び同居期間と対比して相当の長期間別居し，その間に未成熟子がいない場合には，相手方配偶者が離婚によって精神的・社会的・経済的に極めて苛酷な状態におかれる等離婚請求を認容することが著しく社会正義に反するといえるような特段の事情のない限り，有責配偶者からの請求であるとの一事をもって許されないとすることはできない。

(b) 有責配偶者からされた離婚請求であっても，夫婦が36年間別居し，その間に未成熟子がいないときには，相手方配偶者が離婚によって精神的・社会的・経済的に極めて苛酷な状態におかれる等離婚請求を認容することが著しく社会正義に反するといえるような特段の事情のない限り，認容すべきである。

(2) 判示

最大判昭62・9・2（民集41巻6号1423頁）（以下「昭和62年大法廷判決」という。）は，従前の判例を変更するとともに，わが国の離婚法制及び有責配偶者からの離婚請求の問題に関する基本的な考え方を示したものであり，いわゆる判例には当たらないが，最高裁の考え方を示した部分はこの問題を理解するために極めて重要なものであるから，以下該当部分を全文紹介する。

「1　民法770条は，裁判上の離婚原因を制限的に列挙していた旧民法……813条を全面的に改め，1項1号ないし4号において主な離婚原因を具体的に示すとともに，5号において『その他婚姻を継続し難い重大な事由があるとき』との抽象的な事由を掲げたことにより，同項の規定全体としては，離婚原因を相対化したものということができる。また，右770条は，……，2項において，1項1号ないし4号に基づく離婚請求については右各号所定の事由が認められる場合であつても2項の要件が充足されるときは右請求を棄

却することができるとしているにもかかわらず，1項5号に基づく請求についてはかかる制限は及ばないものとしており，2項のほかには，離婚原因に該当する事由があつても離婚請求を排斥することができる場合を具体的に定める規定はない。以上のような民法770条の立法経緯及び規定の文言からみる限り，同条1項5号は，夫婦が婚姻の目的である共同生活を達成しえなくなり，その回復の見込みがなくなつた場合には，夫婦の一方は他方に対し訴えにより離婚を請求することができる旨を定めたものと解されるのであつて，同号所定の事由……につき責任のある一方の当事者からの離婚請求を許容すべきでないという趣旨までを読み取ることはできない。

　他方，我が国においては，離婚につき夫婦の意思を尊重する立場から，協議離婚（民法763条），調停離婚（家事審判法17条）及び審判離婚（同法24条1項）の制度を設けるとともに，相手方配偶者が離婚に同意しない場合について裁判上の離婚の制度を設け，前示のように離婚原因を法定し，これが存在すると認められる場合には，夫婦の一方は他方に対して裁判により離婚を求めうることとしている。このような裁判離婚制度の下において5号所定の事由があるときは当該離婚請求が常に許容されるべきものとすれば，自らその原因となるべき事実を作出した者がそれを自己に有利に利用することを裁判所に承認させ，相手方配偶者の離婚についての意思を全く封ずることとなり，ついには裁判離婚制度を否定するような結果をも招来しかねないのであつて，右のような結果をもたらす離婚請求が許容されるべきでないことはいうまでもない。」

「2　思うに，婚姻の本質は，両性が永続的な精神的及び肉体的結合を目的として真摯な意思をもつて共同生活を営むことにあるから，夫婦の一方又は双方が既に右の意思を確定的に喪失するとともに，夫婦としての共同生活の実体を欠くようになり，その回復の見込みが全くない状態に至つた場合には，当該婚姻は，もはや社会生活上の実質的基礎を失つているものというべきであり，かかる状態においてなお戸籍上だけの婚姻を存続させることは，かえつて不自然であるということができよう。しかしながら，離婚は社会的・法的秩序としての婚姻を廃絶するものであるから，離婚請求は，正義・公平の観念，社会的倫理観に反するものであつてはならないことは当然であつて，

この意味で離婚請求は，身分法をも包含する民法全体の指導理念たる信義誠実の原則に照らしても容認されうるものであることを要するものといわなければならない。」

「3　そこで，5号所定の事由による離婚請求がその事由につき専ら責任のある一方の当事者（以下「有責配偶者」という。）からされた場合において，当該請求が信義誠実の原則に照らして許されるものであるかどうかを判断するに当たつては，有責配偶者の責任の態様・程度を考慮すべきであるが，相手方配偶者の婚姻継続についての意思及び請求者に対する感情，離婚を認めた場合における相手方配偶者の精神的・社会的・経済的状態及び夫婦間の子，殊に未成熟の子の監護・教育・福祉の状況，別居後に形成された生活関係，たとえば夫婦の一方又は双方が既に内縁関係を形成している場合にはその相手方や子らの状況等が斟酌されなければならず，更には，時の経過とともに，これらの諸事情がそれ自体あるいは相互に影響し合つて変容し，また，これらの諸事情のもつ社会的意味ないしは社会的評価も変化することを免れないから，時の経過がこれらの諸事情に与える影響も考慮されなければならないのである。

そうであつてみれば，有責配偶者からされた離婚請求であつても，夫婦の別居が両当事者の年齢及び同居期間との対比において相当の長期間に及び，その間に未成熟の子が存在しない場合には，相手方配偶者が離婚により精神的・社会的・経済的に極めて苛酷な状態におかれる等離婚請求を認容することが著しく社会正義に反するといえるような特段の事情の認められない限り，当該請求は，有責配偶者からの請求であるとの一事をもつて許されないとすることはできないものと解するのが相当である。けだし，右のような場合には，もはや5号所定の事由に係る責任，相手方配偶者の離婚による精神的・社会的状態等は殊更に重視されるべきものでなく，また，相手方配偶者が離婚により被る経済的不利益は，本来，離婚と同時又は離婚後において請求することが認められている財産分与又は慰藉料により解決されるべきものであるからである。」

(3)　若干の説明[30]

　(a)　本判決は，前記のような検討を踏まえ，判例を変更して有責配偶者か

らの離婚請求も認められる場合があるとしたものである。そして，その構成としては，夫婦が長期間別居し，客観的に婚姻が回復不可能な状態に達し破綻したと認められる場合には，原則として離婚を認めるという原則的破綻主義を採り（民法770条1項5号の要件は充たす。），例外として，有責配偶者からの離婚請求が信義誠実の原則に反し許されないと判断すべきときに，これを棄却することとしたものと解される。

(b) 有責配偶者からの離婚請求が認められるかどうかの判断に当たっては，前記下線部のとおり，①夫婦の別居が両当事者の年齢及び同居期間との対比において相当の長期間に及んでいること，②夫婦の間に未成熟の子が存在しないこと，③相手方配偶者が離婚により精神的・社会的・経済的に極めて苛酷な状態におかれるなど離婚請求を認容することが著しく社会正義に反するといえるような特段の事情の認められないことの3つが，判断要素として挙げられている。その後の裁判実務においては，この3要件の適用を中心に主張立証がされ，裁判例が積み重ねられている。

3．その後の裁判例

(1) 別居期間に関する裁判例

 (a) 認 容 の 例

 ① 最判昭62・11・24（判タ654号137頁・判時1256号28頁）は，同居4年，別居30年の事例。

 ② 最判昭63・2・12（判タ662号80頁・判時1268号33頁）は，同居17年，別居22年の事例。

 ③ 最判昭63・4・7（判タ681号115頁・判時1293号94頁）は，同居21年，別居16年の事例において，「別居期間は，原審の口頭弁論の終結時まででも約16年に及び，同居期間や双方の年齢と対比するまでもなく相当の長期間であり，しかも両者の間には未成熟の子がいないのであるから，本訴請求は，右のような特段の事情がない限り，これを認容すべきもの

---

30) 昭和62年大法廷判決の趣旨等を正確に理解するためには，門口・前掲注24）540頁を読む必要がある。

である。」とした。

④　最判昭63・12・8（家月41巻3号145頁）は，同居10か月，別居10年，夫37歳，妻39歳の事例において，「別居期間は，原審の口頭弁論終結時までで約10年3か月であって，双方の年齢及び同居期間との対比において相当の長期間に及び，しかも，両者の間には子がなく，上告人が離婚により精神的・社会的・経済的に極めて苛酷な状態におかれる等離婚請求を認容することが著しく社会正義に反するといえるような特段の事情が存するとはいえないから，……これを認容すべきものである。」とした。

⑤　最判平2・11・8（判タ745号112頁・判時1370号55頁）は，同居23年，別居8年，未成熟子はいない（既に成人，学生）事例において，「有責配偶者からの民法770条1項5号の事由による離婚請求の許否を判断する場合には，夫婦の別居が両当事者の年齢及び同居期間との対比において相当の長期間に及んだかどうかをも斟酌すべきものであるが，その趣旨は，別居後の時の経過とともに，当事者双方についての諸事情が変容し，これらのもつ社会的意味ないし社会的評価も変化することを免れないことから，右離婚請求が信義誠実の原則に照らして許されるものであるかどうかを判断するに当たっては，時の経過がこれらの諸事情に与える影響も考慮すべきであるとすることにある（昭和62年大法廷判決参照）。したがって，別居期間が相当の長期間に及んだかどうかを判断するに当たっては，別居期間と両当事者の年齢及び同居期間とを数量的に対比するのみでは足りず，右の点も考慮に入れるべきものであると解するのが相当である。」としたうえで，「別居期間は約8年ではあるが，上告人は，別居後においても被上告人及び子らに対する生活費の負担をし，別居後間もなく不貞の相手方との関係を解消し，更に，離婚を請求するについては，被上告人に対して財産関係の清算についての具体的で相応の誠意があると認められる提案をしており，他方，被上告人は，上告人との婚姻関係の継続を希望しているとしながら，別居から5年余を経たころに上告人名義の不動産に処分禁止の仮処分を執行するに至っており，また，成年に達した子らも離婚については婚姻当事者たる被上告人の意思に任

せる意向であるというのである。そうすると，本件においては，他に格別の事情の認められない限り，別居期間の経過に伴い，当事者双方についての諸事情が変容し，これらのもつ社会的意味ないし社会的評価も変化したことが窺われるのである。」として，離婚請求を棄却した原判決を破棄した。

⑥　東京高判平14・6・26（判時1801号80頁）は，同居22年，別居6年の事例において，「別居期間は平成8年3月から既に6年以上経過しているところ，控訴人ら夫婦はもともと会話の少ない意思の疎通が不十分な夫婦であって，別居前も被控訴人と外国人男性との交遊に夫である控訴人の側からみて前記のような疑念を抱かせるものがあり，そのころから夫婦間の溝が大きく広がっていたこと，二子とも成人して大学を卒業しているなど夫婦間に未成熟子がいないこと，被控訴人は○○学校に勤務して相当の収入を得ているところ，控訴人は離婚に伴う給付として被控訴人に現在同人が居住している自宅建物を分与し同建物について残っているローンも完済するまで支払続けるとの意向を表明していることなどの事情に鑑みると，その請求が信義誠実の原則に反するとはいえない。」とした。

(b)　棄却の例

⑦　最判平元・3・28（裁判集民156号417頁・判タ699号178頁）は，同居26年，別居8年，夫60歳，妻57歳の事例において，「別居期間は，原審の口頭弁論終結時まで8年余であり，双方の年齢や同居期間を考慮すると，別居期間が相当の長期間に及んでいるものということはできず，その他本件離婚請求を認容すべき特段の事情も見当たらないから，本訴請求は，有責配偶者からの請求として，これを棄却すべきものである。」とした。

(2)　未成熟子に関する裁判例

⑧　最判平6・2・8（判タ858号123頁・判時1505号59頁）は，「有責配偶者からされた離婚請求で，その間に未成熟の子がいる場合でも，ただその一事をもって右請求を排斥すべきものではなく，前記の事情を総合的に考慮して右請求が信義誠実の原則に反するとはいえないときには，右請求を認容することができると解するのが相当である。」としたうえで，

「別居してから原審の口頭弁論終結時までには既に13年11月余が経過し，双方の年齢や同居期間を考慮すると相当の長期間に及んでおり，被上告人（夫）の新たな生活関係の形成及び上告人（妻）の現在の行動等からは，もはや婚姻関係の回復を期待することは困難であるといわざるを得ず，それらのことからすると，婚姻関係を破綻せしめるに至った被上告人の責任及びこれによって上告人が被った前記婚姻後の諸事情を考慮しても，なお，今日においては，もはや上告人の婚姻継続の意思及び離婚による上告人の精神的・社会的状態を殊更に重視して，被上告人の離婚請求を排斥するのは相当でない。上告人が今日までに受けた精神的苦痛，子らの養育に尽くした労力と負担，今後離婚により被る精神的苦痛及び経済的不利益の大きいことは想像に難くないが，これらの補償は別途解決されるべきものであって，それがゆえに，本件離婚請求を容認し得ないものということはできない。そして，現在では，上告人と被上告人間の4人の子のうち3人は成人して独立しており，残る三男は親の扶養を受ける高校2年生であって未成熟の子というべきであるが，同人は3歳の幼少時から一貫して上告人の監護の下で育てられてまもなく高校を卒業する年齢に達しており，被上告人は上告人に毎月15万円の送金をしてきた実績に照らして三男の養育にも無関心であったものではなく，離婚に伴う経済的給付もその実現を期待できるものとみられることからすると，未成熟子である三男の存在が本件請求の妨げになるということもできない。」として，離婚請求を容認した。

⑨　東京高判平9・11・19（判タ999号280頁）は，同居6年，別居13年，高校3年生と中学2年生の未成熟子がある事例において，夫の有責性の程度（本件婚姻関係がこのような状態に至った原因は，専ら，夫が他の女性と深い関係を持ち，妻や親が諫めるのも聞き入れず，その関係を絶とうとしないばかりか，かえって，そのような関係を妻において受忍するのが当然であるとの態度をもって臨み，その挙げ句，突如として家を出て別居する挙に出るなどした，夫の責めに帰すべき行為にある。），婚姻関係の維持への努力の欠如（妻からの再三にわたる同居の要請にもかかわらず，夫はかたくなにこれを拒絶した。），未成熟子が成熟するに至るまでに要する期間（子らはなお未成熟子であって，両親の養育・監

護を要する期間は，今後なお相当の期間に及ぶし，特に二男は多感な年代にあることを考慮すると，両親の離婚は，子ども達にとっても，少なからぬ精神的打撃を与えるであろうことが推認される。），その他（夫からの月々の送金は，妻らの生活費を賄うのに十分なものでなく，夫は離婚後新しい家庭を築くことを考えており，そうなると，子らへの愛情や養育のための経済的負担を現在と同程度に維持することができるか確実でない。）を総合考慮すると，本件離婚請求は，未成熟の2人の子ども達を残す現段階においては，いまだなお，信義誠実の原則に照らし，これを認容することは相当でないものというべきであるとした。

4．まとめ

比較的最近の最高裁判決として，最判平16・11・18（裁判集民215号657頁・判夕1169号165頁）がある。これは，有責配偶者である夫からの離婚請求において，夫婦の別居期間が，事実審の口頭弁論終結時に至るまで約2年4か月であり，双方の年齢（夫妻ともに33歳）や約6年7か月という同居期間との対比において相当の長期間に及んでいるとはいえないこと，夫婦間には7歳の未成熟の子が存在すること，妻が子宮内膜症に罹患しているため就職して収入を得ることが困難であり，離婚により精神的・経済的に苛酷な状況におかれることが想定されることなど判示の事情の下では，上記離婚請求は，信義誠実の原則に反するものといわざるを得ず，これを認容することはできないとしたものであり，昭和62年大法廷判決が示した基準及び枠組みで判断されている。したがって，今後もこの枠組みで判断がされると考えられるので，昭和62年大法廷判決の趣旨及びその後の裁判例を踏まえ，3要件についての考え方をまとめておく。

(1) 夫婦の別居が両当事者の年齢及び同居期間との対比において相当の長期間に及んでいること

別居期間は，有責配偶者からの離婚請求を否定する法理を排斥する要件として，有責性を含む諸事情から解放するに足りるものでなければならず，したがって，相当の長期間であることが必要である。[31] 別居期間が10年を超え

---

31) 門口・前掲注24）584頁。

る事案については、当事者の年齢や同居期間との対比等の検討を要することなく、長期間であると判断されている。他方、別居期間が10年に満たない事案においては、同居期間や当事者の年齢と対比して相当の長期間とはいえないと判断されることがあり得る。例えば、当事者が相当若年であるときは復元可能性にかんがみ相対的に長い期間が要求され、一方、同居期間が極めて短いようなときには比較的短くとも長期間と判断される場合があろう。

未成熟子がない事案において、公刊されている裁判例では、裁判例⑥のとおり、6年間の別居期間のケースで、諸般の事情を考慮して、離婚請求を認めたものが最も短い例として挙げられる。

ただし、単純に別居期間と同居期間等とを数量的に対比するのではなく、有責性の程度や、別居後の時の経過とともに当事者双方についての諸事情が変容し、これらのもつ社会的意味ないし社会的評価も変化することも考慮して判断する必要があるのは、裁判例⑤の指摘するとおりである。

(2) 夫婦の間に未成熟の子が存在しないこと

昭和62年大法廷判決は、判断要素として未成熟子の不存在を掲げているが、これは、同判決の事案を前提に、未成熟子のいない多くの場合を想定して子の利益に関する特別の配慮を要しないことを示したものであって、未成熟子が存在する場合に原則的破綻主義を放棄したものではない。[32] 未成熟子が存在する場合については、離婚によって子の家庭的・教育的・精神的・経済的状況が根本的に悪くなり、その結果、子の福祉が害されることになるような特段の事情のあるときには、離婚をすることは許されないということになると考えられる。

裁判例⑧は、「有責配偶者からされた離婚請求で、その間に未成熟の子がいる場合でも、ただその一事をもって右請求を排斥すべきものではなく、前記の事情を総合的に考慮して右請求が信義誠実の原則に反するとはいえないときには、右請求を認容することができると解するのが相当である。」としたうえで、別居してから原審の口頭弁論終結時までには既に13年11月余が経過していること、4人の子のうち3人は成人して独立しており、残る三男

---

[32] 門口・前掲注24) 585頁。

は親の扶養を受ける高校2年生であって未成熟の子というべきであるが，同人は3歳の幼少時から一貫して妻（母）の監護の下で育てられてまもなく高校を卒業する年齢に達しており，夫は妻に毎月15万円の送金をしてきた実績に照らして三男の養育にも無関心であったものではなく，離婚に伴う経済的給付もその実現を期待できるものとみられることからすると，未成熟子の存在が本件請求の妨げになるということもできないとして，離婚請求を認容した。

他方，裁判例⑨は，別居期間は約13年であるが，高校3年生と中学2年生の子がいる事案において，原告の有責性の程度，婚姻関係の維持への努力の欠如，未成熟子が成熟に至るまでに要する期間を総合考慮して，離婚請求を認めなかった。

これらの裁判例からすると，未成熟子が高校生以上である場合には，その精神的な成長度や今後の監護を要する期間が比較的短いことなどから，有責性の程度，別居期間の長さ，その間の監護状況，今後の監護態勢及び経済的状況等を踏まえ，離婚請求が信義誠実の原則に反しないとされることがあるということができよう。なお，民法の一部を改正する法律（平成30年法律第59号。平成34年〔令和4年〕4月1日施行）により成人年齢が18歳とされるが，これまでの裁判例によれば，これによって，判断内容が大きく変化するとは考えにくいと思われる。

(3) **相手方配偶者が離婚により精神的・社会的・経済的に極めて苛酷な状態におかれる等離婚請求を認容することが著しく社会正義に反するといえるような特段の事情の認められないこと**

昭和62年大法廷判決が指摘しているように，「相手方配偶者が離婚により被る経済的不利益は，本来，離婚と同時又は離婚後において請求することが認められている財産分与又は慰藉料により解決されるべきものであるから」，理論的には，経済的理由による苛酷条件の適用の余地はかなり狭いと考えられる[33]。また，離婚に起因する精神的・社会的に苛酷な状態というものは，別居期間が長くなればなるほど考えがたくなる。しかし，実際には，離婚に伴

---

33) 門口・前掲注24) 586頁。

う経済的給付が不十分なものとならざるを得なかったり，その給付の確保が不安である場合も多い。そのため，実際の裁判例においては，有責配偶者からの離婚請求を棄却する理由として，離婚を認めた場合における相手方配偶者に対する経済的状態を指摘するものがあり（裁判例⑤，⑥，⑨），実務においては，現在の婚姻費用等の支給状況と比較して，財産分与等だけでは必ずしも十分とはいえず，離婚を認めると妻らが経済的に苛酷な状態になると考えられる事案もあるため，経済的理由も，一つの重要な考慮要素になっていると考えられる[34]。

(4) 留意点

有責配偶者の問題については，以上の3要件を中心に検討することになるが，あくまで信義誠実の原則の適用の問題であるから，個別事案における諸般の事情を総合考慮して判断することになる。すなわち，昭和62年大法廷判決は，判決要旨2(1)(a)を述べる前提として，「当該請求が信義誠実の原則に照らして許されるものであるかどうかを判断するに当たつては，有責配偶者の責任の態様・程度を考慮すべきであるが，相手方配偶者の婚姻継続についての意思及び請求者に対する感情，離婚を認めた場合における相手方配偶者の精神的・社会的・経済的状態及び夫婦間の子，殊に未成熟の子の監護・教育・福祉の状況，別居後に形成された生活関係，たとえば夫婦の一方又は双方が既に内縁関係を形成している場合にはその相手方や子らの状況等が斟酌されなければならず，更には，時の経過とともに，これらの諸事情がそれ自体あるいは相互に影響し合つて変容し，また，これらの諸事情のもつ社会的意味ないしは社会的評価も変化することを免れないから，時の経過がこれらの諸事情に与える影響も考慮されなければならないのである。」としている。ここで挙げられた考慮要素等と3要件との関係は必ずしも明らかではないが（あくまで3要件の判断要素と位置づけられるのか，3要件以外の信義誠実の原則に関する考慮事情となるものがあるのか。），いずれにしても各要件を数量的な基[35]

---

[34] 別居期間15年以上，3人の子が成年という事例において，妻の経済面，健康面の不安を考慮して，有責配偶者である夫からの離婚請求を認容した原判決を取り消した例もある（東京高判平20・5・14家月61巻5号44頁）。

[35] 例えば，夫の不貞行為が破綻の原因であったとしても，もともと性格の不一致があり，夫

準のみで判断することは適当でなく，総合的に判断していくことが必要であろう。

(5) 要件事実

有責配偶者からの離婚請求が認められるかどうかの判断に当たっては，前記の3要件が主たる判断要素となるが，これを要件事実（主張立証責任）の観点からみると，被告が，抗弁として，原告は有責配偶者であること（信義則違反）を主張立証し，原告が，再抗弁として，①夫婦の別居が相当の長期間に及ぶこと，②未成熟子の存在しないこと（又は，未成熟子がいても信義則に反しないこと）を主張立証し，さらに，被告が，再々抗弁として，③離婚により精神的・社会的・経済的に極めて苛酷な状態におかれる等離婚請求を認容することが著しく社会正義に反するといえるような特段の事情を主張立証することになろう。

もちろん，信義則違反は規範的要件であるから，信義則違反という規範的評価を根拠づけ，又は評価を妨げる具体的事実（評価根拠事実及び評価障害事実）が主要事実（要件事実）になると考えられる[36]。そして，①については相当の長期間といえるかどうかについて，③については，離婚により精神的・社会的・経済的に極めて苛酷な状態におかれる等離婚請求を認容することが著しく社会正義に反するといえるような特段の事情について，原告（又は被告）がその評価の根拠となる具体的事実を主張立証する（逆に被告（又は原告）はその評価の障害となる具体的事実を主張立証する）ことになる。また，②についても，前記(2)で検討したとおり，未成熟子がいる場合でも信義則違反とならな

は別居後まもなく不貞相手との関係を解消しているなど，婚姻関係破綻に対する有責性の程度が相対的に低い場合には，比較的離婚請求を認めやすいと思われるが，このような場合において，数年程度の別居期間でも「相当の長期間」に及んでいるとするのか，別居期間はあくまで同居期間や年齢との比較のみで数量的に考え，有責性の内容・程度はその他の考慮要素と位置づけるのかという問題である。夫婦の一方又は双方が既に内縁関係を形成している場合におけるその相手方や子らの状況等の考慮についても，同様の問題がある。筆者は，昭和62年大法廷判決が3要件を示したことからすると，信義則の問題であるからといって無制限に考慮要素を広げるのは適当ではないと考えられ，また，同判決が原則的破綻主義を採ったことからすると，3要件のうち①夫婦の別居が相当の長期間に及ぶという要件が判断の中心となると考えられ，有責性の内容程度や別居後の双方の生活状況等は，別居が「相当の長期間」に及んでいるといえるかどうかの判断要素と位置づけるべきではないかと考える。

36) 司法研修所編『増補民事訴訟における要件事実第1巻』（法曹会，1986）30頁以下。

ないときがあるから，未成熟子の監護・養育の関係で信義則違反となるかどうかの評価根拠事実（又は評価障害事実）を主張立証する必要がある場合があるであろう。[37]

そして，双方が3要件について主張立証した評価の根拠・障害となる具体的事実を総合考慮して，最終的に信義則違反の抗弁が立つかどうかを判断することになろう。

Ⅲ　子の親権者の指定 （民819条2項）

1．子の親権者の指定及び附帯処分の審理及び裁判 （人訴32条）一般

(1) 子の親権者の指定及び附帯処分の同時解決

　家庭裁判所は，婚姻の取消し又は離婚の訴えにかかる請求を認容する判決において，夫婦間に未成年の子がいる場合には，職権で親権者の指定をしなければならない（人訴32条3項）。また，申立てがあった際には，子の監護者の指定その他子の監護に関する処分又は財産の分与に関する処分（附帯処分）についても裁判をしなければならない（同条1項）。この点は人事訴訟手続法から人事訴訟法への改正によって変更はない。さらに，いわゆる「離婚時年金分割制度」が設けられ，平成19年4月1日からは標準報酬等の按分割合

---

[37] 被告の主張は，結局のところ，信義則違反の抗弁であるから，抗弁以下はすべて信義則違反の評価根拠事実又は評価障害事実であるということになろう（大江忠『要件事実民法(下)〔第2版〕』（第一法規出版，2002）58頁）。これに対し，有責配偶者からの離婚請求である旨の抗弁は，定型性・類型性をもった事実であるから，規範的要件とはみない考え方もある（井上哲男「人事訴訟と要件事実」伊藤滋夫総括編集／伊藤滋夫＝長秀之編『民事要件事実講座(2)総論Ⅱ多様な事件と要件事実』（青林書院，2005）93頁）。確かに，有責配偶者の抗弁は定型性・類型性をもった事実であるから，これをことさら規範的要件という必要はないであろう。しかし，昭和62年大法廷判決が述べるように，有責配偶者からの離婚請求が信義誠実の原則に照らして許されるものであるかどうかを判断するに当たっては，有責配偶者の責任の態様・程度等を総合して考慮する必要があること（①の要件の問題であるが多分に評価を伴う要件となる。また，裁判例⑧により未成熟子の問題がまったくなくなったわけではなく，依然として重要な考慮要素であり，規範的評価を必要とする要件である。）ことからすると，再抗弁以下は信義則に関係する規範的要件であるとみるのが相当であり，3要件に係る評価根拠事実及び評価障害事実が要件事実となると考えるべきであろう。

に関する処分もこの附帯処分に加えられている（同条1項）（以下これらを「附帯処分等」という。）。

附帯処分等は家事審判事項であるが，婚姻関係の解消に付随する重大な身分的・財産的事項であり，離婚等の請求原因と密接な関係を有することから，当事者の便宜及び訴訟経済の要請から，離婚等の効力発生と同時に，権利義務の具体的内容を形成することが認められた（以下ⅢⅣにおいて，人事訴訟法を「新法」，人事訴訟規則を「新規則」，人事訴訟手続法を「旧法」と表記することがある。）。

(2) 附帯処分等の審理

(a) **人事訴訟手続と非訟事件手続の関係**　附帯処分等は，実質的には非訟事項である家事審判事項であるが，その審理は，訴訟手続による。

(b) **附帯処分等の申立手続**　附帯処分等の審理を適正迅速にするため，その申立てにおいては，申立ての趣旨及び理由を明確に書面に記載し，重要な書証を添付することとされている（人訴規19条1項〜3項）。その際，申立書を作成してもよいが，実務では，訴え提起と同時に申し立てられる場合には一般的に訴状に記載される。審理が進んだ段階においては，申立書が提出されるが，場合によっては，準備書面に記載されることもある。

なお，附帯処分等の申立てにおいて，求める具体的な処分の内容を特定しなくとも申立ての効力は妨げられない[38]。しかし，審理の対象が明確でなければ，適正迅速な審理どころか審理自体が不可能であるので，当事者は，申立て時点で，できる限り資料を収集し，特定することが求められる。なお，訴え提起前の相手方の対応などから現実にすべてを特定して記載することが不可能な場合であっても，申立書を提出する段階で，自らの得ている情報を駆使して，可能な限り，主張を特定し，立証し，併せて相手方に必要な釈明をすべきであろう。

附帯処分等の申立てにかかる書面の重要性にかんがみ，その書面は相手方に送達を要するものとされている（人訴規19条4項）。送達の方法は，民事訴訟法98条，同規則39条による。

附帯処分等の申立てについては，時期に法的な制限はなく，事実審たる控

---

[38]　最判昭41・7・15民集20巻6号1197頁。

訴審の口頭弁論終結時まで可能であり（人訴19条1項参照），相手方の同意も不要である。法制審議会において，相手方の審級の利益の保護との観点から，控訴審での申立てを許さない，又は，相手方の同意を要するとすべきではないかとの議論もあったが，同時解決の保障が優先された。しかし，適正迅速な審理を実現するため，訴え提起と同時期など早期の申立てが望ましく，現実にも多くの事件においてそのような運用がされている。

(c) 関連する実務上の留意点　人事訴訟の審理手続が訴訟手続によっていることから，附帯処分等の審理である事実の調査も，口頭弁論終結時までに実施されなければならない。

(3) 事実の調査及びそれに対する家庭裁判所調査官の関与

家事審判事項は，裁判所が裁量権を行使して具体的な権利義務を形成するものであって，具体的事案に即した柔軟な方法で裁判資料を得ることが望ましい。したがって，家事審判手続においては，厳格な証拠調べの方式によらない事実の調査が認められている（家事手続56条1項参照）。新法では，実質的な家事審判事項である附帯処分等について，家事審判と同様な手続を認めるため，附帯処分等に限定して事実の調査手続を導入した（人訴33条）。

また，近時の離婚訴訟等においては，離婚の成否よりも子の親権者の指定などの附帯処分等が中心的な争点となる事案が増加し，このような争点の審理には，行動科学の専門的知見を有する家庭裁判所調査官（以下，この項では「家裁調査官」という。）による子にかかわる面接調査等の事実の調査が必要となる場面も少なくない。そこで，新法は，人事訴訟の家庭裁判所への移管等に伴い，離婚の訴え等に附帯処分等に関する事実の調査において，家事審判手続においてと同様（家事手続58条参照），裁判所が家裁調査官に事実の調査をさせることができることとした（人訴34条）。

事実の調査ができるのは，附帯処分等に限定されているので，家裁調査官による事実の調査において離婚原因等の訴訟事項を調査することはない[39]。財産分与に関する処分については，制度としては家裁調査官の関与を否定していないが，財産事項については，当事者の主張立証，裁判官の訴訟指揮及び

---

[39] この点，大阪高判平19・5・15判タ1251号312頁の判断には疑問がある。

裁判所書記官の事前準備等に馴染むので，家裁調査官が関与する必要性は乏しく，これを調査事項とする調査命令が発令されることはまずない。このように，家裁調査官の事実調査は，附帯処分等のうち子の親権者の指定及び子の監護者の指定において活用される例が大部分なので，そこで以下，詳述する。

2．子の親権者の指定（民819条2項）

(1) はじめに

　家庭裁判所は，婚姻の取消し又は離婚の訴えにかかる請求を認容する判決において，夫婦間に未成年の子がいる場合には，申立てがなくとも職権で親権者の指定をしなければならない（民819条2項，人訴32条3項）[40]。これは，父母が離婚した場合，共同で子の親権を行使することは事実上困難であり子の利益に沿わないとの考え方に基づいている[41]。そこで，請求の認容が見込まれる場合には，その点も射程においた審理をしなければならない。

　また，その際，申立てがある場合には，家庭裁判所が子の監護をすべき者について定めなければならない（民771条・766条，人訴32条1項）。このように親権者と異なる者を監護権者と指定し，あるいは監護権者のみを変更する場合も想定されているが，そのような方法を採用した審判例，裁判例は乏しい[42]。

---

40) したがって，判決の主文で親権者の指定をしなかったときは，裁判の脱漏となり（民訴258条），当該離婚判決をした裁判所が追加判決をすべきものである（最判昭56・11・13判夕457号85頁・判時1026号89頁）。

41) 立法論的には批判もある。若林昌子「親権者・監護者の判断基準と子の意見表明権」野田愛子＝梶村太市総編集／若林昌子＝床谷文雄編『新家族法実務大系(2)親族Ⅱ親子・後見』（新日本法規出版，2008）383頁。

42) 親権者と監護権者を分けることについては，古くは，子の監護をめぐる父母の争いを調整する妥協的解決であって，子のための親権の空洞化を促進する弊害をもたらすとして，消極的な見解が一般的であった。しかし，現在は，父母による形を変えた共同監護として，両者が協力し，積極的に評価できるような場合に活用されるべきである（清水節「親権と監護権の分離・分属」野田愛子＝若林昌子＝梶村太市＝松原正明編・家事関係裁判例と実務245題〔判夕臨増1100号〕（2002）144頁）などと，学説上積極的に理解されている（野田愛子『家族法実務研究』（判例タイムズ社，1988）314頁）。裁判所は，一般的には，分属に消極的であるが，認めた例もある（福岡家審平26・12・4判時2260号92頁）。父母の協力が可能な事案等，分属が子の利益に適う事案であれば，分属が望ましいと考えられるが，そのような事案は，紛争とはなりにくく，協議又は家事調停による場合が多く，裁判にはなりにくい（水

裁判所は，非監護親を親権者と定めるべき場合に，その実行を期すことが必要であると判断したときは，職権で子の引渡しを命じることができる（人訴32条2項）。[43]

(2) 判断の基準[44]

(a) 総　　説　　親権者・監護者の決定は，子の利益（民819条6項参照）を基準としてされなければならない。問題は，父母のいずれを親権者・監護者とするかが子の利益に適うかである。一般的にいえば，諸事情を比較考慮して，総合的に判断することになる。総合考慮の要素については，「父母側の事情として，監護能力（年齢・性格〔異常性のチェック〕・教養・健康状態），精神的・経済的家庭環境（資産・収入・職業・住居・生活態度），居住環境，教育環境，子に対する愛情の度合，従来の監護状況，実家の資産，親族の援助等」が問題とされており，「子の側の事情として，年齢，性別，心身の発育状況，環境への適応状況，環境の変化の適応性，子の意思，父母及び親族との情緒的結びつき，など」が問題とされている，「離婚の有責性はあまり顧慮されず，次第に，子の意思，子と親との情緒的結びつきなど，主観的要素を重視する傾向が見られる。」とされている。[45]

なお，親権が問題とされている事案でも，客観的には比較的容易に判断できる事案もある。同居時と別居後と主たる監護者が変わらず，きょうだいも同一の監護者において監護されており，現在の監護者単独監護に至った経緯，同居時と現在の監護状況，監護親及び監護補助者と子との関係性並びに子の現状に問題が窺えず，他方，非監護親に具体的な監護の展望がない場合などは，監護親が親権者とされることで異論はなかろう。他方，その判断に困難が伴うのは，同居時と現在とで主たる監護者に変更がある場合，きょうだい

　　　　野有子『Q＆A家事事件手続法下の離婚調停』（日本加除出版，2016）164頁）。特に，離婚訴訟においては，安易に親権と監護権を分離するのは，相当ではない（青木晋編著『人事訴訟の審理の実情』（判例タイムズ社，2018）16頁）。
43) 青木編著・前掲注42) 17頁
44) 野田・前掲注42) 177〜203頁。松原正明「家裁における子の親権者・監護権者を定める基準」野田愛子＝人見康子編・夫婦・親子215題〔判タ臨増747号〕（1991）305頁。二宮周平＝榊原富士子『離婚判例ガイド〔第3版〕』（有斐閣，2015）189〜214頁。若林・前掲注41) 388頁。
45) 野田・前掲注42) 187頁。

の監護者が異なる場合，同居時と現在と主たる監護者の変更はないが，監護状況，監護親，子，又は，その間の関係性等において具体的な問題がある場合，逆に，主たる監護親に変更がなく，その監護状況に問題がなくとも，非監護親と子との関係性も良好で，その監護態勢も子の福祉に適っていると窺える場合などである。

これらの点について，多くの裁判例において指摘されている基準があるが，それらの基準の問題点も指摘されている。以下，具体的に検討する。

(b) 各基準の具体的検討

(ア) 母親・母性優先の基準　母親優先の原則とは，乳幼児については，特段の事情がない限り，母親の監護養育にゆだねることが子の福祉に合致するとの考え方である。子の発達段階を考えると，乳幼児期には，母親の存在が情緒的成熟のために不可欠であって，スキンシップを含め母親の受容的で細やかな愛情が必要であることがその根拠である。従来の裁判例はこの原則によるものが多く，現在でも家裁実務においては，乳幼児の場合に母親が親権者と指定される事案が多い。[46]

もっとも，最近では，生物学上の母親ではなく，子との母性的な役割を持つ監護者（主たる養育者）との関係を重視すべきことが指摘されており，母親優先ではなく，母性優先の原則と表現されている。「最近の子育てに対する父母の役割分担意識に著しい変化が現れており，子が誰との間に心理的関係をより緊密に形成しているかを考慮する視点が求められる。」[47]との指摘もある。具体的には，母親に親権者として不適格な事情が存する場合，父親に適当な監護養育補助者がある場合及び父親について継続性の基準を満たす場合などは，父親を親権者とすべきかが検討されることになる。さらに，「性差を感じさせる「母性」という用語を判断に際し用いることはもはや適切ではない」[48]との指摘もある。裁判例としては，男子（8歳）を父が監護していた事案で，母を親権者として指定した原判決を取り消し，下記の継続性の基準

---

46) 例えば，東京高判昭53・11・2判タ380号150頁。
47) 若林・前掲注41) 389頁。
48) 松本哲泓「子の引渡し・監護者指定に関する最近の裁判例の傾向について」家月63巻9号1頁。

を優先して，父を親権者としたものがある[49]。

　(イ)　継続性の基準　　子の健全な成長のためには親と子の不断の精神的結びつきが重要であって，養育監護者の変更は子の心理的不安定をもたらすことを理由に，現実に子を養育監護する者が優先されるというものである。前掲の東京高判昭56・5・26（判時1009号67頁）（注49））はこの見解を採用している。

　もっとも，この基準を重視した場合，実力による子の奪い合いの結果を追認せざるを得ないことにもなりかねないとの指摘もある。後記(キ)も参照されたい。

　(ウ)　主たる監護者　　「（子の出生時からの）主たる監護者」を，母親・母性優先や継続性の原則と異なる観点から重視する傾向もある[50]。もっとも，主たる監護者の監護に問題があれば，親権者とはされないし，他方に優先すべき事情がある場合も同様で，最近は，主たる監護者が明確でない事案もある[51]。

　(エ)　子の意思尊重の基準　　後記Ⅳのとおり，子の監護に関する処分についての裁判又は親権者の指定についての裁判をするに当たり，15歳以上の子の陳述を聴取しなければならない（人訴32条4項）。また，子どもの権利条約（児童の権利に関する条約）12条は，自己の意見を形成する能力のある子には，意見表明権を保障すべきことを定めている。家事事件手続法65条，258条1項も，子の意見の把握・尊重について定めている。このように子の意思も有力な基準であって，裁判例も，これを尊重する傾向にある。

　子の能力に関しては，おおむね10歳前後以上であれば意思を表明する能力に問題がないとされており[52]，裁判例も同様である[53]。ただし，能力には個人差があり，一律に年齢では決めがたく，小学校低学年の子が明示的に意見を表明している場合の扱いには争いがある。

---

49)　東京高判昭56・5・26判時1009号67頁。
50)　松本・前掲注48) 6頁，二宮＝榊原・前掲注44) 198頁。
51)　最決平24・6・28判時2206号19頁〔抄録〕，二宮＝榊原・前掲注44) 200頁。
52)　家庭裁判所調査官研修所編『親権（監護権）の帰すうが問題になった事件における子の福祉について』（法曹会，1987）32頁。
53)　佐賀家審昭55・9・13家月34巻3号56頁等。

また,「紛争の渦中に置かれた子の場合,その言葉と真意とにずれがあることもあるので,子の発言だけでなく,その態度や行動等を総合的に観察する必要がある。」との指摘もあり,就学前の幼児が別居親に拒絶反応を示しても,それが必ずしも真の子の意思とはみられない場合もある。[55]

(オ) きょうだいの不分離の基準　幼児期のきょうだいを分離すべきでないとされているが,現在,上記の基準を補強する程度の基準とされている。この基準の根拠は,幼児期に,きょうだいが生活を共にすることによって互いに得る体験は人格形成上貴重であることや両親の離婚によって子は心理的苦痛を受けるが,さらにきょうだいを分離することは子に二重の離別を強いることになることなどである。

(カ) 面会交流の許容　子に他方の親との面会交流を認めるなどして,子に相手の存在を肯定的に伝えることができるかという点も,裁判例において,しばしば補充的に触れられている。これは,子の人格形成のために,別居親の存在を知り,良好な関係を持つことが,同居親との関係に劣らず重要であるとの考えからである。

(キ) 奪取の違法性　子を奪取した行為に違法性がある場合には,奪取者の親権適格に問題があり,奪取親の下で安定した生活を送るようになっても,それは奪取の結果であって追認されないと判断された事例もある。[56] 他方,親権者変更申立事件において,10歳の男児の意思と養育の継続を理由に監護親を親権者と変更するとの判断がされた事例もある。[57]

(3) 審理の実際

(a) 申　立　て　親権者の指定は,職権によるので,申立てがなくとも裁判所は判断をしなければならない。しかし,審理を適正迅速にするためには,当事者は,親権者をいずれに指定すべきかの職権発動を促す趣旨の申立てをすることが望ましく,その申立てに際してはその理由を明確にすべきである。また,その理由を記載するに際し,上記(2)の判断の基準を踏まえ,

---

54) 松原・前掲注44) 306頁。
55) 東京高決平11・9・20家月52巻2号163頁。
56) 前掲注55) 東京高決平11・9・20。東京高決平17・6・28家月58巻4号105頁。
57) 大阪高決平12・4・19家月53巻1号82頁。

簡潔に記載すべきである。また，その前提として，いずれを親権者として申し立てるかについて，子の利益の観点から定めることが望まれよう。離婚紛争における葛藤をそのまま親権における申立てや主張に持ち込むことは厳に慎まなければならない。代理人となった弁護士も，当事者の意向のみならず，この観点を十分踏まえ，上記(2)の判断の基準を前提に，いずれが親権者となることが子の利益に合致するかを専門家として当事者とよく協議し，申立てに臨むべきである。[58]

(b) 争点整理及び事実認定

(ｱ) 親権に関する実体的審理の内容　　裁判所は，上記(2)記載の諸事情を把握することに努めなければならない。具体的には，監護の現状，そのような監護に至った経緯，同居時の監護の状況，子の現状，子の同居時の状況，父母及び監護補助（予定）者の意向，客観的状況及び性格，非監護親と子との面会の現状，父母の相手方との面会に関する意向，子と父母及び監護補助（予定）者の関係性，将来の監護の見通し等について把握することに努めることになろう。そのため，それらの主張及び立証を促すべきである。

当事者も，裁判所の釈明や調査官の調査に頼ることなく，積極的な主張立証を心がけるべきである。

具体的には，過去及び現在の子及び監護の状況を把握するため，必要な期間の母子健康手帳，保育園の連絡帳及び通知票などの基本的な書証を提出する。また，父母及び子の精神状態を含めた健康状態が問題となる事案においては，診断書及び診療録の提出も検討されるべきであろう。

さらに審理を要する事件においては，監護親と非監護親ごとに，親権者を決するために必要な事項を項目ごとに記載した陳述書の提出が有用である。家庭裁判所によって様々な雛形が工夫されているが，内容には大きな隔たりはなく，監護親については，おおむね，①監護親の生活状況，②経済状況，③子の生活状況，④子の監護方針，⑤その他参考となる事項の記載が求められ，非監護親については，①非監護親の生活状況，②経済状況，③子の生活

---

58)　「調停段階において親権者の指定が争点となり合意が形成されなかった事案についても，客観的には，親権者の指定について容易に判断ができ，ただ当事者の一方が主観的に納得していないという例が少なくない。」との指摘もある。青木編著・前掲注42)　30頁。

状況（子の生活歴及び交流の状況が中心となろう。），④子の監護方針，⑤その他参考となる事項の記載（**資料13**，**資料14**参照）が求められている。

　また，夫婦関係調整調停，監護者指定調停等関連する家事調停においてなされた子に関する調査官調査に係る報告書があれば，有力な書証となる。

　　(イ)　**具体的な審理方式**　　迅速な審理，判断のためには，事案に応じた審理が不可欠である。[59]

　したがって，形式上は争いがあっても，双方の主張立証によって，監護の現状及び監護者が単独監護に至った経緯に問題が窺えず，非監護者が監護の現状に漠然とした不安を訴えているに止まり，自らの監護態勢も十分でないことが判明した場合などには，裁判所が，争点整理段階で心証を開示し，当事者の納得を得た場合には，その納得に応じた陳述，例えば「相手方を子の親権者とすることを希望する」，「子の親権者についてはこれ以上の主張立証はない」など，を調書化するなどの工夫をし，事実上争点からはずすことも検討されるべきであろう。また，当事者がそのような陳述まではしない場合でも，親権に関する陳述書の提出をしない，また，調査を求める上申はしないとの意思表明がされる場合もある。また，それらの積極的な陳述や意思表明がなくとも，裁判所から積極的に親権に関する陳述書の提出を求める必要が認められない事案，その点についての人証調べないし事実の調査の必要のない事案もある。

　家裁調査官による事実の調査は，下記の調査の補充性，特定性との関係から，親権についての当事者の主張立証及び親権に関する陳述書が提出され，それでもなお心証がとれない場合に，心証をとるために必要な点について実施される。ここで，子の監護状況及び子の意向についての調査については，証拠調べと必ずしも重なるものではないから，証拠調べ後に実施しなければ

---

59)　父母間の紛争の継続は，子に強いストレスを与えるとの指摘もある（二宮＝榊原・前掲注44）206〜207頁）。実務上も，例えば，証拠上，母子ともども父のＤＶを受け，肉体的，精神的な侵襲を受けており，婚姻関係の継続によって母子の精神状態に悪影響が及んでいる可能性が高いと思われる事案において，父が，母に対する執着から親権について強く争っていると窺われる事案などは，そのような事実が認定できるかについて，迅速な審理，判断が望まれるであろう。

ならない必然性はない。また，並行して財産分与などの他の点の争点整理が継続されていて，親権についての争点整理が終了し，調査の補充性及び特定性を満たすべき状態になった場合には，争点整理中でも実施することは可能である。このような事情から，子の意向及び子の監護状況の調査については，証拠調べ中，争点整理最終段階又は争点整理中であっても親権に関して争点整理が終了した段階で実施される。他方，親権の適格性の調査については，家裁調査官において争点整理のほか，証拠調べの結果を踏まえて判断すべき事案が多いため，人証調べ後に実施されるのが通常である。

　財産分与に関する審理と親権に関する審理は，審理の効率化の観点から，並行して行うべきである。ここで，財産分与の審理に期間が必要な事案については，最終的な親権に関する陳述書の提出及び家裁調査官の調査の実施時期は，財産分与の争点整理の終期及び結審時期を意識することが望ましい。親権についての判断時点は，口頭弁論終結時であって，子の状況は日々変化するものだからである。

　離婚の成否の審理と親権に関する審理の先後関係についても，明らかに離婚請求が棄却されると判断される事件以外は，審理の効率化の観点から，親権に関する陳述書の提出までは並行して行うべき場合が多いであろう。しかし，家裁調査官の事実の調査については，下記の補充性の原則のほか，離婚の成否については人証調べを経なければ心証を得ることができない事案において，人証調べ前に離婚を前提とした調査をすることは子へ負担をかけることになるという理由からも，人証調べ後，離婚請求について認容との裁判所の心証が固まった後に実施することが望ましい。

(c)　満15歳以上の子の意見聴取（人訴32条4項）

　㋐　趣　　　旨　人事訴訟法32条4項によれば，同条1項の子の監護に関する処分についての裁判又は同条3項の親権者の指定についての裁判をするに当たり，15歳以上の子の陳述を聴取しなければならない。旧法では，家事事件手続法152条2項に相当する規定はなかったが，旧法15条1項の処分は実質的な家事審判事項であることから，訴訟手続により行う場合においても，家事審判手続による場合と同様に取り扱うべきであると解されていた。新法は，この点を明文化した。

(イ)　意見聴取の方法　　意見聴取の方法には制限はなく，子の陳述書の書証としての提出及び子の証人尋問，事実の調査における裁判官の審問，調査官による調査，書面による陳述及び書面照会の方法などが考えられる。

　実際の審理は，当事者の意向及び裁判所の心証によって，子の負担も考慮し，監護親が，子が作成した子の意向を記載した陳述書を書証として提出する方法で足りる場合もある。しかし，その陳述書の提出が適当でない場合や提出があったとしてもその成立，又は，信用性に争いがある場合には，家裁調査官の事実の調査によることとされている。

(4)　事実の調査

　(a)　事実の調査手続の導入及び家裁調査官の関与　　附帯処分等事項は，家事審判事項であって，裁判所が裁量権を行使して具体的な権利義務を形成するものである。家事審判事項は，そのような性質上，具体的事案に即した柔軟な方法で裁判資料を得ることが望ましいことから，家事審判においては，厳格な証拠調べの方式によらない事実の調査の手続が認められている（家事手続56条1項参照）。そこで，実質的な家事審判事項である附帯処分等事項について，同様な手続を認めるため，附帯処分等事項に限定して事実の調査手続を導入した（人訴33条）。

　また，近時の離婚訴訟等においては，離婚の成否よりも，子の親権者の指定などの附帯処分等が中心的な争点となる事案が増加しているが，このような附帯処分等の審理に当たっては，行動科学の専門的知見を有する家裁調査官による子にかかわる面接調査等が必要となる場面も少なくない。そこで，新法は，人事訴訟の家庭裁判所への移管等に伴い，離婚の訴え等の附帯処分等についての事実の調査においても，家事審判手続と同様（家事手続58条2項参照），裁判所が家裁調査官に事実の調査をさせることができることとした（人訴34条）。

　なお，人事訴訟法34条にいう「裁判所」には控訴裁判所も含み，控訴審においても家裁調査官に事実の調査をさせることができ，現実にも実施される例がある。

　(b)　事実の調査の方法及び手続保障の確保

　(ア)　事実の調査は，証拠調べによらずに裁判の基礎となる資料を収集す

る手続であるから，家事審判手続においてと同様に無方式なものと解されている。しかし，当事者への手続保障という観点からの規制を受けることから実際の方式は自ずと制限される。

　具体的には，裁判官による審問（人訴33条4項），調査の嘱託，報告の請求（人訴規21条1項・2項，家事手続62条参照），家裁調査官による事実の調査（人訴34条）等が想定される。

　㈣　新法及び新規則は，事実の調査における当事者の手続保障について，次のとおり規定している。

　　⒤　調査の補充性・特定性　　附帯処分等は家事審判事項であるといっても，訴訟手続において審理されるという手続構造に照らし，「審理の経過，証拠調べの結果その他の事情を考慮して必要があると認められるとき」に科学的調査を行うものとするとともに，このように限定された家裁調査官による調査が行われることをさらに担保するために，裁判所は家裁調査官による調査を要する事項を特定するものと定めている（人訴規20条1項・2項）。

　　ⅱ　調査手続の非公開・審問期日の立会　　附帯処分等は，実質的には家事審判であって，その審理に当たっては，子の利益や当事者の高度なプライバシー等にわたることが少なくない。そこで，新法は，家事審判手続と同様に（家事手続33条参照），事実の調査の手続は原則として公開しないこととしている（人訴33条5項）。しかし，他の当事者に対する審問は，実質的には訴訟における口頭弁論に類似するし，当事者の攻撃又は防御を十分尽くさせる必要もある。そこで，新法では，裁判所が審問期日を開いて当事者の陳述を聴くことにより事実の調査をするときは，他の当事者は，当該審問期日に立ち会うことができることとしたうえで，他の当事者を当該審問期日に立ち会わせることにより事実の調査に支障を生ずるおそれがあるような場合には，例外を設けた（同条4項）。

　また，当事者に告知をすることにより，事実の調査に支障を生ずるおそれがあると認められる場合を除き，当事者に審問期日を事前に告知しなければならない（人訴規22条）。

　　ⅲ　事実の調査の趣旨の記録化　　事実の調査は，訴訟手続における資料収集の一方法であり，その結果は裁判所の判断資料となる。したがって，

その結果を記録上明らかにしておく必要があり，当事者が閲覧等によって，その内容を知ることは，手続保障の観点から重要である。したがって，裁判所書記官は，事実の調査の要旨を記録上明らかにしておかなければならない（人訴規23条）。具体的には，事実の調査の対象となった文書については，その文書又はその写しを記録に編てつし，審問期日の結果については，必要な限度で期日調書を記載している。家裁調査官作成の調査報告書については，事実調査部分の記録に編てつしている。

(iv) 事実の調査の告知　裁判所が事実の調査により資料を収集しても，立会権のない当事者はそのことを直ちには知り得ないから，裁判所は，当事者の手続保障の観点から，事実の調査の結果が記載されている記録（調査報告書，審問調書等）を閲覧等をする機会を与えるため，特に必要がないと認める場合を除き，事実の調査をした旨を当事者に告知しなければならない（人訴規24条）。

(v) 記録の閲覧等　新法の下でも，訴訟手続部分の閲覧等については，民事訴訟法が適用されるから，原則として何人も訴訟記録の閲覧をすることができ（民訴91条1項），当事者及び利害関係を疎明した第三者は訴訟記録の謄写をすることができる（同条3項）。また，裁判所は，当事者の申立てにより，訴訟記録中に，当事者の私生活について重大な秘密が記載あるいは記録され，これを第三者が閲覧等をすることによって，当事者が社会生活を営むのに著しい支障が生ずるおそれがある場合，あるいは，当事者が有する営業秘密が記載あるいは記録されている場合には，閲覧等を制限することができるとされている（民訴92条1項1号）。

附帯処分等にかかる事項についても訴訟手続によって審理されているので，民事訴訟法の原則である裁判所書記官に対する訴訟記録の閲覧の請求等の制度の枠組みは維持されているが，附帯処分等にかかる事項についての事実の調査に関する記録は，子の利益や当事者の高度なプライバシー等にかかわるものが少なくないため，家事審判手続におけると同様に（家事手続47条3項・5項参照）裁判所の許可を要するものとした（人訴35条1項）。

しかし，当事者がその閲覧等の許可を申し立てた場合には，当事者の手続保障や事実認定の適正を担保するために，その閲覧等を認める必要性は高い

と考えられるから，裁判所は，原則としてこれを許可しなければならず，閲覧等を行うことにより次に掲げるおそれがあると認められる部分については，相当と認められるときに限り，許可することができるとされた（人訴35条2項ただし書）。[60]

① 当事者間に成人に達しない子がある場合におけるその子の利益を害するおそれがある部分

ここで，子の利益を害するとは，子の福祉を害することをいう。その例に関して，「現在は母に監護養育されている子が，内心は父母の離婚後は父に監護養育してもらいたいという意向を述べた場合には，これが母に知られてしまうと良好な母子関係が損なわれる虞があると考えられます。」[61]とされている。

② 当事者又は第三者の私生活又は業務の平穏を害するおそれがある部分

その例として，「家庭内暴力のように暴力的な行動が予想される事案や，幼稚園から聴取した事情（例えば，現実に子を監護している夫婦の一方が満足に子供の面倒を見ていないことを推認させる事実）を聴いた当該夫婦の一方が逆上して幼稚園に押し掛け，その業務の平穏を害するような態様の言動をおこなうおそれがあるといった事案等がこれに当たる」[62]。したがって，情報提供者である第三者が非開示を希望するというだけでは，これに当たらない。

なお，DV（家庭内暴力）が問題となっている事案において，住所を特定する記載の開示が問題となり得る事案においては，調査命令時に，調査報告書に住所を特定する部分を除くこととされることもある。

③ 当事者又は第三者の私生活についての重大な秘密が明らかにされることにより，その者が社会生活を営むのに著しい支障を生じ，又はその者の名誉を著しく害するおそれがある部分

この「私生活についての重大な秘密が明らかにされることにより，その者

---

60) なお家事事件手続法47条4項は，人訴法の規定に比して，非開示とされる範囲が広い。
61) 小野瀬厚＝岡健太郎編著『一問一答新しい人事訴訟制度：新法・新規則の解説』（商事法務，2004）152頁。
62) 小野瀬＝岡編著・前掲注61) 152頁。

が社会生活を営むのに著しい支障を生じ，」とは，民事訴訟法92条1項1号と同義であり，「名誉を著しく害するおそれ」とは，同法196条柱書後段の「これらの者の名誉を害すべき事項」でその程度の著しいものをいう。例えば，「申立に係る当事者又は第三者の私生活についての重大な秘密を他の者に漏らすおそれがあり，かつ，これにより当該秘密が明らかにされてその者が社会生活を営むのに著しい支障を生じ，又はその者の名誉を著しく害するおそれがある場合等がこれに当たる」[63]。

(c) **家裁調査官による事実の調査**[64]

(ア) 家裁調査官による事実の調査の特徴

(i) 科学的調査（人訴規20条1項）　事実の調査一般についての人事訴訟規則20条1項は，事実の調査について，医学，心理学，社会学，経済学その他の専門的知識を活用して行うように努めなければならないとするが，これは，家裁調査官による事実の調査にも適用され，家事審判手続についての家事事件手続規則44条と同様，家裁調査官による事実の調査が行動科学に基づくものであることを明確にしている。

(ii) 補充性及び特定性（人訴規20条）　人事訴訟規則20条1項は，事実の調査について，審理の経過，証拠調べの結果その他の事情を考慮して必要があると認められるときに行われるべきものとし，その補充性を定めている。また，同条2項は，家裁調査官に事実の調査をさせるときは，その事実の調査を要する事項を特定するものとすると規定して，調査事項の特定性を明確にしている。家事審判手続においては，それが後見的な手続であって，現実にも，当事者の主張立証も期待できないことから，家裁調査官の知識経験を活用するという趣旨が重視され，このような補充性及び特定性は定められていないのに対し，人事訴訟手続における附帯処分等は，審理の対象は審判事項であっても，その手続は，手続の透明性及び当事者への手続保障を基本原則とする訴訟手続によるため，このような補充性及び特定性が定められている。

---

63) 小野瀬＝岡編著・前掲注61）152頁。
64) 松原正明「第8 附帯処分の審理」野田愛子＝安倍嘉人監修『改訂　人事訴訟法概説：制度の趣旨と運用の実情』（日本加除出版，2007）205～257頁。

(ⅲ) 家裁調査官の意見（人訴34条4項）　家裁調査官は，事実の調査の報告に，意見を付することができるとされている（人訴34条4項）。
　(ⅳ) 家事審判手続との対比　家裁調査官の期日の出席及び意見の陳述を規定した家事事件手続法59条1項・2項に相当する規定は，人事訴訟規則には設けられていない。

　また，家裁調査官の調整措置（①社会福祉機関の援助協力を求めるために行うこれらの機関に対する連絡ないし協力依頼，②当事者をその置かれている人間関係や環境に適応させるために，当事者やその家族らに与える助言援助，③情緒の混乱や葛藤の著しい当事者に対して情緒の緊張を緩和し，感情の葛藤を鎮め，自己洞察力を回復させて理性的な状態で手続に関与できるよう働きかける援助）について規定した家事事件手続法59条3項に相当する規定も，人事訴訟規則には設けられていない。

　これらの手続が，人事訴訟において認められていないのは，これらの手続は，厳格な手続の下で対立する当事者間の争訟を裁断することを目的とする訴訟手続と相容れないとの考えに基づくものである。

　(イ)　家裁調査官の事実の調査の実際
　　(ⅰ)　調査命令の発令及び調査事項　裁判所は，審理の経過，証拠調べの結果その他の事情を考慮して必要があると認められるときに調査命令を発令する。調査事項及び調査の具体的内容は，当事者の求めによって決めるのではなく，裁判所の必要に基づいて定められる。調査事項としては，子の監護状況，子の意向又は親権者としての適格性とされる場合が多い。
　　(ⅱ)　調査命令の内容による調査の方法[65]
　①　子の監護状況及び非監護親の監護態勢

　監護親が現にしている子の監護状況を確認し，それが子の福祉に適っているかを調査する必要がある場合，子の監護状況の調査がされる。これは，子の現状把握を目的とするもので，事案に応じて，監護親の面接調査，監護補助者の面接調査，監護親宅への訪問調査及び子が在籍する学校，保育所等の

---

65)　渡辺和雄＝紀太哲夫＝木村晶江＝佐々木昭広＝森村宜子「大阪家裁における人事訴訟事件の事実の調査の実情について」家裁調査官研究紀要6号（2007）161頁に，具体的な調査事例の類型化がある。

調査などの監護親側の調査が行われる。

なお、親権の判断に必要な場合には、監護親側の調査に加え、非監護親側の監護態勢の調査が行われる場合もあり、具体的には、事案に応じて、非監護親の面接調査、監護補助予定者の面接調査及び非監護親宅への訪問調査などが行われる。

また、原告と被告が、きょうだいを別々に監護している事案においては、双方の監護の現状が調査されることによって、非監護親側の監護体制がある程度調査される結果となる。

② 子の意向確認

子が15歳以上で、子の親権について争いがあり、子がその意向についての陳述書を提出しない場合、又は、提出した場合でも、提出しなかった側がその成立ないし信用性を争った場合、子が15歳未満であっても、おおむね10歳以上の子で、その意向を確認する必要がある場合には、子の意向調査命令が発令される。

調査方法としては書面照会の方法もあるが、子の意向の正確な確認の必要性及び子の福祉への配慮から、多くの場合は、調査官と子との面接調査が実施されている。

③ 親権者の指定に関する意見

これは、裁判官が、調査官に対し、事実関係を調査したうえで、子の福祉の観点から、どちらが親権者としてより適格かという比較考慮を行い、意見を述べることを求めるものである。

家事審判手続である親権者又は監護者の指定又は変更事件においては、対立が激しく調停が暗礁に乗り上げている場合や審判事件において、家裁調査官が総合的な科学調査を実施し、家庭裁判所としての最終結論を出すために、親権者又は監護者の適格性についてある程度の包括的な調査が実施されている。しかし、人事訴訟においては、当事者の主張整理（主張の交換及び書証の提出）又は人証調べが行われた後、裁判官が親権者の指定をめぐって何がどのような争点になっているかを明確に整理したうえで、調査命令が発令されるから、包括的な調査は実施されていない。具体的には、上記①、②のほか、監護親と子及び非監護親と子との交流場面観察などがされる場合が多い。

Ⅲ　子の親権者の指定

(ⅲ)　調査の手順

① 　打合せ及び調査命令の発令

　家裁調査官の調査には強制力はなく，関係者の任意の協力があって初めて可能であるから，当事者等の調査に対する理解が不可欠である。そのため，調査に着手する前の段階で，裁判官を含めて関係者と打合せの機会を持ち，そこで，裁判官から当事者に調査命令の趣旨や主な調査の内容，報告書の提出期限等を説明している。

　裁判所は，調査事項を定め，調査命令を発令する（人訴33条，人訴規20条2項）。その際には，調査報告書の提出期限も定められる。

　その後，家裁調査官は，当事者双方に対して，調査対象，調査方法，おおよその調査日程等について説明し，調査日程の調整をしている。

　当事者は，円滑な調査，調査対象者の利益及び子の利益のため，調査対象者及び子らへの圧力並びに子の奪取などを避けるべきは当然である。裁判所，家裁調査官及び代理人弁護士は，それらが想定される場合には，当事者にそのようなことは避けるべきであることを十分説明し，その協力を求めている。

② 　親の面接調査

　人事訴訟においては既に準備書面や陳述書等が提出されており，それらを踏まえて，家庭訪問，意向確認等の子の調査のための準備が行われる。

　親との面接の際には，子の事情について聴取し，それらを参考にし，子について具体的にどのような調査を実施するかについて検討する。また，家裁調査官は，その後に予定されている家庭訪問等の手続を説明し，それらの手続への協力を求めている。

③ 　家 庭 訪 問

　子の日常生活を直接把握する目的で行われる。具体的には，家裁調査官が，子が日常生活を送る家庭において，居住状況を観察し，子や家族と面接するなどしながら，専門的な知見に基づいて，子の状況，子と監護親との関係，その他の家族との関係を観察する。自然な状況を把握する必要がある場合が多く，その場合は，家裁調査官は，子，親のほか，子と日常的にかかわっている同居の家族の在宅を求めている。逆に，同様の目的から，原則として，訴訟代理人等の同席は，避けることを求めている。

④　子の面接調査

　子の監護状況ないし意向を確認するため，子との面接調査をすることが多い。そこでは，現在の生活，父母の紛争の理解度及び父母に対する思いや今後の生活についての希望を尋ねている。

　子の面接調査は，子に裁判所内に来てもらう方法で行う場合や家庭訪問時に行う場合もある。

　監護親などの他者の影響を排除するため，家裁調査官と子のみとの面接を実施することが望ましい。したがって，家庭訪問に際しては，別室を用意してもらうか，監護親等に外出してもらうなどの工夫も必要である。また，年齢が高い子であれば，子のみで家庭裁判所に赴いてもらう方法もある。

　子の年齢が低い場合には，裁判所内の児童室を用いる場合もある。児童室は，子がリラックスして，自由に遊べるような雰囲気作りをした部屋であり，東京家庭裁判所においては，外から室内の様子を観察できる構造となっている。

　子の言語能力は，年齢や発達の個人差により異なる。また，子の性格，置かれた状況，より直接的には子が状況をどのように理解しているか及び監護親などの影響などによって，子が記憶どおりの事実や素直な心情を表現することが困難な場合も想定できる。そこで，調査官は，子とのやりとりの中で，子の言語表現のみならず，その表情，言葉のトーン，身振りや手振り，面接への集中度などを観察し，子の発達状況，現状について理解度なども併せて検討し，その子に応じた方法で面接している。そして，子の言葉や行動は，子がどのような状況理解の下で，どのような経過の中でそれが表現されたかという文脈で理解することに努めている。子に絵を描かせたり，簡単な心理テストを施すことなどを面接補助手段として用いることもある。

　なお，子の調査を行うについては，調査自体が子の利益を守るものでなければならず，細心の注意が必要である。

⑤　子と監護親，非監護親又は他のきょうだいとの交流観察

　子と監護親，非監護親，他のきょうだい，又は，その全部ないし一部との関係性を直接確認するため，家庭裁判所の児童室などで，子と非監護親などと遊ぶなどしてもらい，それを観察することもある。

この調査は，子への現実の影響が見込まれる調査であるから，子の利益への配慮の必要性はより高く，調査の必要性の十分な吟味，調査の子への影響の有無，内容及び程度の十分な吟味並びに調査方法の吟味が必要である。したがって，それらを検討するため，事前に，監護親，非監護親ら及び子との面接を実施すべき場合が多いであろう。

⑥　第三者機関の調査

子の生活状況や監護状況について，より客観的な情報を必要とする場合は，子が通っている保育園，幼稚園，学校又は児童相談所などの関係機関を調査対象とすることが少なくない。これらは，当事者とは異なる立場で，日常的，直接的，継続的に，子及び当事者に関わっているので，有用な情報を得ている場合が多い。

一方で，このような関係機関を調査対象とすることが，子に与える影響も十分考慮しなければならない。

家裁調査官は，保育園，幼稚園又は学校等の調査に先立ち，監護親等に保育園等に調査官調査がある旨の連絡を入れることを依頼し，連絡先を確認している。

　　　(iv)　調査結果の報告　　人事訴訟法34条3項は，口頭の報告も認めているが，実務では，家裁調査官は，事実の調査が終了すると速やかに調査報告書という書面を作成して，裁判所に提出することがほとんどである。

当事者は，それを閲覧，謄写し，その後の進行に備える。多くの場合は，調査報告書提出後，速やかに，弁論準備終結，証拠調べ，口頭弁論期日を経て結審となり，又は，和解期日が実施される。

なお，閲覧，謄写の実際は，前述した（2(4)(b)(イ)(v)）。

IV　子の監護に関する処分——養育費，面会交流（民766条1項・2項）

1.　養　育　費 [66]

---

[66]　岡健太郎「養育費の算定と執行」野田愛子＝梶村太市総編集／若林昌子＝床谷文雄編『新家族法実務大系(2)親族Ⅱ親子・後見』（新日本法規出版，2008）304頁に詳しい。

(1) はじめに

　人事訴訟法32条1項は，子の監護者の指定その他子の監護に関する処分についても，離婚訴訟等の認容判決によって，同時に裁判されるとしており，この点も，新法への改正によって変更はない。そして，離婚後の未成熟子の養育費についても，その対象とされている。平成23年民法改正前は，民法766条1項において，養育費について明示されていなかったが，解釈論上当然とされていた。[67]

(2) 申立て

　申立ての手続については，附帯処分事項一般について前述したとおりである（Ⅲ1参照）。

　実際には，訴状の請求の趣旨において，「被告は，原告に対し，判決確定の日から長女○○が20歳に達する月（日）までの間1か月○○万円の金員を毎月末日限り支払え。」などと記載する例がほとんどで，訴状の段階で，立証資料として，原告と被告の収入に関する資料が提出される例も少なくない。

(3) 養育費の意義及びその算定方法

　(a) 養育費の意義　　養育費とは，民法766条1項所定の「子の監護に要する費用の分担」として，家庭裁判所が，非監護親から監護親に支払を命じる未成熟子の養育に要する費用である（民766条2項）。養育費負担義務は，生活扶助義務（自分の生活を犠牲にしない限度で，扶養者の最低限の生活扶助を行う義務）でなく，生活保持義務（自分の生活を保持するのと同程度の生活を被扶養者にも保持させる義務）であると解されている。具体的には，子の通常の衣食住の費用，教育費及び医療費などがある。

　現在の家裁実務，特に，離婚訴訟においては，成年年齢である20歳を一つの目途として未成熟子を20歳未満の子とするものが多いが，20歳未満でも現に稼働して経済的に自立し，又はそれが期待できる者は除かれる。

　他方，成年年齢である20歳に達していても，大学又は専門学校など高校卒業後も高等教育を受けている場合については，扶養義務者の資力，学歴などの家庭環境を考慮し，その環境で大学進学が通常と解される場合や病気療

---

67) 最判平元・12・11民集43巻12号1763頁。

養中の場合などは実体上未成熟子と判断される[68]。もっとも，その場合，離婚訴訟において附帯処分を申し立てるのは監護者であって，親自身の権利として請求するものであるから，親が親権を有する期間，つまり子が成年に達するまでしかできず，それを超える時期については，子から親に対する扶養請求（民877条）によるべきであるという考えもあり，その見解によるとそれ以降は子の親に対する扶養請求によるべきこととなる[69]。しかし，これに対し，子が成年した場合，一律に監護者の申立てを認めないのは硬直的であるとして，民法766条1項の類推適用を認めるべきであるとの見解や特に同項が成年した未成熟子に適用があるか否かを論ずることなく非監護親から監護親に対する養育費の請求を認める裁判例もある[70]。未成熟子の保護の観点や監護親及び非監護親の手続的な負担の軽減のためには，同項を適用又は類推適用し，成年となった未成熟子に関しても，監護親から非監護親に対する養育費請求を認めることが相当である。

なお，民法の定める成年年齢を20歳から18歳に引き下げる「民法の一部を改正する法律」（平成30年法律第59号）が，平成30年6月13日に成立し，同月20日公布され，令和4年4月1日施行されることとされているが，成立後施行前である現時点において，原則として養育費の終期を20歳となる月としている家裁実務，特に離婚訴訟の運用に変更はないようである[71]。

---

68) 大阪高決平2・8・7家月43巻1号119頁。
69) 大阪高決昭57・5・14家月35巻10号62頁。東京高決平12・12・5家月53巻5号187頁。
70) 岡・前掲注66) 306頁。東京高決平29・11・9判タ1457号106頁・判時2364号40頁。
71) 上記改正法の趣旨が未成熟子の保護を後退させるものでないことは，関係者の国会答弁や参議院における附帯決議から明らかであるから，上記改正後施行後も，未成熟子の保護が後退するような解釈がされるとは想定されないであろう。したがって，改正法の成立又は施行後も，成年年齢のいかんを問わず，民法766条1項の適用又は類推適用によって，未成熟子を脱する時期までは，非監護親の監護親に対する養育費の支払を肯定すべきである（笹井朋昭＝木村太郎『一問一答・成年年齢引き下げ』（商事法務，2019）45～47頁）も，その見解を前提とする。）。そして，離婚訴訟においては，子が幼い事案等において，未成熟子を脱する時期を具体的に認定すべき事情の立証がされない場合が多いところ，そのような場合は，上記改正法の趣旨及び立法時における議論並びに上記改正法成立の前後に未成熟子をめぐる社会情勢に変化があるとうかがえないことからすると，上記改正法の施行前後に社会情勢の変化がない限りは，未成熟子を脱する時期は早くとも20歳となる時と推認できる場合が多いのではないだろうか。なお，具体的に未成熟子を脱する時期の立証がされたときはその時期とすべきことは当然である。上記笹井＝木村によると，「子の大学進学の可能性が高いと認め

(b) 原則的な算定方法——東京・大阪養育費等研究会「簡易迅速な養育費等の算定を目指して—養育費・婚姻費用の算定方式と算定表の提案」[72]

　従前，家庭裁判所の実務において，養育費の算定は，子が義務者と同居していると仮定すれば子のために費消されていたはずの生活費がいくらであるのかを計算し，これを義務者と権利者の収入の割合で按分し，義務者が支払うべき額を定めていた。具体的には，次のとおりである。すなわち，まず，義務者・権利者の総収入から，公租公課，職業費及び特別経費（住居費・医療費等）を差し引き，基礎収入を認定する。次に，義務者，権利者及び子それぞれの最低生活費を認定する。そして，義務者・権利者の分担能力の有無を認定する。さらに，子が義務者と同居していると仮定し，義務者の基礎収入を義務者と子の各最低生活費等の割合により按分する。最後に，子の生活費を義務者・権利者双方の基礎収入の割合で按分し，義務者の負担分を認定するという方法である。

　その考え方は合理的だが，公租公課や特別経費の額の認定，特別経費の範囲などについて，当事者が，互いに主張や立証を重ね，審理の長期化を招くこともあり，本来，適時に支払われるべき養育費の支払が遅延する結果になるなどの弊害があった。そこで，養育費の算定実務に携わる裁判官らが研究員となった東京・大阪養育費等研究会は，養育費等の算定の簡易化・迅速化を目指し，従前の家庭裁判所における実務について再検討を加える研究を行い，家庭裁判所における実務の基本的な考え方を維持し，簡易迅速な算定が可能になるような算定表を提案した。すなわち，基本的な手法はそのまま維持し，公租公課が総収入に占める割合は税法等で理論的に算出された標準的な割合により，特別経費は実務上一般的に特別経費と認められている項目に限り，統計資料に基づいて推計された標準的な割合により，標準的な基礎収入を設定して認定することとし，各自の按分割合を生活保護基準及び教育費

られる場合であって，……その親に大学進学後の子の養育費を負担させることが相当と認められるときには，たとえば，子が一般に大学を卒業する年齢である22歳に達した後に初めて到来する3月まで養育費の支払を命じられることもあり得る」とされている（47頁）。

[72]　東京・大阪養育費等研究会「簡易迅速な養育費等の算定を目指して—養育費・婚姻費用の算定方式と算定表の提案」判タ1111号（2003）巻末綴じ込み小冊子285頁，同1114号（2003）3頁。

に関する統計から導き出される標準的な生活費指数によって認定することとするものである。そして、その考えに基づいて、義務者・権利者の各収入、子の数、年齢に応じた算定表（以下「本件算定表」という。）が作成され、前記記事（前掲注72））に掲載された。

本件算定表は、その後、広く、家事調停実務、家事審判実務及び離婚訴訟実務で採用され、そして、最高裁判決が、標準算定方式に基づいて婚姻費用を算定した原審判について、その審判が合理的で、是認することができるとした[73]以降、裁判実務に完全に定着した。なお、標準算定方式に代わる提言として、日本弁護士連合会の「養育費・婚姻費用の新しい簡易な算定方式・算定表に関する提言」（平成28年11月15日）があるが、裁判実務においては採用されていないようである。[74]

(c) **具体的な算定方法**　標準算定方式の具体的な算定方法は、①義務者・権利者の総収入を実額で認定し、②それに基づいて、義務者・権利者の基礎収入を算出したうえで、③義務者が、子らをすべて引き取った場合、それぞれの子に当てられるべき生活費を、義務者と子らの生活費指数（生活扶助基準に、教育費を加味して算出したもの。世帯主である親を100とした場合、15歳以上の子については90、14歳以下の子については55とされている。）に基づいて算出し、④それを、義務者と権利者との基礎収入に応じて、按分して、負担させる、というものである。そして、基礎収入の算定については、①給与所得者については、総収入から、税法等で理論的に算出された、収入に対する標準的な割合によって公租公課を控除し、実務上職業費に当たることが広く認められている項目について、統計資料を用いて算出された総収入に対する割合によって職業費を控除し、実務上特別経費に当たることが広く認められている項目について、統計資料を用いて算出された総収入に対する割合によって特別経費を控除する方法によって算定し、②事業所得者については、基本的には、確定申告書の課税所得によるが、より詳しくは、確定申告において所得から控

---

73) 最決平18・4・26判タ1208号90頁。
74) 青木編著・前掲注42) 29頁は、その提言について「公租公課の実額算定の許容、特別経費の不控除、生活費指数・年齢区分の細分化といった提言内容の相当性については、標準算定方式の前記利点を減殺しないか、義務者側からの納得感などに疑問がある。」としている。

除される金額のうち，現実に支出されていない費用は加えるべきこととなるから，結果として，「所得金額」から「社会保険料」のみを控除し，「青色申告特別控除」を加算した額となる。ここで，現に収入を得ていない者であっても潜在的な稼働能力があると認定され，それまでの収入や統計資料によって，収入額が認定される場合もある。また，年金所得者については，年金分割の点を措くとしても，職業費の点で，給与所得者の表をそのまま適用することはできない。また，給与所得と事業所得が混在する場合，原告と被告がそれぞれ子を監護することとなる場合，子が4人以上いる場合，原告又は被告に，前婚の子，認知した子など，他に扶養すべき子がいる場合などには，本件算定表自体を用いることはできず，その考え方に従って，個別に算出する必要がある。

(d) **例外について**[76] 本件算定表は，標準的な養育費を簡易迅速に算出することを目的とするものであって，通常の範囲のものは標準化するに当たって，額の幅の中で既に考慮がされている。したがって，この幅を超える額の算定を要する場合は，「この算定表によることが著しく不公平になるような特別な事情がある場合に限られる」[77]とされている。

(ア) **義務者の収入が本件算定表の上限を超える場合** 本件算定表が予定する基礎収入の割合は，本件算定表記載の収入を前提として算出された公租公課や特別経費の割合を前提としているから，総収入がその記載の上限額を超える場合には本件算定表によることはできない。また，高額所得者の場合，生活実態も様々であるから，その面でも，本件算定表の予定する基礎収入割合を用いることはできない。さらに，高額所得者の生活実態を見ると，その収入をすべて生活費に充てることは少なく，貯蓄等に回されるとも考え

---

75) 岡健太郎「養育費・婚姻費用算定表の運用上の諸問題」判タ1209号4頁。そこで指摘されているように，専従者給与も，現実にその専従者に支払われていなければ，加算すべきということになる。

76) 本項で記載した点を含め養育費等の算定方式・算定表の説明や例外については青木晋「養育費・婚姻費用算定表の活用について」ケース研究279号（2004）151頁，岡・前掲注66)9頁，松本哲泓「婚姻費用分担事件の審理—手続と裁判例の検討」家月62巻11号（2010）1頁に詳しい。

77) 東京・大阪養育費等研究会・前掲注72)巻末綴じ込み小冊子292頁。

られるので，基礎収入すべてを標準的な生活費指数に基づいて，按分比例して子の養育費を算定することには疑問がある。

このように考えると，義務者の収入が本件算定表の上限を超える場合には，各事案の個別的事情を考慮して養育費が算定されるべきと解される。そこで，その方法であるが，例えば，一人当たりとしては本件算定表の上限を上限とし，私立学校の学費等特にそれを超える費用を要する場合に，事案に応じて相当なものについては，相当な額を加算する方法などが考えられる。

　(イ)　住宅ローン　住宅ローンの支払額は，本件算定表において特別経費として考慮されている標準的な住居関係費と比較して高額であることが多く，義務者がそこに居住していてもその負担が過大となる場合もある。また，義務者が自宅を出た後も，権利者の居住する自宅の住宅ローンを支払っている場合には，権利者は自らの住居関係費の負担を免れる一方，義務者は自らの住居関係費とともに権利者世帯の住居関係費を二重に支払っていることになる。なお，ここで，婚姻中に購入した不動産の住宅ローンは，本来，離婚に伴う財産分与において共同の債務であることを前提として清算されるべきものであるから，養育費の算定に際して，原則として考慮する必要はないことになる。しかし，当該不動産がオーバーローンの状態であるため，清算をすることなく義務者がそのまま支払を継続している場合には，実質上の権利者の債務を，義務者が負担していることになる。したがって，そのような場合は，その負担を何らかの形で考慮すべきであろう。

その考慮方法としては，義務者の収入から住宅ローンの支払額を特別経費として控除する方法や算定表による算定結果から一定額を控除する方法などが考えられる。

　(ウ)　私立学校の学費等　本件算定表は，子の生活指数を定めるに際し，公立中学校，公立高等学校の学校教育費を考慮するのみで，私立学校の学費その他の教育費は考慮していない。そこで，義務者が当該私立学校への進学を承諾している場合などその収入及び資産の状況等からみて義務者にこれを負担させることが相当と認められる場合には，養育費の算定に際し，私立学校の学費等を考慮する必要がある。

具体的な加算額は，私立学校の学費その他の教育費から算定表において考

慮されている公立学校の教育費を控除したものを義務者と権利者の基礎収入に応じて按分して計算することなどが考えられている。

(4) 審理の実際

争点整理では，当事者は，源泉徴収票や確定申告書等の資料を提出し，裁判所が，早期に互いの収入を把握できるように努めるべきである。そして，本件算定表によるべきでない旨の主張立証がある場合は，裁判所は，それを検討するが，本件算定表の趣旨にかんがみ，折り込み済みの点については，裁判所は本件算定表の幅の中で考慮することになる。それと異なる判断をするには，上記(3)(d)などで指摘したものなど，本件算定表によるべきでない特段の事情が認められる場合に限られる。

(5) 未払養育費

新法においては，婚姻費用の分担に関する処分が附帯処分等の申立ての対象とされなかったことから，旧法下の判例[78]と異なり，離婚前における子の監護費用分担の申立ては附帯処分等の申立ての対象とならないとの見解が有力であった。[79]

しかし，最高裁判所は，離婚の訴えにおいて，別居後単独で子の監護に当たっている当事者から他方の当事者に対し，別居後離婚までの期間における子の監護費用の支払を求める旨の申立てがあった場合には，裁判所は，離婚請求を認容する際に，人事訴訟法32条1項所定の子の監護に関する処分を求める申立てとして，その当否について審理判断しなければならないとし，新法下において，前掲平成9年4月10日最高裁判決(注78)の判断を踏襲した。[80]

なお，別居後現在まで，義務者が婚姻費用を負担していれば，子の監護費用はそこに含まれるので，その申立ては認められない。また，過去の婚姻費用については，財産分与において考慮することも可能であるので[81]，そこで適切に考慮される場合には，養育費としては離婚後の分の支払を命じることで

---

78) 最判平9・4・10民集51巻4号1972頁。
79) 松原・前掲注64) 209頁。
80) 最判平19・3・30裁判集民223号767頁・判夕1242号120頁。
81) 最判昭53・11・14民集32巻8号1529頁。

足りるであろう。

　ここで，具体的な判断の場面においては，実務上，別表第2申立事件において，養育費の支払の始期をどのように考えるべきかという問題との整合性も検討されなければならないように思われる。また，過去の養育費を認めるとしても，その算定方法について，将来のものと同様，当事者の過去の収入を認定し，本件算定表によって決定すべきかについても問題となるのではないか。裁判例の集積が望まれる。

2．面 会 交 流

(1)　面会交流の意義

　面会交流についても，人事訴訟法32条1項の子の監護者の指定その他子の監護に関する処分に含まれるから，離婚訴訟等の認容判決によって，同時に裁判されなければならない。この点も，新法による改正によって，変更はない。この点平成23年改正前民法766条1項には，明示的な規定はなかったが，その改正によって明示された。

　これは，親権者が相手方に指定された場合のいわば予備的申立てであるから，現実には，そのような申立ては少ない。なお，これは，離婚後の面会交流を問題とするものであるから，非監護親が離婚確定判決前の面会を望む場合は，この申立てによるのではなく，面会交流調停ないし審判の申立て（家事手続39条別表第2・3項）によるべきであろう。[82]

(2)　申立ての方法及び審理の実際

　申立ての方法は，附帯処分事項一般と同様である。

　審理の実際であるが，申立てがされる事案にも，①主たる争点が親権の帰属の場合と②親権者の指定にはほぼ方向性が見えている場合とがある。①の場合のうち，面会交流についても争いがある場合には，面会交流の可否，頻度及び方法等について，具体的な審理をすることが現実には難しく，むしろ，争いを親権の帰属に集中させた方が，当事者の真意や子の福祉に適う場合も

---

82)　青木編著・前掲注42）16頁・17頁。

少なくない。そのような場合は，当事者としても，面会交流の申立ての維持を検討すべきであるし，裁判所も，その取下げを促すことも検討すべきであろう。また，②の場合には，当事者は，事案に応じた弁論をし，裁判所もその弁論を促すことによって，親権の帰属に争いがないことを明らかにしたうえ，争点を整理することが望まれる。ここで，人事訴訟における家裁調査官の調査においては，前記のとおり，期日出席や調整は予定されていないため，試行面会の援助はできず，細やかな対応が望ましい面会交流の審理にはそぐわない面もある。したがって，面会交流が唯一の争点で，家裁調査官の関与により調整が可能と思われ，その点において合意ができれば事案全体についての解決が可能であると解される事案などについては，付調停のうえ（家事手続274条1項），家裁調査官が関与する形で審理されることもある。

Ⅴ　財産分与　（民768条）

1．財産分与制度の沿革

(1)　はじめに

　離婚に際して，配偶者の一方から他方に財産上の給付をすることを一般に離婚給付ということがあるが，この離婚給付の制度としてわが国の民法で定められたのが民法768条による財産分与の制度である。同条の文言は，一般的，抽象的な表現であり，同条の文言自体からは財産分与の基準を具体的に導けるものではない。財産分与の法的性質の議論にも関わることであるが，同条の解釈に当たっては，その前提として，財産分与の制度が設けられるに至った沿革を理解することが重要である。そこで，まず，財産分与の制度の沿革と今後の立法の傾向について簡単に説明することとしたい。

(2)　戦前の状況

　明治31年に施行された，いわゆる明治民法においては，その法案立案段階では，離婚後扶養についても検討されたようであるが，最終的には，離婚後扶養の規定は法律に取り入れられず，離婚給付の規定を欠くものとなっていた。もっとも，この明治民法下においても，夫の虐待や侮辱によって離婚

V □ 財 産 分 与

に至った場合において，妻の夫に対する慰謝料請求を認めるなど，夫の有責行為によって離婚に至った場合において，不法行為を根拠に妻に損害賠償請求を認めていた。その後，大正8年に設置された臨時法制審議会において，離婚後扶養を規定することが検討され，これを明文化するべく民法改正要綱が定められ，昭和2年に公表された。これを土台として，その後，司法省において，法案化が検討され，最終的に「離婚したる者の一方は相手方に対し相当の生計を維持するに足るべき財産の分与を請求することを得」という人事法の草案が作成されるに至ったが，戦争の影響もあって法案作成作業が中断した。

(3) 民法改正と制度の導入

第二次世界大戦後，憲法の改正に伴い，民法の親族・相続編が改正されるに至ったが，これに伴い，現在の財産分与の制度が定められるに至った。この立案作業の過程において，当初，日本側起草委員らにおいて，離婚後扶養を念頭に置いて，「協議上の離婚を為したる者の一方は相手方に対し相当の財産の分与を請求することを得」としたうえ，財産分与の基準に関して「当事者双方の資力その他一切の事情を斟酌して」定めるとした案を最終的に作成し，GHQ側と調整に当たった。しかし，これに対して，GHQ側から，財産分与は婚姻中に得た財産の清算であることを前提にして，その2分の1を分与することを規定することを求める意見が出された。これに対し，2分の1という基準を明記することに強く反対した日本側起草委員らは，「当事者双方がその協力によって得た財産の額その他一切の事情を考慮して」財産分与を定めるとして，GHQ側が念頭に置いた夫婦財産の清算という要素を前面に出しつつ，一方で，2分の1という基準を明記することを回避した草案を作成して，GHQ側と調整のうえ，法案が最終的に作成されるに至り，これが現行の民法768条として成立するに至った。[83]

(4) 抽象的な条文

このような経過で，現行の財産分与の制度は，それ以前に主として検討さ

---

83) 民法768条の立法経過については，高野耕一『財産分与・家事調停の道』（日本評論社，1989）3頁，本沢巳代子『離婚給付の研究』（一粒社，1998）14頁各参照。

れていた離婚後扶養を中心とするものから，婚姻後に形成した夫婦財産の清算という要素を中心とされることになったといえる。しかし，財産分与の基準が法文上明確でなく，裁判所の広範な裁量にゆだねられることになったことから，その法的性質に関する議論を含め，財産分与の具体的な基準に関して，議論の余地が残ることになった。例えば，主婦の家事労働の寄与をどの程度に見積もるかという典型的な問題に関しては，古い裁判例を概観する限りでは，主婦の家事労働による寄与を5割とした例は少なく，せいぜい3割前後としたものが多いように思われる。このことは，まさにGHQ側が懸念したように，財産分与の基準を明確に示さなかったことが影響しているとみることができ，当時の社会意識において，夫婦間の平等な形成財産の分配という考え方を受け入れる状況になかったことを反映しているともいえる。

(5) 改正の動向

しかし，戦後の女性の権利意識の高まりを背景に，財産分与については，平等な割合による分与を基本とするという考え方が強くなり，こうした考え方を踏まえて，民法の一部を改正する法律案要綱（1996〔平成8〕年2月26日法制審議会決定）において，「当事者双方がその協力により財産を取得し，又は維持するについての各当事者の寄与の程度は，その異なることが明らかでないときは，相等しいものとする。」とされ，また，財産分与の基準についても，「当事者双方がその協力によって取得し，又は維持した財産の額及びその取得又は維持についての各当事者の寄与の程度，婚姻の期間，婚姻中の生活水準，婚姻中の協力及び扶助の状況，各当事者の年齢，心身の状況，職業その他一切の事情」を考慮して定めるという案が作成されている。

(6) 2分の1のルール

上記の法改正はいまだ実現されているわけではないが，1996（平成8）年の法律案要綱は，最近の実務の考え方を踏まえたものであり，特に，財産分与の割合については，例外的な事情のない限り，双方の寄与の程度について2分の1を基本とするという考え方が裁判実務上一般的になっており，これを「2分の1ルール」と俗称することがある。

(7) 立法経過を踏まえた議論

財産分与の法的性質や財産分与の基準についての議論も，この過去の立法

経過や裁判実務の変化を踏まえての議論であることを念頭におく必要がある。また，財産分与においては，もともと抽象的な文言しかなく，制度設計からして，裁判所の裁量にゆだねる部分が大きいものとなっているところ，後に述べるように夫婦財産の清算，離婚後の扶養，慰謝料など性格の異なるものを包括的に考慮し，さらには未払婚姻費用も財産分与の中で考慮することができるとしたことから，判断要素が極めて多面的なものとなっており，これを一義的に論じることを困難としている。したがって，以下に述べることは，最近の人事訴訟を専門的に担当している裁判所の目から見ての，現時点の東京家庭裁判所の実務を踏まえての基本的な考え方の指針という程度のものであり，個々の事件を適正に解決するにおいては，異なった基準を採り得る余地があり，今後変わり得るものであることをお断りしておきたい。

２．財産分与の概観

(1) 財産分与の判断要素

　わが国の民法は，夫婦財産制について別産制を基本的に採用し，婚姻中自己の名で得た財産は，その特有財産（夫婦の一方が単独で有する財産）とする建前である（民762条1項)[84]。しかし，夫婦間に経済格差があり，一般的には，夫側の所得の方が妻側の所得を上回る家庭が多いことから，不動産を中心として夫名義の財産の方が妻を上回ることが一般的である。そこで，こうした夫婦間の財産格差を，離婚に当たって調整するのが財産分与の制度であり，夫婦の実質的共有財産の清算，離婚後の扶養等の観点から，一定額の財産給付を求めることができるとするものである。

　すなわち，協議離婚した場合，相手方に財産の分与が請求できる（民768条1項）とされ，これについて，当事者の協議が調わない場合は，家庭裁判所が協議に代わる処分をすることとし（同条2項），この場合には，家庭裁判所は，「当事者双方がその協力によって得た財産の額その他一切の事情を考慮して」，分与の可否並びに分与の額及び方法を定める（同条3項）とされる。

---

84) この特有財産の中には，その取得について名義人でない配偶者の寄与がまったく認められない，いわば狭義の特有財産と，財産分与の対象となる財産とが含まれるので，これを広義の特有財産とでもいうべきであろう。

そして、この民法768条が裁判離婚の場合にも準用され（民771条）、また、離婚訴訟と同時に財産分与の申立てができる（人訴32条1項）こととされる。

このように法文上は、抽象的な規定しかないが、前記のような立法の経過を踏まえ、財産分与の法的性質については、基本的に、①夫婦共同生活中に形成した（実質的）共有財産の清算、②離婚後の生活についての扶養、③離婚の原因を作った有責配偶者に対する損害賠償（慰謝料）の3要素から構成されるというのが、通説的な見解となっている。①の要素を清算的要素、②の要素を扶養的要素、③の要素を慰謝料的要素ということが多い。

(2) 清算的財産分与と2分の1ルール

夫婦財産の清算の観点から決められる財産分与のことを清算的財産分与ということがあるが、財産分与の3要素といわれるもののうち、この清算的要素が財産分与の中心的な要素であることは、前記のような立法経過を踏まえて、裁判例・学説上ほぼ異論のないところと思われる。

財産分与における夫婦財産の清算においては、婚姻後に形成した財産について、双方の財産形成に対する経済的貢献度、寄与度を考慮し、実質的に公平になるように分配するというのが清算的財産分与の基本的考えである。しかし、妻が専業主婦であり、家庭の主たる収入源が夫側にあるような旧来の典型的な家庭において、妻の家事労働をどの程度に評価するかについては、前述のように時代による変遷が窺われる。古い裁判実務では、妻の家事労働を、夫の労働と、必ずしも対等には評価していなかったと思われるが、最近の実務の考え方では、専業主婦である妻の寄与を夫と同等に見るという考え方が主流となっている。この考え方は、家事を分担している共稼ぎの夫婦においても同様であって、基本的に、普通の平均的な家庭を前提とすれば、特段の事情のない限り、双方の寄与を平等と推定するという考えが現在の実務の主流である。これをいわゆる2分の1ルールということがある。[85] もっとも、

---

[85] 前述のように、現行民法の立案過程で、形成財産の2分の1を分与することを明記するようにとのGHQの意見に対して、日本側起草委員らに反対意見の強かったことは、そもそも戦前において離婚給付すら定められていなかった状況下で、いきなり2分の1を分与するということを原則とすることを受け入れる社会的コンセンサスがなかったことを示している。しかし、戦後、女性の権利意識の高まりとともに、現在では、財産分与の割合について、形

夫婦の一方が特別な才能や努力によって，一般家庭からみて多額の収入を得ているような場合では，この配分ルールを変更する可能性がある。

(3) 扶養的財産分与と補充性

　離婚後の扶養という観点から決められる財産分与のことを扶養的財産分与ということがある。実務的には，扶養的財産分与は，清算的財産分与や慰謝料を受領しても，離婚後の生活に困窮するというような場合に補充的に命じられるという考えが強いと思われる。高齢，病気等のために稼働が困難である場合，子の監護のために就労に制約が生じる場合，稼働するのに準備期間，職業訓練等が必要である場合など，扶養が必要であることが要件となり，また，分与を命じられる相手方の扶養能力，すなわち，収入や，特有財産を含めた資産状況が考慮されて，適正な財産分与額を算定することになる。

(4) 慰謝料的財産分与を請求する実益

　慰謝料的要素については，これ自体を財産分与の考慮要素とするかどうか自体に従来から議論のあったところである。しかし，裁判実務的には，離婚慰謝料に関しては，これが問題になる事案の場合は，不法行為に基づく損害賠償請求権として，この民事訴訟を人事訴訟法17条に基づいて併合して，離婚とともに訴えを提起する事件がほとんどであり，この場合には慰謝料的要素は財産分与の判断要素からは落とされることになる。せいぜい，慰謝料的要素を加味しないと，希望する現物給付（居住用不動産の移転など）が認められない場合にのみ，慰謝料的要素として主張されることがあるくらいである。[86]

3．清算的財産分与における財産分与の基本的な算定方法

　　成財産の2分の1を基本とすることに，ほぼ異論のないような状況になっており，前述のように民法の一部を改正する法律案要綱（1996〔平成8〕年2月26日法制審議会決定）において，「当事者双方がその協力により財産を取得し，又は維持するについての各当事者の寄与の程度は，その異なることが明らかでないときは，相等しいものとする。」とされたことも，この流れを反映している。

86)　判例は，慰謝料的要素を含ませて財産分与を求めることも可能であり，慰謝料請求として別個に請求することも可能であるが，重複する場合は，その金額が調整されるとする立場と窺われる（最判昭46・7・23民集25巻5号805頁参照）。

財産分与の3要素のうち，清算的要素が財産分与の中心的な要素であることは前述のとおりである。そこで，清算的財産分与における基本的な財産分与の算定方法について最初に述べておきたい。

　離婚訴訟を専門的に扱っていると，訴状の段階で，財産分与の計算として，被告の財産を個別にみて，各積極財産の2分の1を財産分与すべきであるとして合算している事例を時々目にすることがある。財産が少ない場合は，こうした手法を採っても大して計算が面倒ではないが，財産が多い場合は，こうした手法では計算がやや煩雑である。また，こうした手法で財産分与を計算している訴状では，被告の個々の積極財産を単純に2分の1としているだけで，原告側の積極財産や双方の債務を無視しているという例が少なくなく，すぐに修正を指示していることが多い。

　裁判実務としては，夫婦の全体財産を，夫婦の所有名義ごとに分けて，各当事者名義の純資産を計算し，それを比較し，それら財産形成への夫婦の寄与が均等であるという一般的な事例では，財産分与後の所有名義の財産が均等になるように清算的財産分与額を決めるという方法で行っているのが主流であり，上記のような訴状が提出される事例でも，最終的にはそのような形で主張整理してもらっているのが実情である。

　例えば，夫婦の寄与が均等であるとして，妻から夫に対する財産分与の申立てで，夫の総資産4000万円，妻の総資産2000万円という場合だと，清算的財産分与額は，夫婦の全体の総資産の2分の1から，既に妻名義となっている資産額を控除して求められる。計算式で表すと，A＝夫名義の総資産，B＝妻名義の総資産として，

　　清算的財産分与＝（A＋B）÷2－B

となり，上記の事例でいうと

　　清算的財産分与＝（4000万円＋2000万円）÷2－2000万円
　　　　　　　　＝1000万円

という計算式によって，清算的要素からの財産分与は1000万円という結論が導かれることになる。

　ところで，上記の式「（A＋B）÷2－B」を簡略化すると，

　　（A＋B）÷2－B＝（A－B）÷2

となるが，要するに，夫婦の寄与が均等である事案では，双方の純資産額の差額の2分の1をもって，基本的な清算的財産分与の額となるということで考えておけばよいことになる。なお，このような計算で端数が出る場合については，おおむね1万円未満の数字については（時には10万円未満等，それ以上の単位で），切り捨て又は切り上げ，いわば丸めた数字で財産分与が命じられるのが通例である。

このように清算的財産分与の算定においては，夫婦の総資産を総合的に見たうえで結論を出す必要があり，このときに金融資産や不動産など個々の財産をバラバラの時的基準で合算するわけにはいかず，これらを統一した時的基準で把握する必要がある。これについては次の項目で述べたい。また，負債がある事例については，後述する（5(5)）。

4．清算と評価の基準時

(1) 概　　観

夫婦の財産は，夫婦の生産及び消費活動の結果，増えたり減ったりするのが通例であり，財貨の価値自体も物価の上昇下落などの社会的要因等によって変動することがある。どの時点を基準として，財産分与の対象となる財産を確定し，これを評価するかが問題となる。学説では，①財産分与は離婚の効果として生じるから，離婚時の財産が算定の基準として考えられるべきであるとする説（裁判時説。人事訴訟の場合は口頭弁論終結時となる。），②財産分与は夫婦の協力によって得た財産を対象とするから，夫婦の協力関係が終了した別居時を基準とすべきであるとする説（別居時説）がある。

最高裁判所の判決では，口頭弁論終結時で算定した原審の判断は違法でないとしてそれを維持したものがある[87]。もっとも，この判決自体は，積極的に財産分与の基準時を口頭弁論終結時とすべきであるとしているわけではなく，結局のところ，どちらの説に立っても裁判所の裁量の範囲と思われる。

(2) 2つの基準時

財産分与における清算の基準時という場合，まず，基準時という言葉に2

---

[87] 最判昭34・2・19民集13巻2号174頁。

つの意味があることに気を付ける必要がある。1つは，①分与対象財産の確定をどの時点でするかということ（対象財産確定の基準時）で，もう1つは，②そうやって確定した具体的資産をどの時点の価格を基準に評価するかということ（財産評価の基準時）である。裁判実務を担当していると，当事者の主張において，この2つの概念がきちんと整理されていない例が少なくないように思われる。まず，①の分与対象財産の確定という意味では，清算的財産分与は，夫婦で協力して形成した財産を対象とするものであるが，夫婦の経済的協力関係は原則的に別居によって終了するとすれば（別居後も一緒に事業をしている場合など例外もある。），婚姻後別居時までに形成した財産を対象とすべきであろう。したがって，この意味の基準時は原則として別居時と考えるべきである。これに対し，②そうやって確定した具体的資産の評価は，裁判時の時価で行うのが合理的と考えられるから，この意味の基準時は，裁判時，すなわち，訴訟であれば，口頭弁論終結時ということになるべきであろう。

もっとも，裁判実務においては，別居があまりに昔のことで当時の財産関係資料の入手が困難である場合などもあり，別居がいつの時点でされたといえるかについて争いがあることもある。基準時について，一応，上記のような原則がいえるとしても，そこは裁判所の裁量の範囲で調整することができると考えられ，例えば，当事者間で財産分与の基準時について合意ができるようならば，当該合意された基準時を採用することもできると考えられる。

なお，離婚訴訟において，別居前であっても，既に家庭内別居のような状態になっていたとして，それを基準として主張されることが時々ある。しかし，財産分与の対象財産確定のための基準時となる「別居」は経済的協力関係が（婚姻費用の支払など最低限のものを除いて）終了したことをいうのであり，同居していても会話がないとか，そういった人間関係の破綻の有無と必ずしも同一ではないこと，一方当事者が家庭内別居と思っていても，客観的な証拠がないことが多く，裁判所からみて具体的な日で特定することが困難であること，財産分与の基準時としては明確な方が望ましいことなどの観点から，当事者間でその基準時を採ることに合意があるなど例外的な場合を除き，家庭内別居を基準として，対象財産を確定した事例は少ないと思われる。なお，基準時に争いがある場合の審理については後述(10⑷)する。

(3) 対象財産別の基準時の判断の実際

(a) 不　動　産　　不動産は，婚姻後取得して別居時に存在していた不動産を対象として，なるべく新しい評価書に基づいて算定することになる。鑑定に費用がかかることから，不動産業者の査定書を利用している事件が多いようである。別居後，口頭弁論終結時までに売却されていた場合は，実際に売却された代金額で算定されることが多いと思われる。現実に売却された場合には，売却に要した手数料を引くことがあるが，そのまま保有している物件については，単純に査定額で評価していることが多いように思われる。

(b) 預　貯　金　　預貯金は，別居時の残高で算定するのが原則である。[88] 別居後の残高の減少は考慮しないのが一般的であるが，預貯金の名義人でない方が，預貯金を管理していて，その当事者が，生活費以外に高額商品を購入するなどして浪費し，預貯金額を減少させたという場合などは，考慮が必要である。

(c) 生　命　保　険　　生命保険は，別居時の解約返戻金相当額で算定するのが原則である。解約返戻金相当額は，保険証券からは明らかでないため，個別に保険会社に照会しておく必要がある。なお，別居後，保険契約者でない方の当事者が保険料を支払っていたような場合は，その寄与を考慮する必要がある場合がある。学資保険は，子どもの進学時期に合わせて保険金を受け取ることを目的とする貯蓄性保険であって，構造上は満期のある一般の養老保険と同様な金融商品であるから，他の貯蓄性保険と同様に基準時の解約返戻金相当額をもって財産分与の対象財産とするのが相当である。なお，財産分与の方法として学資保険の契約者名義の変更を合意することがあるが，保険会社の同意を得る必要があるため，判決ではできず，調停又は和解等によって解決する場合に限定される。

(d) 株式その他の有価証券　　別居時に保有していた株式その他の有価証

---

[88] この場合も，財産評価の基準時は，口頭弁論終結時であるが，金銭の価値自体には変動がないものとして，別居時の残高が示す金銭の価値を口頭弁論終結時の金銭の価値と同視して，そのように算定するということにすぎない。したがって，厳密にいえば，貨幣価値に変動があった場合には，別居時の残高を現在の貨幣価値に引き直す必要が生じることになるはずであるが，極端なインフレ又はデフレでもない限り，通常，そこまではしていないと思われる。

券については，口頭弁論終結時の評価額で算定するのが原則である。口頭弁論終結時までに株式等が売却されていたような場合は，売却時の価格（手取額）で評価することが多いと思われる。

しかし，保有株式が少数で，長期保有しているような場合には，不動産などと同様に現在の株式価値を算定することはさほど困難ではないが，多数の銘柄を保有していたり，頻繁に売買を繰り返しているような個人投資家の場合では，計算が煩雑であるので，証券会社からの報告書等で容易に算定可能な別居時（又はそれに近いところ）での保有株式の時価総額で計算することがある。

(e) **住宅ローンその他の負債**　別居後のローン支払について，ローン債務者でない方の寄与がない場合では，別居時のローン残高を基準に算定することが多いと思われる。別居後のローン支払について，ローン債務者でない方の当事者が代わりに弁済しているなどの場合は，別居後の残高減少に対する寄与の割合を考慮する必要がある。

5．対象財産

(1) 特有財産の除外[89]

財産分与の対象となるのは，名義の如何を問わず，婚姻後夫婦が協力して取得した財産である。

一般的には，形式上どちらか一方の単独名義となっているが，名義人でない方の当事者がその取得に貢献したような場合が，財産分与の対象財産として考慮すべきものの典型例であるが，既に形式上も共有名義になっていても，財産分与の対象として考慮することができる。実際の事例でいうと，対象財産が共有不動産しかなく，既に2分の1ずつの共有名義になっており，実質的に見ても双方の寄与が同等だという場合は，清算的財産分与は必要なく，離婚後に共有物分割の手続をとれば足りる（調停や和解など当事者の合意で離婚時に分割することは可能である。）。しかし，形式上共有不動産となっていても，実質的な寄与の割合と，形式上の持分割合とが異なっている場合も多く，こ

89）この項で特有財産という場合，狭義の特有財産（前掲注84））を指す。

の場合は財産分与において調整が必要になる。例えば、実質的には、双方2分の1ずつの寄与があるのに、登記名義上は、どちらかの持分割合が多いという場合があり、この場合は、超過した持分に相当する金銭又は現物（不動産持分の一部）が分与される余地がある。

これに対して、特有財産は、原則として、清算的財産分与の対象からは除外される（扶養的財産分与では、その可否の判断及び金額の算定に当たって、双方の特有財産についても考慮される。）。特有財産の典型例は、婚姻前から有していた財産や、婚姻後に取得したものであっても親族等から贈与を受け、又は相続した財産などである。財産分与が問題になる事例で、特に判断に悩むことが多い事例は、不動産などの財産を取得した原資が相続財産であるのか、夫婦の収入からの預貯金なのかが争われるケースである。財産の取得時期が古いものでは、証拠が散逸してしまい、何が原資であったかが不明確になる事案もある。この場合、証拠上、特有財産かどうか不明なものは、民法762条2項の趣旨に照らして、分与対象財産と推定するのが原則であると思われる。

もっとも、特有財産であっても、その維持に他方の寄与があった場合は、寄与があった限度で財産分与において考慮することになる。この場合の寄与は、通常の財産分与の対象財産の清算割合を決める場合の「寄与」が、主婦の家事労働の場合に代表されるように、比較的抽象的なもので足りるとされる傾向があるのに対して、特有財産の維持について他方の寄与が考慮されるためには、一方の特有財産たるべき借金を他方が支払ったなど、具体的な「寄与」が求められる傾向にあるようである。

なお、ある財産取得に当たって、夫婦共有財産と特有財産とをともに原資にする場合があり、その場合は、その割合を考慮する必要がある。典型例は、自宅とする不動産を取得するに当たって、その代金の一部を親からの贈与によって支払う場合である。裁判実務上は、夫の親から贈与を受けたのであれば夫の特有財産部分とし、逆に妻の親から贈与を受けたのであれば妻の特有財産部分として、分与の計算において、割合的に考慮することが多いと思われる。[90]明示的に特有財産部分とするのではなく、寄与度の割合算定において

---

90) 夫婦の一方に対する贈与であることが認定できない事案では、夫婦双方に対する贈与とみ

考慮するという取扱いもあり得る。

　例えば，取得した代金が5000万円で，現在の時価3000万円の不動産があったとして，代金の支払に申立人の実親からの贈与金500万円が使用されている場合は，代金の調達割合に応じて，その1割が特有財産部分であるとして，実質分与対象財産は，時価の9割である2700万円として計算することになると思われる（1割は申立人の特有財産として計算することになる。）[91]。

(2) 第三者名義の財産

　(a) **当事者が経営する法人の資産**　当事者が経営する法人の資産は直接には財産分与の対象とはならない。このような場合，法人格が形骸化していて実質的に当事者の個人資産と同視できる場合には分与の対象にするという裁判例があるが[92]，そこまでしなくても，一般的には，当該会社の株式を個人資産として評価すれば足りると考えられる。

　(b) **家族名義の預金**　子ども名義の預貯金については，子ども自身が小遣いやアルバイト代などを貯めたような場合は子ども自身の固有財産といえるから，財産分与の対象外となる。しかし，親が子どもの将来の進学資金を子ども名義で貯金していた場合などは，実際に，管理している親名義の財産と同視して計算することになろう。

(3) 退職金

　(a) 退職金は，一般的には，労働の事後的な対価とされており，抽象的には，婚姻後別居までに労働した分の対価として評価される部分が，清算的財

　　　て財産分与の対象財産に含めるのが相当であるという見解もある（大門匡＝木納敏和「離婚訴訟における財産分与の審理・判断の在り方について（提言）」家庭の法と裁判10号（2017）16頁）。個々の事案によると思われるが，親の一般的な心情として実子に対する贈与とみるべきとする事案の方が多いと思われる。
91)　不動産取得に一方の特有財産が使用されている場合において住宅ローンが残っていた場合の処理について，特有財産部分の価額を（不動産の現在価額－住宅ローン額）×特有財産出資額÷購入価額とみる見解もあるが，特有財産部分の価額は不動産の購入時に決定されており，その後の市場価格の変動以外の要素で増減することは不合理であるから，住宅ローンの残額にかかわらず，特有財産部分の価額は，不動産の現在価額×特有財産出資額÷購入価額とみるべきであろう（松谷佳樹「財産分与と債務」松原正明＝道垣内弘人編『家事事件の理論と実務第1巻』（勁草書房，2016）126頁）。
92)　大阪地判昭48・1・30判夕302号233頁・判時722号84頁。

産分与の対象となる。しかし，財産分与を行う時点で，退職年齢に達していないなど，退職金がいまだ支払われていない場合は，将来の退職金をどのように評価するかについては難しい問題があり，これについて見解が分かれており，裁判例も分かれているようである。

退職金の算定方法は，裁判例を見ると，次の3説があると思われる。

第1説　別居時に自己都合退職した場合の退職金相当額を考慮する（婚姻前労働分は差し引く）。

第2説　定年退職時の退職金から，別居後労働分（及び婚姻前労働分）を差し引き，中間利息を控除して口頭弁論終結時（審判時）の現価を算出して算定する。

第3説　定年退職時の退職金から，別居後労働分（及び婚姻前労働分）を差し引くが，これに対応する財産分与金の支払時期を退職時として，中間利息を控除しない。

(b)　東京家庭裁判所の裁判実務を見ると，一般的には，第1説のような考えで算定する事例が多いように思われる。すなわち，別居時に自己都合退職したとした場合の支給金額を基準として算定し，定年退職がかなり先のことであっても，算定の対象としていると思われる。

もっとも，定年退職が比較的近い将来に迫っているような場合（私見によれば，5年程度以内と思われる。）は，第2説のように定年退職時の退職金額を基準として算定される例も少なくない。この場合は，当然のことながら，中間利息を控除して口頭弁論終結時の価格に引き直し，別居後の労働に対応する部分も控除することになる。

第3説のように将来給付の形をとることは，よほど資力のない場合は別として，一般的には避けられている傾向にある。

将来の退職金については，支払の蓋然性の問題があって，事案によっては，的確な予測が困難である場合もあり，どの説によっても裁判所の裁量の問題といえるから，事案に応じた適切な処理が望ましい。

---

93)　婚姻期間中の労働に対応する部分の計算は，退職金額×（同居期間÷全労働期間）といった単純計算でされる例が多い。

(c)　口頭弁論終結時に既払となっている退職金については，支給実額を基準として，そこから同居期間の労働に対応する分を対象として算出することになろう。ただし，別居前に退職金が支給されている場合は，基準となる別居時点でみると，退職金を銀行に預けて預貯金となっていたり，退職金によって不動産や株式を購入していたりすることがあり，この場合は，それが預貯金であれば預貯金，不動産であれば不動産，株式であれば株式として算定することになろう。

(4)　年　　　金

　(a)　**従来の学説と離婚時年金分割制度**　　夫が給与所得者で，妻が無職又はパート労働といった典型的なサラリーマン所帯を念頭に置くと，夫と妻との間で将来受け取る年金額にかなりの差があり，これを財産分与において考慮できないかどうかが従来議論の対象となっていた。

　しかし，近時，離婚時年金分割制度が導入され，立法的な解決が図られることになった。制度の具体的な内容については，Ⅵ（年金分割）を参照されたい。ともかく，厚生年金及び共済年金に関しては，同制度の中で解決が図られることになったので，基本的には，これらの年金については，財産分与の中で考慮する必要がないことになった。

　(b)　**企業年金の取扱い**　　しかし，離婚時年金分割制度の対象とする公的年金以外のもの，特に企業年金と呼ばれる，各企業が独自に設けた年金について，財産分与においてどのように考慮するかについては，相変わらず問題として残っている。これらについては，従来の年金と財産分与についての議論が参考になると思われる。企業年金といっても，企業によって様々な種類があり，統一した議論をすることは困難であり，裁判例の取扱いも分かれているようである。

　退職時に一時金と年金とを選択できる場合は，一時金を選択した場合の見込額を参考に，上記のように退職金を受け取った場合と同様に，中間利息の控除をしたうえ，婚姻期間に対応する部分を換算し，これを清算的財産分与の対象として考慮するという扱いが多いように思われる。一時金を選択できない場合は，将来の年金をどのように現在の価格に換算するのかは，なかなか難しい問題である。また，これら将来の年金の支払については，退職金よ

りも遠い将来のことを予想する必要があり，受給者自身の余命なども考える必要があり，退職金の算定の場合以上に不確定要素が残る。あまりに不確定要素が大きい場合は，無理に現在価値に換算するのではなく，財産分与の「その他一切の事情」として，総合的に考慮するのが穏当であろう。

(5) 債務（住宅ローンなど）

(a) **考慮すべき債務**　清算的財産分与を判断する場合に，どのような債務を考慮するかが問題である。まず，婚姻後に生じた住宅ローン債務については，これを財産分与の中で考慮することには異論がないと思われる。住宅ローンは，住宅という積極財産取得のために生じたものであり，その対価であるから，住宅を財産分与の対象とするなら，住宅ローンを財産分与において考慮するのは当然である。住宅を取得する場合でなくても，投資用財産など何らかの財産を取得するために融資を受けたような場合は，その財産を清算対象とするならば，そのために負った債務も当然に考慮することになる。このように婚姻後の資産の形成に関連して生じた債務は，清算的財産分与に当たって考慮されることになる。

そのほか，婚姻生活を維持するために生じた債務も考慮してもよいと思われる。例えば，生活費が不足したことによってサラ金等から借金をしたような場合，子どもの教育資金を捻出するため，教育ローンを借りたような場合などが含まれる。これらの中には，「日常の家事」に関する法律行為によって生じた債務（民761条）に該当するものも多いと思われるが，これに該当しなくとも，婚姻生活維持のために生じた債務は，財産分与においては考慮されるべきであると思われる。

これに対して，財産取得や婚姻生活維持に無関係な夫婦の一方の債務は，清算的財産分与において考慮されないのが原則である。例えば，ギャンブルなど個人の趣味のために生じた借金，身内や友人に融資するための借金などは，清算的財産分与においては基本的に考慮されない。もっとも，財産の形成や婚姻生活の維持に直接関係のない個人的な債務でも，その弁済について

94）　年金の現在価値への換算方法等について，原田宜子「財産分与事件の調査について」ケース研究255号（1998）44頁参照。

他方配偶者が寄与したという場合は、積極財産である特有財産の維持に貢献があった場合に財産分与において考慮されることがあるのと同様に、個人的債務の弁済に対する寄与の程度に応じて、財産分与において考慮できると考えられる。

(b) **債務がある場合の考慮の仕方**　それでは、上記のように財産分与において考慮すべき債務があったとして、どのように評価すべきであろうか。

住宅ローンについては、個別の不動産の評価に還元すればよいという考え方もある。例えば、夫名義の不動産の時価が3000万円で、当該不動産に関する住宅ローンの残高が1000万円であったとした場合に、時価からローン残高を控除して2000万円の物件を保有しているものとして評価すればよいという考え方である。[95] しかし、不動産の名義人と住宅ローンの名義人が同一の場合、例えば、夫名義の不動産と、夫名義の住宅ローンがあって、当該不動産自体を財産分与の対象として移転しないような場合は、それで足りるが、妻名義の不動産に夫名義の住宅ローンとその抵当権があるような場合など、不動産の名義人と住宅ローンの名義人が一致していない事案では、そのような処理をすることはできない。さらに、オーバーローンの場合をどうするかという問題もあるので、一般的には、双方の全体財産を比較する中で、債務を控除して比較するという方法が一般的である。

財産分与については、一般的には、離婚当事者双方の財産を形式的な名義ごとに振り分けて、全体の財産を算出し、申立人側の寄与度に応じて、財産分与額を決めるという方法が採られていることは前述のとおりであるが、債務についても、各当事者の純資産額を算定するときに各当事者の積極財産から考慮すべき消極財産を控除してされるというのが一般的である。双方の寄与を均等とみることができるような一般的な事案では、「積極財産－消極財産（考慮すべき債務）＝全体財産」として、双方が、債務も考慮したうえで、純資産額の2分の1を取得できるように清算的財産分与の額を調整するという手法によることになる。[96]

---

[95]　本沢・前掲注83)241頁は、住宅ローンによって取得した不動産については、債務額を控除した財産の価額を清算対象とすれば、それで問題はないとする。

例えば，夫婦の寄与が均等であるとして，妻から夫に対する財産分与の申立てで，夫の資産5000万円，夫の負債2000万円，妻の資産2000万円，妻の負債1000万円という場合だと，

A 夫の資産負債の合計額＝5000万円－2000万円＝3000万円
B 妻の資産負債の合計額＝2000万円－1000万円＝1000万円
財産分与＝（A＋B）÷2－B＝1000万円

という計算式によって，清算的要素からの財産分与は1000万円という結論が導かれることになる。

(c) **債務の負担を命じる財産分与の可否** ここで問題となるのは，債務が積極財産を上回るような場合，極端なケースでは，夫婦の財産が債務しかないような場合に債務自体の負担を命じるような財産分与を命じることができるかどうかである。また，債務が積極財産を上回らない場合でも，財産分与の方法として，債務の全部又は一部を相手方に負担させるような財産分与ができるかという問題もある。

民法768条3項は，「当事者双方がその協力によって得た財産の額その他一切の事情を考慮して」財産分与の可否及びその内容を定めるとする。「協力によって得た」という文言は，婚姻後に積極的に形成された財産の額を念頭に置いていることは間違いなく，この点を強調すると，積極的な形成財産が存在しない場合には，清算的財産分与を認めない考え方につながる。[97]

また，財産分与の方法として，債務を負担させるような財産分与を命じることができるかどうかという問題についても，法技術的に問題がある。すなわち，債務に関する財産分与を夫婦間の契約で行った場合，債権者の同意なしに，夫婦間の合意によって，免責的債務引受けを行うことはできないから，せいぜい併存的（重複的）債務引受け又は履行の引受けができるのみである。

---

96) 二宮周平『家族法〔第5版〕』（新世社，2019）100頁参照。
97) 民法768条の起草の段階でも，債務を分担するかどうかが議論になり，GHQ側から債務も負担させるべきであるとの意見が表明されたことがあるようであるが，結局，現行の文言に落ち着いたようである。起草に関与した委員らにおいて，「夫の借金を妻に背負わせたら財産分与の意味がない」という意見が強かったことが窺える（我妻榮編『戦後における民法改正の経過』（日本評論社，1956）143頁）。

これは家事審判又は離婚訴訟の判決によって財産分与を命じる場合も同様であって，訴訟当事者でない債権者の利益を害するような財産分与はできないと考えられるから，同様に併存的（重複）債務引受け又は履行の引受けができるのみであると考えられる。そうすると，仮に，財産分与によって，併存的（重複）債務引受け又は履行の引受けを命じたとして，債権者は従来の債務者（この場合，財産分与を求めた側）に訴求することは妨げられず，従来の債務者が債権者に弁済した場合は，財産分与で債務負担を命じられた相手方当事者に対して，求償することになると思われる。そうすると，仮に，債務を相手方に負担させるという財産分与が命じられたとしても，相手方が債務を完済するまでは，申立人は不安定な地位に立たされることになり，財産分与の方法として相当かどうかという問題が残る。

こうした観点から，裁判実務は，債務の負担を命じる財産分与についてはおおむね消極的な態度をとっているように窺われる[98]。

(d) **財産分与と債務に関する特殊な裁判例**

(ア) 東京地判平11・9・3（判タ1014号239頁・判時1700号79頁）の事例は，原告（夫）から被告（妻）へ離婚と財産分与を求めた事案で（妻からの財産分与の申立てはない。），原告にその居住する共有不動産の被告持分の分与を認め，代わりに被告への清算金の支払とそのための抵当権の設定などを命じた判決である。この判決は，原告名義となっているゴルフ会員権や預金などについて原告に分与する旨主文で掲げるとともに，原告名義となっている債務について原告に負担を命じた。この判決が，その主文の文字面を捉えて，債務の分担を命じた判決であると評されることがあるが，これは正しくないと思われる。この判決は，積極財産・消極財産ともに，名義人自身への分与（原告名義の財産を原告に分与すること）を主文で掲げている点に特色があり（そのような主文例は実務上あまりないようである。）[99]，原告の債務を被告に負担させた

---

98) 松谷佳樹「家事法研究(2)財産分与—財産分与と債務」判タ1269号（2008）5頁参照。
99) わが国の夫婦財産制度は，別産制の原則を採り，財産分与の判決（審判）で，所有権の移転を命じられない場合は，その名義人の財産ということになるのであるから，名義人の財産を名義人に分与するというようなことを主文に掲げることは基本的に不要であろう。現行民法の財産分与の制度は，夫婦別産制の下での財産「分与」の制度であって，財産共有制の下における財産分割の制度ではないことに注意すべきである。

り，あるいは，その逆に被告の債務を原告に負担させたりしているわけではなく，債務の負担者自体はまったく動かしていないのである。したがって，これをもって，財産分与において債務分担を命じた判決であると評することは適当でないと思われる。

　(イ)　やや特殊な事案であるが，婚姻中に形成された財産及び夫の特有財産上に妻又は妻を代表者とする会社の抵当権が設定され，その被担保債務の返済が順調に行われていない場合において，財産分与については，担保権の消長を見たうえで，離婚後の審判等にゆだねて処理するのが相当であるとして，離婚訴訟に附帯してされた財産分与の請求を棄却した事例がある[100]。しかし，財産分与の申立てにおいては，離婚後2年という除斥期間の定めがあって，その期間内に財産分与の申立てをしなければならないから，判断を先送りするにしても限界があり，また，改めて財産分与の審判申立てをしなければならないという当事者の負担も軽視できないと思われる。したがって，この判決は当該具体的事案における一つの判断ではあろうが，それを超えて一般化できるようなものではないと思われる。

(6)　未払婚姻費用

　(a)　**離婚訴訟における婚姻費用の扱い**　　離婚調停又は離婚訴訟をしている夫婦間において，婚姻費用が支払われていないとか，その金額に争いがあるということはよくあることである。婚姻費用は，当事者の協議で定めることになるが，これについて争いがある場合は，離婚調停などと別個に婚姻費用分担の調停申立てをし，調停が調わないときは，家事審判によって適正な婚姻費用の支払が命じられることになる。人事訴訟を担当すると，まれに離婚と同時に婚姻費用の請求をしている訴状を見かけることがあるが，婚姻費用の請求は離婚訴訟に附帯することはできない（人訴32条参照）。これは少し考えてみればわかる話であって，婚姻費用の支払義務は，婚姻中，すなわち離婚前に解決が図られるべき問題であって，離婚と同時に審判を求めることができる附帯処分の中に入っていないことは当然である。しかし，未払婚姻費用それ自体を請求するのではなく，未払婚姻費用があることを財産分与の

---

[100]　東京高判平7・3・13判タ891号233頁。

事情の一つとして主張できるかどうかという問題がある。

(b) **判　　例**　　最高裁は，財産分与の額及び方法を定めるについては，当事者双方の一切の事情を考慮すべきものであり，婚姻継続中における過去の婚姻費用の分担の態様は，その事情の一つにほかならないとして，「当事者の一方が過当に負担した婚姻費用の清算のための給付をも含めて財産分与の額及び方法を定めることができる」として，別居後7年余の未払婚姻費用を考慮して妻から夫への財産分与額を定めた原判決を維持した（以下「昭和53年最判」という。）。

(c) **裁判実務の動向**　　本来，婚姻費用の問題は，離婚訴訟を提起する前に解決しておくべき問題であって，当事者間の協議が調わない場合であっても，離婚調停と同時か，時期をおかずに調停又は審判で決めておくべき問題である。実際の裁判をみても，婚姻費用については，既に協議又は調停等で決められた給付がされている事例が圧倒的に多数である。

しかし，離婚裁判時において婚姻費用が調停や審判等で確定しておらず，かつ未払である場合，昭和53年最判（注101））のように未払婚姻費用があることを財産分与の事情として考慮することもできる。既に婚姻費用について調停や審判が成立していて，債務名義がある場合，仮にそれが未払であっても，その部分に関しては，重ねて財産分与で考慮することができないことはいうまでもない。

未払婚姻費用を財産分与の中で考慮することができるとして，その理由づけが問題となるが，本来支払うべき婚姻費用を支払わなかったことにより，正当に婚姻費用を支払っていた場合に形成されたはずの財産を超過して，婚姻費用の支払義務者が一定の財産を形成した場合，この超過形成部分については，清算的要素の中で考慮されることは当然であるといえる。その意味からすると，未払婚姻費用の考慮は，清算的財産分与の一態様という側面がある。しかし，この理屈からいえば，例えば，夫側が婚姻費用を支払っていなかったにもかかわらず，夫の資産が結局はゼロであったという場合には，清算的財産分与の中では考慮されないことになりそうである。しかし，この場

---

101)　最判昭53・11・14民集32巻8号1529頁。

合でも，正当に婚姻費用を支払っていたら，マイナスになっていた可能性があると考えることもでき，それが婚姻費用を支払わなかったことによってゼロに止まったということがいえるなら，不払だった婚姻費用を「一切の事情」として考慮することは，財産分与の趣旨に沿うものといえよう。

　次の問題は，未払婚姻費用をどの程度考慮できるのかということであるが，これも昭和53年最判の趣旨からいって，「一切の事情」の中で裁判所の裁量によって決められる問題であって，あまり明確な判断事例があるわけでもない。しかし，婚姻費用は，元来，家事審判で請求するべきものであって，これができたはずであるのに，そうした請求をしていないということは，実際には，あまり生活に困窮した状態でなかったのではないかという疑問が生じるから，必ずしも家事審判の申立てをした場合に請求可能な金額の100％が財産分与に上乗せされるわけではないということがいえよう。

　また，どこまで過去の分にさかのぼれるかという問題がある。昭和53年最判の事例は，過去7年余の未払婚姻費用の一部が考慮されたものであるが，あまり時期が古いものだと双方の収入や婚姻費用の支払状況を証拠上認定することは困難であり，こうした不利益は，権利行使を怠っていた側により負担させるべきであろう。また，婚姻費用の分担の調停や審判の申立てをしようと思えばできたのに，それらの手続をしていないというのは，実際困窮した状態になかった可能性がある。それらを考慮すると，はっきりとした線引きは困難であるが，あまり古すぎるものは，そのまま計上することは困難であろう。いずれにしても，裁判所の裁量の問題ということになろう。

　あまり時期が古いものでないのであれば，今日の裁判実務においては，婚姻費用の額自体は，基本的に双方の収入さえ判明すれば，いわゆる算定表によって目安となる金額を算定し，例外的な事情の有無を考慮して，具体的な金額を算定するということになるので，収入関係の資料さえ揃えば，婚姻費用自体の算定はそれほど困難ではない。しかし，通常の婚姻費用分担の審判と同様な手法で算定された金額を，100％財産分与額に上乗せする必要があるかどうかは別問題である。相手方に十分な資産と収入がある場合は，おそらく計算上算出された未払婚姻費用の全額を財産分与に上乗せしてよいと思われる。しかし，離婚時点において，相手方に資力が低く，収入が少ないと

いった事情がある場合は，仮に過去に十分な収入があったとしても，過去に婚姻費用を請求していないことも考慮すると，必ずしも100％を上乗せしなくてもよいと思われる。

　こうした問題があるので，やはり婚姻費用の問題は，多少面倒でも家事調停又は家事審判の申立てをして，離婚訴訟前に解決しておくのが得策であろう。

6．扶養的財産分与

　扶養的財産分与は，補充的に命じられるものと裁判実務上考えられていることは先に述べたとおりであるが，具体的な算定においては，裁判時（判決であれば口頭弁論終結時）を基準として，その時点の特有財産も含めた双方の資産，負債，双方の稼働能力を比較し，申立人の扶養の必要性の程度と相手方の扶養能力を検討することになる。

　その具体的金額は，公的扶助や他の親族からの扶養なども考慮し，申立人が生計を維持できる程度の金額とし（婚姻中の婚姻費用より低い額となるのが通例である。），一般的には自活するまでの期間を考慮して算定することになる。例えば，長い間主婦であって再就職して自活するまでにある程度の期間が必要だという場合では，1ないし3年程度の必要最低生活費を考慮して算定されることが多いようである。難病で働けないなど，かなり長期にわたって扶養の必要がある場合などは，さらに長期間の必要最低生活費を考慮して算定されることになろう。もっとも，この場合でも相手方の負担能力や相当性なども考慮して限界を画する必要がある。

　その支払方法については，基本的には一括払とし，相手方に資産が乏しく，一括払が無理な場合では，定期金払とすることが多いと思われる。

7．財産分与の方法

(1) はじめに

　夫婦の財産は，不動産のほか，預貯金，株式，各種動産，現金など様々な形で存在しているものであるが，離婚訴訟を担当していると，ごくまれではあるが，財産分与の申立てにおいて，それら財産を個々に現物で給付するこ

とを求めている訴状に出会うことがある。そういった訴状は、財産分与の制度を既存の財産を夫婦間で分割するものであるかのような誤解の下に構成されているように思われる。しかし、財産分与は、夫婦の財産「分割」の制度ではない。清算的財産分与においても、現存する夫婦の財産を個々に分割する制度ではなく、一定額の財産給付を求める権利であり、金銭給付で命じることが原則である。後に述べるように居住用不動産については、現物給付の必要性が認められることがあるが、預貯金、株式においては、現物給付を求める必要性はないことがほとんどであろう。また、居住用不動産の分与が相当であるというケースでも、金銭で分与するのと同等の価値のある不動産が分与されるだけであるから、まず、当該不動産に見合う金銭給付が可能である事案かどうかという判断が先行するはずである。しかし、居住用の不動産の取得を希望するということが先に立つあまり、不動産の時価評価もしないで、自宅の分与を求めるという訴状を目にすることがある。結局のところ、当該居住用不動産を含めた双方名義の全体の資産、負債の評価と比較が必要になるものであり、そのうえで当該不動産の時価に相当する財産分与請求が可能かどうかを検討する必要がある。

(2) 金銭の支払

　財産分与は、金銭の支払でされるのが基本であり、ほとんどの場合、一時金で給付が命じられる。将来給付については、清算的財産分与の対象財産が主として将来取得できる退職金の場合などに命じられることがあり、定期金(毎月一定額を分割払させるような場合)は、扶養的財産分与などの場合に命じられることがあることは前に述べたとおりであるが、和解や調停ではともかく、判決や審判では将来給付や定期金の例は少ない。

(3) 現物の分与

　(a) 財産分与は、金銭のほか、不動産などの現物の給付を命じることもある。特に居住用不動産の分与を求める例が多いと思われる。この場合、居住の必要など現物分与の必要性、当該現物についての利害関係の強弱(例えば、建物の底地が特有財産である場合などは、一般論では、当該建物は底地の所有者に分与した方が適当といえよう。)などを考慮して、現物分与の当否を判断することになる。

　(b) よく問題になるのは、めぼしい財産が、共有の不動産しかないような

場合である。一例を挙げると，対象財産は自宅不動産（時価3000万円）のみで，申立人持分3分の1，相手方持分3分の2の場合は，清算的要素だけを考えるとして，どのように財産分与されるべきであろうか。

(ア) どちらの当事者も居住希望でないなど双方とも取得の必要性に乏しい場合　この場合は，双方の持分の差額の2分の1，すなわち金銭の支払（上記の例でいうと500万円）又は不動産持分の移転（上記の例でいうと持分6分の1）を命じることになると思われる。離婚後も不動産の共有関係が残るが，やむを得ない。残った共有不動産については，後日，共同で売却するか，その処分について合意が得られないときは，最終的には共有物分割の民事訴訟を提起して分割することになると思われる。

ただし，これは判決又は審判でされた場合のことであり，現実的には，このようなケースでは，双方が和解又は調停等で合意して売却し，売得金を折半する例が多いようである。

(イ) 一方に居住等のため取得の希望があり，客観的にもその必要性が高い場合　申立人に相手方の不動産持分全部を分与するとして，これとともに申立人側に相手方に対する代償金1500万円の支払を命じることが考えられる。しかし，この場合には，申立人側に代償金支払の資力がある必要がある。申立人側に代償金支払の資力がない場合は，共有状態を残すこともやむを得ないと思われる。

代償金の支払を命じる場合は，どちらか一方のみが不履行になると不公平であるので，不動産持分移転登記手続と代償金支払を同時履行として，引換給付判決が命じられることが多いようである。

(c) 不動産の現物分与を命じる場合，登記名義の移転のみを命じることがほとんどである。昔は，「別紙物件目録記載の不動産を原告に分与する。」といった形成的な主文を掲げることがあったが，現在の実務では，「別紙物件目録記載の不動産について，財産分与を原因とする所有権移転登記手続をせよ。」という給付命令のみを主文に掲げることがほとんどである。なお，相手方が占有している不動産の場合，申立人への引渡しも併せて命じられることがある。

(d) 当該財産の名義人にその財産が帰属するのが相当であるといった判断

となった場合，原告名義の財産を原告に分与するとか，被告名義の財産を被告に分与するといったことを特に主文に掲げる必要はない[102]。前述のように，財産分与は，夫婦別産制の原則に立って，離婚に当たって一定の財産給付をすることによって，その実質的な不公平を是正するためのものであって，夫婦財産共有制の下における財産「分割」の制度ではないからである。離婚判決後，例えば，財産分与の対象とされなかった一方名義の不動産を他方が使用しているので，名義人が占有者に対して明渡しを求めたいという場合は，通常の民事訴訟を提起しなければならないことになる。財産分与とともに引渡しが命じられることがあるのは，あくまでも財産分与の方法として現物給付がされた場合に，当該現物給付の対象となった不動産に限定されることに注意すべきである。

(4) その他の付随的処分

(a) **賃借権その他の利用権の設定**　通常の清算的財産分与では，不動産の所有権全部を移転するまでの財産分与ができないときに，一方の居住権を確保するため，従前の居住建物に賃借権その他の利用権を設定した裁判例もある。しかし，このように賃借権を設定するとなると，紛争当事者の人間関係が離婚後も残ることになり，不動産の賃借関係をめぐって，将来，紛争が生じることもあり得るので，現物の給付ができないときは，金銭で財産分与を命じ，そうして分与を受けた金銭によって新たに第三者から賃借する等して住居を確保してもらうという方がすっきりしているように思われる。当該地域で新たな住居を確保することについての難易度にもよろうが，利用権を設定するような事例はかなり例外的であろうと思われる。

(b) **第三者の消費貸借債務について相手方に分担を命じる例**　債務超過の場合などに考えられるが，現在の裁判実務では，この形での財産分与を命じる例がほとんどないことは前述のとおりである。しかし，和解や調停では，例えば，住宅が夫名義で，住宅ローンも夫名義という場合に，妻が住宅を取得する代わりに，夫名義の住宅ローンについて妻が履行引受けをするというような合意をすることがある。この場合は，妻側に住宅ローンを履行できる

---

102) 前掲東京地判平11・9・3判タ1014号239頁・判時1700号79頁は一般的なものではない。

ような定期的な収入があるか，親族からの援助が期待できることなどが前提となろう。

8．財産分与の手続

(1) 財産分与の合意がある場合と財産分与の申立て

　財産分与については，「当事者間に協議が調わないとき，又は協議をすることができないときは，当事者は，家庭裁判所に対して協議に代わる処分を請求することができる」(民768条2項) とあるように，当事者間に合意が成立すれば，それが優先し，その合意が有効である限り，その後は家事審判又は離婚訴訟において，財産分与の申立てができないことになる。財産分与について合意が成立している場合，これを財産分与契約ということがあるが，この契約に従った履行を求める訴えは，通常の一般民事訴訟であり，地方裁判所（訴額により簡易裁判所）に訴えを提起することになる。

　実務上よくあるのが，財産分与に関して当事者間に何らかの書類が作成されている場合に，財産分与契約が成立したといえるのかどうかが問題になることがある。例えば，不貞が露見した夫が，妻に迫られて高額の財産分与に応じる旨の念書を作成したような場合，逆に，夫の暴力から逃れたいあまり，妻が低額な財産分与を前提とする離婚に応じたような場合など様々である。これは事実認定の問題であるが，書類の体裁，当該書類が作成された時の状況，合意内容の相当性などを総合的に見て，財産分与契約の成否を判断することになろう。そうした念書が作成されていても，財産分与契約が成立したとまで認定できず，財産分与を判断するに当たっての事情の一つとみることができるに止まるケースも少なくない。

　財産分与契約が，離婚前にされている場合，夫婦間の契約の取消権（民754条）が行使できるか問題となることがあるが，婚姻が実質的に破綻している場合は，夫婦間の契約取消権を行使できないと考えられ，一般的には婚姻が破綻した後に財産分与の合意がされることが多いであろうから，財産分与契約がされた後に婚姻が修復されたなどといった特段の事情のない限り，上記

---

103) 最判昭33・3・6民集12巻3号414頁，最判昭42・2・2民集21巻1号88頁参照。

V □ 財産分与

取消権を行使することはできないと思われる。

(2) 財産分与義務者からの財産分与の申立て

　清算的財産分与で，相手方名義の形成財産が，申立人名義の形成財産を下回る場合，財産分与の申立てが認められないだけで，申立人側が相手方に逆に財産分与をせよとの判決又は審判がされるわけではない。財産分与を求める申立てをした場合において，逆に申立人に対して相手方に財産分与を命じることは，少なくとも申立ての範囲を超えると考えられる。

　しかし，最初から，相手方に財産分与することを前提とした裁判を求めることはできるであろうか。有責配偶者からの離婚請求を，長期別居等一定の要件の下に認めた最高裁判決があるが[104]，角田禮次郎裁判官及び林藤之輔裁判官は，その補足意見の中で，離婚請求と同時に分与義務者側からの財産分与の附帯申立てを認めることによって，相手方配偶者の経済的不利益の問題を解決できるという見解を示している。

　しかし，下級審の裁判例は，分与義務者側からの申立てを認めた裁判例[105]と，これを認めなかった裁判例[106]に分かれており，学説も分かれている。

　分与義務者側からの申立てを認める見解は，財産分与の申立ては，財産分与の内容を裁量的に形成することを促すだけであるから，義務者側から申し立てることもでき，かつ，申し立てた側に適切な反証活動を促すことによって権利者側の主張立証の不利益はないという[107]。これに対し，義務者側が相手の権利実現のために十分な主張立証をすることは期待できないのが一般的であるとし，権利者の自己決定権の尊重の観点から，これに反対する見解がある[108]。

　たしかに，財産分与の申立ては，離婚訴訟に併合されたとしても非訟手続であり，財産分与の申立ては，単純な給付請求ではなく，具体的な権利関係の裁量的形成を求めるだけであるという指摘は正しいと思われるが，その基

---

104) 最大判昭62・9・2民集41巻6号1423頁。
105) 神戸地判平元・6・23判タ713号255頁・判時1343号107頁。
106) 大阪高判平4・5・26判タ797号253頁。
107) 二宮＝榊原・前掲注44)148頁。
108) 梶村太市＝徳田和幸編著『家事事件手続法〔第3版〕』（有斐閣，2016) 649頁〔若林昌子〕。

礎となる抽象的な財産分与請求権自体は，分与権利者に帰属しており，財産分与の申立ては，その抽象的な権利を具体化するための手続であって，一つの権利行使の態様であるという側面がある。また，そもそもこうした申立てについて，申立ての利益があるかどうかが問題である。実際に裁判を担当している経験からいえば，有責配偶者からの離婚請求で，長期別居等の理由から離婚請求が認められる可能性がある事案では，相手方配偶者に，その旨示唆して財産分与の申立てを促しており，離婚を争う前提で予備的申立てをすることも可能であるから，実務的にはこれで十分対応できており，あえて分与義務者側からの財産分与申立てを認める必要性を感じたことはない。また，現在の裁判の実情をみる限り，財産分与の権利者側が積極的な主張立証活動をしないと，どうしても不十分な審理になってしまうと思われる。それに，有責配偶者からの離婚請求のような事案において，相手方配偶者が，財産分与を求めるのは，離婚が確定してから審判手続で進めれば十分であって，離婚訴訟の中ではあくまでも離婚を争いたいという意向を示した場合，それは権利者側の自由であると思われ，財産分与の申立てについては，離婚後2年という除斥期間の制約もあるから，義務者側が法律上不安定な地位に立つわけではなく，不当に不利益を受けるわけではない。それなのに，同時審判を押しつけるような申立てを認めることは，やはり権利者の自己決定権の侵害であって，やや行き過ぎであると感じられる。したがって，義務者側からの財産分与の申立てについては，基本的に申立ての利益を肯定することが困難であると思われる。

(3) 人事訴訟手続での審理手続

財産分与の申立ては，人事訴訟に附帯されて審理されたとしても，家事審判事項であって，基本的に非訟手続であるから，その審理手続には，元来，次のような特徴がある。

(a) **裁判所は，申立ての趣旨に拘束されない**　財産分与は，裁判所の裁量的な形成判断を求める申立てであって，訴訟事項のように分与を求める額及び方法を特定する必要はなく，抽象的に財産分与の申立てをしても違法ではなく，仮に，分与を求める額及び方法が特定されても，裁判所がこれに拘

---

109)　最判昭41・7・15民集20巻6号1197頁。

束されるわけではなく，当事者の求める以上の財産分与を認めても違法ではない。しかし，後述のように争点の早期把握という現在の訴訟実務の要請から，できるだけ具体的な申立てをするように指導しており，実際にも「○○○円を支払え」など，分与を求める額を特定した訴状が提出されることがほとんどであり，仮に，訴状段階でそうなっていなくても，争点整理の段階では具体的な主張をするように訴訟指揮をしている。

　(b)　**不利益変更禁止の原則が働かない**　　また，上記と同じ理由から，財産分与については，上訴されても不利益変更の禁止の原則が働かない。[110]ただ，実務上は，上訴人に不利益に変更する例はまれであろうと思われる。

　(c)　**自由な証明**　　財産分与は，上記のように非訟事項であるから，厳格な証明による必要はなく，自由な証明で足り，訴訟法上の証明手段だけではなく，人事訴訟法33条による「事実の調査」を利用することも認められている。しかし，子の親権者指定など他の附帯処分と異なり，財産分与は財産上の紛争であって，訴訟手続に馴染むものであること，財産分与が深刻な争点となる事例では当事者も訴訟手続と同様な手続保障を求める要請が強いこと，当事者の財産関係については，当事者の主張立証を待たずに裁判所が職権で調査することはほとんど不可能であり，「事実の調査」ができるといっても，財産分与においては，親権者指定における調査官調査のような有効な活用例が考えにくいことなどから，現在の裁判実務においては，財産分与の立証は，ほぼ例外なく訴訟手続上の手段によってされている実情にある。

(4)　**財産分与と証拠収集手続**

　財産分与の審理においては，証拠の開示が重要になってくる。しかしながら，現行法上は，特別な証拠開示手続が用意されているわけではなく，調査嘱託や送付嘱託手続など，通常の民事訴訟におけるのと同様な証拠収集手続しか用意されていない。むしろ，人事訴訟法においては，職権探知の観点から，一部の民事訴訟法の条文が適用除外となっており，例えば，通常の民事訴訟においては，相手方が文書提出命令に従わない場合，民事訴訟法224条によって，当該文書の記載に関する申立人の主張を真実と認めることができ

---

110)　最判平2・7・20民集44巻5号975頁。

るが、人事訴訟法19条1項によって、この民事訴訟法224条の適用が除外されているなど、任意に証拠開示に応じない者に対する対抗手段が制度的にはやや不十分となっているように感じられる。この点は立法上の課題といえようが、実務においては、なるべく任意に証拠開示をしてもらうべく、訴訟指揮において苦心しているのが実情である。これについては次の項目でまとめて述べたい。

(5) 遅延損害金と仮執行宣言

　訴訟又は審判によって財産分与が定められる場合、財産分与請求権は、それら判決又は審判の確定によって初めて具体的な権利として形成されるものである。したがって、財産分与の判決又は審判が確定した後に遅延損害金が発生することになる。そこで、財産分与に対する判決においては、当事者から申立てがあれば、「裁判確定の日の翌日から」の民法所定の遅延損害金を認容している。また、判決確定前は、まだ具体的な権利としては形成されていないから、これについての仮執行宣言は不相当であると考えられる。

　なお、財産分与の判決確定後に遅延損害金が発生するとして、その遅延損害金について、一般民事訴訟で追求することは問題がないとして、人事訴訟の中でこれも併合して、同時に請求できるのかどうかということが訴訟法上の観点から問題になる余地がある。これについて、詳しく論じた文献は見あたらないが、財産分与について確定後の遅延損害金を命じる部分も、これが独立して民事訴訟になるのではなく、これも財産分与の申立てによって形成される附帯処分の中に包含されるものと理解することが可能であろう。

9. 人事訴訟における財産分与の審理の実際

(1) 財産分与の申立て

　財産分与の申立ては、離婚が確定した後であれば、離婚確定後2年以内に家事審判として申し立てることができる。しかし、財産分与の申立ては、離婚訴訟とともに附帯処分として申し立てることができるので（人訴32条1項）、実際には、家事審判でされるよりも、離婚訴訟の中で附帯処分として申し立てられる例が多いと思われる。以下では、離婚訴訟の中で財産分与の申立てがあった場合を念頭において、争点整理や証拠調べの実際について説明して

いきたい。

　なお，どうしても財産分与の審理を行うと，財産の確定が困難な事案では，審理が長期化する可能性があるし，そうでない事案でも，財産分与を申し立てない場合と比べると相対的に審理が長くなる可能性がある。そのため，親権者の指定をめぐって争いがあるなど，早期に離婚の決着を付けるべき事案では，あえて財産分与を同時に申し立てない方が適切と思われる事案もあることに注意すべきである。

　ところで，前述のように，財産分与は本来は家事審判事項であるので，具体的に分与を求める金額や分与の方法を記載しないで，例えば，「相当な分与を求める」といった抽象的な申立てをすることも不適法ではない。しかし，人事訴訟では，申立ての趣旨及び理由を記載することとされていることや（人訴規19条2項），争点の早期提示の観点から，「○○○万円を支払え」とか「別紙物件目録記載の不動産について財産分与を原因とする所有権移転登記手続をせよ」など，できるだけ具体的な請求を記載する方が望ましい。訴訟に先立つ離婚調停において，財産分与が争点になっていたのであれば，当然のことながら，相手方の主張もある程度明らかになっており，証拠もそれなりに開示されているであろうから，それらの資料を基礎として，ある程度，具体的な主張ができるはずである。しかし，調停の場面では，財産分与の議論にまで至らず，そこまでの資料が明らかになっていないケースもあるが，そのような場合であっても，争点の早期提示の観点からは，財産分与を求める側で把握できる範囲で，まずは概略であっても主張することが求められる。もちろん，証拠開示や証拠調べが進んだ段階で，財産の詳細が明らかになれば，これに応じて請求額を訂正することができるから，早期に概略のまま主張しておいても後で困ることはないはずである。

(2) 争点整理

　財産分与の争点整理のやり方といっても，基本となるやり方は一般の民事訴訟と大きく変わるところはない。新民事訴訟法導入と相前後して，多くの裁判所で導入され，その後，新民事訴訟法とともに発展してきた合理的な争点整理の運用がここでも応用されており，その発展の先に現在の家庭裁判所における人事訴訟の審理がされているといってよく，財産分与の審理におい

ても、その手法によることになろう。

　ただし、争点整理の観点からいえば、人事訴訟には通常の民事訴訟と異なる点がある。それは、調停前置主義が採られており、調停の場において、ある程度の実質的な議論がされている（ことが多い）ということである。もちろん、調停は、争点整理や証拠開示を直接の目的とされて行われるわけではないから、自ずと限界があることは間違いないが、双方の主張の中身に踏み込んで双方当事者を説得して、調整するためには、ある程度の争点整理と証拠開示が必要とされるから、仮に、その結果、当事者が合意に至らず、調停不成立になったとしても、そうした調停でのやり取りの成果が、訴訟になった後にも生かされることが望ましい。

　調停手続と人事訴訟手続は、完全に分離されており、人事訴訟を担当する裁判官は、調停が不成立になっているということ以外、調停の経過については、ほとんど情報がないことが多い。そこで、一般的には、裁判官が、当事者から訴え提起直後に簡単な意向照会の書面を出してもらうか、第1回口頭弁論期日で直接当事者から聞くなどして、調停の経過についての事情聴取をして、それを参考にして、争点整理をしていくことになる。

　財産分与では、争点整理の前提として、調停で何が問題になったのか、対象財産の範囲に争いがあったのか、財産の評価に争いがあったのか、分与割合に問題があったのか、分与方法に問題があったのかなどを当事者から聴取することになろう。調停の席で十分議論が尽くされており、不動産の評価資料や預金通帳など客観的な証拠資料が収集されていれば、とても要領よく、合理的に主張整理を行うことが可能になるはずである。もっとも、調停においては、弁護士に委任しておらず、訴訟になって初めて弁護士に委任するというケースも多く、訴訟になって委任を受けた弁護士が、調停の経過について十分当事者から聴取していない場合もあって、なかなか理想的に進行していないという現実がある。

　調停での議論を基に大まかな審理の計画を立て、そのうえで、さらに詳細な主張整理を行うことになるが、財産分与の争点整理は、一般的にいえば、①対象財産の確定、②対象財産の評価、③財産形成への当事者の寄与の程度に分けることができる。実際には、この3つが順番に整理されていくわけで

なく，同時並行的に議論されて，主張整理が行われていくことになる。

　この中で，最も，主張整理に手間がかかるのは，①対象財産の確定である。前述のように清算的財産分与でいえば，基本的には別居時を基準として，対象財産を確定していくことになるが，まず，どの時点を基準として対象財産を確定していくかについて，当事者間で最初に合意しておくことが望ましい。基準時が変わると主張を大幅に整理し直す必要が出てくるため，ここは争点整理に入ったら，最初から最後まで動かないことが望ましい。もっとも，いつ別居したのか自体に争いがあることがあったり，別居時を基準時にすること自体に争いがあることもある。その場合は，この争点について先に確定しておくことが望ましいが，本人尋問をしないと確定しないような場合では，いくつかの基準時を設定して，財産関係を整理しておくほかないケースもある。もっとも，実際の事件の中には，別居前であっても，いわゆる家庭内別居であって，実質的には別居と変わらない状態であったとして，別居前のある時点をもって基準時であると主張する事件もある。しかし，財産分与の基準となる「別居」は，経済的な協同関係が終了した時点をいい，単に会話がなくなったとか，寝室が別になったなどということとは必ずしも一致するものではない。しかも，当事者間に争いがない場合を別として，家庭内別居がいつ始まったかを証拠上確定することは容易なことではない。したがって，基本的には，現実に別居した時点を基準として財産を整理しておき，後は，双方の財産形成への寄与の程度を論じた方が，現実的といえよう。

　このようにして，対象財産確定の基準時が明確になれば，それに従って，双方の名義の財産目録を出してもらい，清算的財産分与であれば，前述のように個別に2分の1としていくのではなく，双方の財産を総合計で計算して，その多寡を比較することになる。このとき，自己名義の資産を控除しなかったり，相手方の債務を控除しなかったりする間違いが多いので注意する必要がある。共有名義となっている不動産については，例えば，原告の持分がいくら，被告の持分がいくらといった具合に，持分ごとに分けて，双方の財産を計算していくことになる。

　この作業をするときに，最も問題になるのは，財産の把握自体の問題であり，相手方の財産が開示されていないときに，証拠開示と併せて問題になる

ことが多い。これについては後述する。

　清算的財産分与において，ある資産の存在自体が明らかであっても，それについて財産分与の対象となるのか，これが特有財産であって，財産分与の対象とならないのかが問題になることも多い。

　親族から贈与又は相続を受けたとか，婚姻前から所持していたことが明確であれば，それほど問題はないのであるが，時には，そういった財産が，婚姻後取得した財産に混入して見分けがつかないケースでは，過去にさかのぼって取得経過を主張してもらうことになる。ただ，特有財産であることが立証できないと，基本的には財産分与の対象として扱わざるを得ないと思われる。

　次に，財産の評価が問題となるが，よく問題となるのは，不動産の時価である。当事者が時価について合意できるのであれば，それを基準にして差し支えないが，争いがあるときは，証拠に基づき認定することになる。しかし，不動産の時価について鑑定すると大変費用が掛かるので，一般的には，不動産業者の査定を2，3とってそれを参考に判断することが多い。

　最後に，上記の手続を経て確定した財産について，その財産形成への寄与の程度が問題となる。しかし，前述のように，主婦の家事労働の場合でも，原則として寄与の割合を2分の1としているので，具体的な寄与の程度が問題になるのは，かなり例外的な事案と思われる。

　筆者が裁判で実施している例でいえば，財産関係が複雑な事案では，財産関係を一覧できる方がわかりやすいので，婚姻関係財産一覧表や争点整理表（**資料20**，**資料21**参照）のような書式を渡して（表計算ソフトのデータも提供している。），当事者にその空欄を埋めてもらい，見やすい表を作成してもらうことにしている。

(3) **証拠開示と証拠調べ**

　上記のようにして争点整理をしていくわけであるが，財産の開示が不十分であると，なかなか争点の整理ができないことになる。財産分与においては，証拠調べと争点整理が密接に関連しているということがいえる。すなわち，財産開示さえ十分なら，争点整理はそれほど難しい作業とはならないが，財産開示が不十分であり，これに当事者が消極的であったりすると，争点整理は困難な作業となる。

財産分与の審理の手順としては，まず，財産分与を求める側が，双方の資産について主張するわけであるが，最初に，相手方の財産についての開示要求がされることが少なくない。この場合は，裁判所としても，まず，任意に開示を求めることになるが，このときに「財産全部を開示せよ」などといった抽象的な要求ではなく，「○○銀行の○○支店の預金があったはずだから，いつからいつまでの残高が記載された通帳を提出せよ」などといった，できるだけ具体的な開示要求をするように指導している。また，開示を求める方が，自分の財産を開示しないで，まず，相手方に開示を求めることもあるが，論外であって，まず，最低限自己の管理している財産を開示したうえで，相手方の財産の開示を求めるのが筋であろう。ともかく，ここが財産分与において一番もめる場面であって，裁判所としても，指導性を発揮して整理していく必要がある。

　具体的な開示要求がされ，これに対する相手方の態度が明確になったなら，早期に一定の期間を設けて，まとめて調査嘱託や送付嘱託の申立てをさせ，メリハリのある審理をする必要がある。ここで探索的な調査嘱託や送付嘱託を許すと，いつまでたっても審理が終了しない懸念がある。調査嘱託を申し立てるにしても，そこに預金があるという，それなりの根拠が必要であろう。

　なお，正当な理由なく資産の開示を拒む場合においては，場合によっては，弁論の全趣旨によって，財産分与を申し立てた側の主張が真実であることを前提として財産分与の判断をすることもやむを得ないといえよう。

(4) 和 解 勧 告

　双方に和解の機運があれば，訴訟の早期の段階からでも和解勧告をすることがあるが，深刻に対立しているような事件でも，離婚事件であれば，できるだけ和解の方が望ましいといえるので，争点整理と書証の提出が終了した段階で，裁判所としてある程度の心証が固まれば，その段階で和解勧告をすることが多いと思われる。財産分与が争点となる事件については，基本的には書証に基づく認定となるであろうと思われるので，書証が出そろった段階で，裁判所が証拠に基づく一応の心証開示をすることによって，裁判所が和解をリードすることが多いようである。

10. 財産分与の審理の長期化とその対応

(1) 人事訴訟の平均審理期間の推移と財産分与の審理

　人事訴訟が家庭裁判所に移管後，平均審理期間の長期化傾向が認められ，財産分与の申立てがある事件の増加傾向も認められることから，財産分与の審理が人事訴訟の長期化要因となっているとの指摘がされている。[111] 本書三訂版刊行に当たり，最近話題となることの多いこの問題について，若干の追記をしてみたい。筆者は，平成18年から平成21年にかけて東京家庭裁判所で人事訴訟を担当し，平成29年から横浜家庭裁判所で再度人事訴訟を担当している。首都圏の裁判所での限られた経験ではあるものの，過去と現在の人事訴訟を比較しての個人的な感想をいえば，家庭裁判所における財産分与の審理方式がこの10年で大きく変わったところがあるようには思われず，むしろ財産一覧表や争点整理表を利用した主張整理がかなり一般化し，審理の合理化という面では10年前よりも進んだように感じられる面もある。そこで，平均審理期間の長期化の原因を考えるに，もともと財産分与の審理においては，証拠開示の手続が不十分であり，審理の遅延に対する法的対策が乏しいことなど，審理の長期化につながる構造的な要因が潜在していたのであるが，これが財産分与の申立ての増加によって顕在化し，離婚訴訟の審理の長期化をもたらしている可能性があると思われる。ここでは長期化しやすい類型の事案について，筆者の経験を踏まえての対応策を提案してみたい。

(2) 長期化しやすい類型1――当事者が財産資料の提出に消極的な事案

　9(3)で述べたとおり，当事者が財産開示に消極的であることが，審理の長期化につながることが多い典型的な事案である。そこで述べたとおり，裁判所が指導性を発揮してメリハリのある審理をすることが大事であるが，それだけでは必ずしも十分な対策にはならない。財産を開示しないことに対する

---

[111] 「第7回（平成29年7月）裁判の迅速化に係る検証に関する報告書」最高裁判所事務総局編によれば，人事訴訟事件の平均審理期間は，平成19年には平均9.7月であったのに対し，年々長期化傾向を示し，平成28年には平均12.3月となっている。一方，財産分与の申立てがある事件の割合が平成19年には23.9％であったのに，年々割合が増加し，平成28年には36.4％となっている。

不利益がないということでは，最近の権利意識が強い当事者の中には裁判所の訴訟指揮に従わない者も少なくなく，こうした当事者を十分説得できない代理人も増えてきた。原則的には，分与義務者が保有する積極財産の存在は，分与を求める側に立証の負担があるが，分与義務者が立証に協力しない場合は，その立証の負担の程度を緩和するという方法で対応するのが適当であり，悪質な証拠開示拒否の事案などでは9(3)で述べたとおり弁論の全趣旨によって認定するということも考えられる。[112]

(3) 長期化しやすい類型2─特有財産性に争いがある事案

次に長期化しやすい類型として，特有財産性に争いがある事案が挙げられる。例えば，不動産の購入資金の一部に，婚姻前から保有していた預金や親族からの贈与金が当てられたとして，その特有部分の金額が争点となる事案である。特に，不動産を取得したのがかなり昔であって，特有財産支出に関する資料の収集が困難な事案が長期化しやすい。この問題に限らず，過去の財産資料の収集に限界があることは仕方のないことであり，いつまでも探索的立証を許すわけにはいかない。裁判所としては合理的な期間内に立証を終えるように訴訟指揮をし，その期間内に提出された資料に基づいて判断するほかない。特有財産性の立証ができないものについては，夫婦で形成した財産として評価をすることを原則として，ある程度割り切った審理をするのもやむを得ない。

(4) 基準時に争いがある事案

清算的財産分与における対象財産確定の基準時について争いがある場合は，まずは当事者がそれぞれ主張する2つの基準時点で主張整理をしていくことになる（財産一覧表を2つ作成してもらうことになる。）。裁判所や当事者の主張整理の手間が増えるものの，これによって大幅に審理が遅延することはないと思われる。[113]もっとも，できるだけ審理の早期の段階で基準時が合意できれば，

---

112) 松谷佳樹「財産分与の審理の実情と課題」法の支配191号（2018）54頁参照。
113) 大門＝木納・前掲注90）13頁によれば，基準時に争いがある事案を長期化しやすい類型の第一に挙げているが，当事者の手間は2倍になるものの，直ちに長期化につながるとは考えられない。また，同論考14頁では，どちらの主張する基準時が相当であるか判断できない事案では，より過去の時点を基準時とするという考えが述べられているが，過去になればなる

審理の合理化には役立つ。婚姻破綻の時期が離婚原因や不貞の成否に影響する場合は，破綻の時期についての争いが激化しやすいが，財産関係に大きな変動のない夫婦であれば，婚姻破綻の時期の主張と切り離して財産分与の基準時を別居日と合意することなどにより，基準時を合意することが可能な事案もある。例えば不貞の成否に関して婚姻破綻の時期に争いがある場合でも，裁判所としては，これと別に財産分与の基準日について合意可能かどうか当事者に検討を求めてもよいと思われる。細かくみれば，夫婦の協力関係は別居日に急になくなるわけではなく，夫婦の関係が悪化していくにつれて，次第に失われていき，最後には別居によって協力関係が終了するものと考えられる。しかし，双方にわかりやすい明確な基準時点として，原則として別居時までは基本的な経済的協力関係は維持されるものとしてきたのが，これまでの離婚訴訟の実務である。財産分与の審理一般に通じることだが，あまり精密すぎる議論に入らないように注意し，合理的な審理を工夫すべきである。そうすると，基準時に争いがある場合は，原則として別居時で対象財産を確定することとして，寄与の程度に変化がある場合は，全体としての寄与度の判断に委ねるのが審理としては簡明である。これと異なる基準時を主張する側にその合理性について十分な根拠を主張立証してもらうというのがよいと思われる。なお，事案としては少ないが，同居したまま財産分与を求めている場合は，調停申立ての日など明確な日を基準日とすることが考えられる。

(5) 合理的な主張立証計画の必要

離婚の可否，親権者の指定といった慎重に判断すべき問題と比較すると，財産分与は，基本的に経済的な紛争であるから，本来は合理的な期間内に収集できた証拠に基づいてドライに判断すべき問題であって，この審理が長期化することによって，当事者の家族関係の再構築へのスタート時期が遅れるのは問題である。最近の当事者や代理人の中には，自分の主張を最大限にし，細かく隅々まで立証しようとこだわるあまりに審理の長期化に十分注意を払っ

ほど資料収集の困難性が増し，過去時点を原則とする考え方には同意できない。やはり清算的分与の対象財産確定の基準時は別居時を原則とすべきで，それ以外の基準時を相当とする場合は，より合理的な根拠と客観的な明確性が必要であろうと思われる。

ていないように見える人もいないではない。やはり家族の紛争を合理的な期間に解決することを第一として，主張する財産額の多寡と立証の難易度を考慮したうえ，枝葉を切り落として太い幹で主張立証を構成していく姿勢が重要である。複雑な財産分与の事件を長期化させないためには，訴訟代理人のスキルとセンスが重要であり，最終的な離婚までの訴訟進行を考えながら，計画的に主張立証をすることが必要である。

(6) 和解の重要性

　財産分与の方法は金銭の支払を原則とすることは前述のとおりであるが，共有の不動産がある場合は，財産分与の枠内では共有状態の解消が困難な場合があり，住宅ローンがある場合は，5(5)(c)で述べたとおり，判決では債務引受けを命じる財産分与ができないことから，財産分与に関する判決だけだと夫婦の財産関係が整理できないことがある。そうした場合は，和解や調停など合意によって解決すべき必要性が高い。和解や調停だと，例えば，住宅ローンを借り換えたり，親族の援助を得て，代償金を支払うことによって相手方の共有持分を取得したりするなどの柔軟な解決が可能である。そのような場合でなくても，早期解決のためには和解が望ましいので，財産分与が争点となる事案において，裁判所としては，双方の財産関係が整理できた段階で積極的に心証を開示し，和解を勧告するのが望ましい。

(7) 判断の手法についての工夫

　従来，清算的財産分与において判断の前提となる双方の資産・負債についての立証は，基本的にこれによって有利になるほうが立証の負担を負い，例えば，原告は，被告の資産について証明責任があり，それを立証できた範囲で被告の資産額が認定され，一方，被告は，原告の資産について証明責任があり，それを立証できた範囲で被告の資産額が認定される。他方，負債については，それぞれ自己の負債の存在とその額について証明責任があるという

---

114) 家事審判では，特定の主要事実が観念できないことが多く，ある事実の存否が必ずしも特定の法律効果に直結するとはいえないため，証明責任といっても，民事訴訟とまったく同じものではないが，ある事実の存否不明の場合に誰の不利益に考慮するかという民事訴訟の証明責任と同様な問題は生じる。財産分与は，人事訴訟に附帯されたとしても，家事審判事項であり，証明責任の概念についても同様である。ここでは，上記に述べたような意味で，証明責任という言葉を使用する。

考えで民事訴訟的に判断されてきたのがこれまでの実務である。しかし，財産分与は，人事訴訟に附帯されて審理されているとはいっても，本来は家事審判事項であり，非訟事件として，本来は弾力的裁量的な判断が可能なはずである。例えば，別居前に一方が共有財産である預金を引き出し，隠匿している可能性があるものの，その数額を確定するに足りる証拠がないというときに，従来の実務でも，例えば100万円の引き出しのうち，割合的心証（例えば心証度6割程度という前提で）として60万円を別居日に保持しているものと認定して判断するということをしていた。さらに進めて，こうした事情を「その他一切の事情」として財産分与の判断要素として考慮することを提言している最近の論考があり，注目を受けている。[115] このような判断手法を採ったからといって，直ちに離婚訴訟全体の審理期間が短縮するとまではいえないと思われるが，裁判所から，柔軟で弾力的な解決策を提案することは，長期化しがちな複雑事案を解決する手法として検討に値する。

VI　年金分割（厚年78条の2第2項等）[116]

1．年金分割とは

　老齢基礎年金（国民年金）は，生活の基本的な部分に対応する年金であり，わが国に住所のある20歳以上60歳未満の者は，全員が加入しなければならないことになっている。老齢基礎年金（他に一定の事由に応じて障害基礎年金・遺族基礎年金等が支給される。）は，加入者である夫及び妻に対してそれぞれ支給

---

115) 大門＝木納・前掲注90)参照。詳しくは同論考をお読みいただきたいが，同論考では，このような判断方式を訴訟と非訟のバランスを考慮した方式という意味で，バランス方式と称している。

116) 山下正通＝高原知明「国民年金法等の一部を改正する法律における厚生年金保険の標準報酬の改定の特例（離婚時年金分割制度）の創設及びこれに伴う人事訴訟法の一部改正の概要」家月57巻3号（2005）45頁。山門優「離婚時年金分割制度の概要」調停時報160号（2005）25頁以下。光岡弘志「離婚時年金分割制度の概要と家事調停における手続について」ケース研究289号（2006）3頁以下。最高裁判所事務総局家庭局監修『離婚時年金分割制度関係執務資料』（司法協会，2007）。岡健太郎「第17　離婚時年金分割の審理」野田＝安倍監修・前掲注64) 473頁以下。

される。他方，わが国の年金制度には，国民年金のほかに厚生年金保険（他に国家公務員・地方公務員・私学教職員等が加入していた各共済年金があったが，被用者年金制度の一元化等を図るための厚生年金保険法等の一部を改正する法律（平成24年法律第63号）により，平成27年10月1日から，こうした被保険者も厚生年金保険に加入することになった。）がある。これは，厚生年金保険の被用者年金の被保険者等となり，保険料を支払っていれば，一定の事由が生じることで，老齢厚生年金等を受給できるという制度である。しかし，受給権者となるのは，被保険者本人だけであるため，夫婦の一方が働き，その者が厚生年金保険の被用者年金の被保険者等となっている場合には，他の配偶者は，当該部分について権利を有しないことになる。そうなると，近年，中高齢者の比較的婚姻期間の長い夫婦の離婚件数が増加してきているが，いわゆる現役時代の男女の雇用の格差等を背景として，夫婦双方の年金受給額に大きな格差が生じることになる。例えば，厚生年金保険の場合，老齢厚生年金等の保険給付（報酬比例部分）の額は，被保険者の平均標準報酬額（これは，被保険者であった期間の標準化された報酬月額と賞与額の総額等に基づいて計算される。）を基礎として算定されることから，夫婦が離婚した場合において，就労期間がないか，短期間であったり，低賃金であった者は，高齢期において十分な所得水準を確保することができないことになる。しかしながら，後述するように，現行の老齢厚生年金は，その性質及び機能上から，基本的に夫婦双方の老後等のための所得保障としての社会保障的意義を有しており，婚姻期間中の保険料納付も，夫婦の協力により，それぞれの老後等のための所得保障を同等に形成していくという意味合いを有しているのである。この点は，後記の「3号分割」に明確に現われており，厚生年金保険法も，「被扶養配偶者を有する被保険者が負担した保険料について，当該被配偶者が共同して負担したものであるという基本的認識の下に」（厚年78条の13），当然2分の1の割合で分割される制度としている。それゆえ，上記の被保険者だけが厚生年金を受給でき，他方は，受給することができないというのは，これを調整しないと不公平な結果となる。これは，厚生年金保険だけではなく，国家公務員・地方公務員・私学教職員等が加入していた各共済年金においても，同様であるといえる。

　そのため，裁判実務においては，このような不公平性を解消するために，

財産分与において，財産分与として定期金の給付を合意したり，これを命じるなどしていた。しかし，そのような工夫をしたとしても，相手が死亡した場合には，元の配偶者は支払を受けられなくなるなどの限界があった。そして，多くの場合には，妻がこのような立場になるから，**離婚後の高齢単身女性の生活保障の問題**が生じているといわれていたのである。

そこで，厚生年金保険等の被用者年金に係る報酬比例部分の年金額の算定の基礎となる標準報酬等につき，夫婦であった者の合意又は裁判により分割割合を定めることとし，その定めに基づいて，夫婦であった者の一方の請求により，厚生労働大臣（かつては，社会保険庁長官）等が，標準報酬等の改定又は決定（以下「改定等」という。）を行うという「離婚時年金分割制度」が導入されたのである。こうした標準報酬等の改定等が行われることにより，分割を受けた者は，改定等された標準報酬等が自分自身の年金算定の基礎資料となるから，改定等された標準報酬等に基づいて算定される年金を，受給資格に応じて受給できるようになる。例えば，厚生年金保険の場合，分割を受ける者は，自身が老齢に達するまで老齢厚生年金は支給されないものの，受給資格を得れば，改定後の標準報酬に基づいて算定される額の老齢厚生年金を受給することができ，この改定後の標準報酬は，自分自身のものであるから，被保険者が死亡したとしても，自身の老齢厚生年金の受給へは影響しないことになる。そのため，前記のような問題は解消されることになる。この点は，各共済年金においても，同様である。

この制度においては，当事者間で分割の割合についての合意をすればよいが，合意ができない場合には，家庭裁判所において定めることとされている。そして，離婚訴訟においても，「標準報酬等の按分割合に関する処分」が附帯処分とされた（人訴32条1項）。

本節では，まず，年金制度及び離婚時年金分割制度の概要を説明したうえで，離婚訴訟の附帯処分としての「標準報酬等の按分割合に関する処分」の審理について説明する。

2．年金制度の概要

わが国の現行の年金制度は，次の図のとおり，国民年金（基礎年金）を基

公的年金制度の仕組み

◆ 公的年金制度は、加齢などによる稼得能力の減退・喪失に備えるための社会保険。（防貧機能）
◆ 現役世代は全て国民年金の被保険者となり、高齢期となれば、基礎年金の給付を受ける。（1階部分）
◆ 民間サラリーマンや公務員等は、これに加え、厚生年金保険に加入し、基礎年金の上乗せとして報酬比例年金の給付を受ける。（2階部分）

（数値は平成27年3月末）

		（民間サラリーマン）[加入員数 3,599万人]	（公務員等※1）[加入員数 441万人]	
2階部分		厚生年金保険		
1階部分	国民年金（基礎年金）			
	[自営業者など]	[会社員]	[公務員など]	[第2号被保険者の被扶養配偶者]
	1,742万人	4,039万人		932万人
	第1号被保険者	第2号被保険者等※2		第3号被保険者

6,713万人

※1 被用者年金制度の一元化に伴い、平成27年10月1日から公務員および私学教職員も厚生年金に加入。また、共済年金の職域加算部分は廃止され、新たに年金払い退職給付が創設。ただし、平成27年9月30日までの共済年金に加入していた期間分については、平成27年10月以後においても、加入期間に応じた職域加算部分を支給。
※2 第2号被保険者等とは、被用者年金被保険者のことをいう（第2号被保険者のほか、65歳以上で老齢、または、退職を支給事由とする年金給付の受給権を有する者を含む）。

出典：厚労省ホームページ（https://www.mhlw.go.jp/file/06-Seisakujouhou-12500000-Nenkinkyoku/0000126679.pdf）

礎とした３階建ての構造となっている。
(1) 国民年金

　国民年金制度は，「憲法第25条第２項に規定する理念に基き，老齢，障害又は死亡によって国民生活の安定がそこなわれることを国民の共同連帯によって防止し，もって健全な国民生活の維持及び向上に寄与すること」を目的とする制度である（国年１条）。

　国民年金の被保険者は，①日本国内に住所を有する20歳以上60歳未満の者であって，後記②及び③のいずれにも該当しないもの（以下「第１号被保険者」という。），②被用者年金各法（(2)の厚生年金及び(3)の各共済年金。しかし，前記のとおり，平成27年10月１日から，各共済年金は，厚生年金保険に統合された。）の被保険者，組合員又は加入者（以下「第２号被保険者」という。），③第２号被保険者の配偶者であって主として第２号被保険者の収入により生計を維持するもの（第２号被保険者である者を除く。以下「被扶養配偶者」という。）のうち20歳以上60歳未満のもの（以下「第３号被保険者」という。）の３種類に分類される。

　第１号被保険者の保険料は，年齢，所得に関係なく，定額（１月につき１万6410円〔平成31年４月から令和２年３月〕）である。厚生年金保険の被保険者等及びその被扶養配偶者は，同時に国民年金の被保険者（第２号被保険者及び第３号被保険者）となるが，個々に国民年金の保険料の納付義務を負わず，厚生年金保険の管掌者としての政府等が，国民年金に対し，毎年，基礎年金拠出金を負担する。

　国民年金法の定める給付としては，すべての種別の被保険者のための基礎年金としての老齢基礎年金，障害基礎年金及び遺族基礎年金があり，さらに，第１号被保険者のための付加年金，寡婦年金及び死亡一時金がある。このうち，老齢基礎年金は，同法の定める受給資格期間（保険料納付済期間等〔10年〕）を満たした被保険者（被保険者であった者）が65歳に達したときに支給することとされており（国年26条），同年金の額は，満額で年額78万0100円（平成31年４月から令和２年３月）とされている。

(2) 厚生年金

　厚生年金保険制度は，「労働者の老齢，障害又は死亡について保険給付を行い，労働者及びその遺族の生活の安定と福祉の向上に寄与することを目的

とし」たものであり（厚年1条），被保険者（被保険者であった者）の老齢，障害又は死亡に関し，各基礎年金に上乗せする形で3種類の年金を支給する，これは，国民年金に上乗せされることになるから，いわゆる2階部分の給付を行う制度ということになる。

　適用事業所（厚年6条～8条の3）に使用される70歳未満の者は，厚生年金保険の被保険者とされている。厚生年金保険法の被保険者は，前記のとおり，第2号被保険者として国民年金の2つの年金制度に加入することとなる。厚生年金保険や各共済年金の被保険者の被扶養配偶者であって20歳以上60歳未満のものは，第3号被保険者として国民年金の被保険者となるものの，厚生年金保険制度等の被保険者等とはならないので，被扶養配偶者である期間につき，厚生年金保険制度による年金給付を受給することはない。

　保険料は，定額ではなくおおむね報酬額に比例し，標準報酬月額及び標準賞与額にそれぞれ保険料率を乗じて得た額とされ，被保険者本人と被保険者を使用する事業主の双方で2分の1ずつを負担する。

　厚生年金保険法の定める給付としては，老齢厚生年金，障害厚生年金，障害手当金及び遺族厚生年金がある。このうち，老齢厚生年金は老齢基礎年金に，障害厚生年金は障害基礎年金に，遺族厚生年金は遺族基礎年金に，それぞれ上乗せする形で支給されることが基本となる。年金の額は，標準報酬月額及び標準賞与額を基礎として一定の率を乗じるなどして計算される。すなわち，老齢基礎年金（国民年金）のように定額ではなく，被保険者であった期間の報酬等との関係で比例的に算出されるのである。

(3)　各共済年金

　いわゆる共済年金には，国家公務員共済組合制度，地方公務員共済組合制度及び私立学校教職員共済制度の3つがあった（前記のとおり，平成27年10月1日から，こうした被保険者も厚生年金保険に加入することになり，厚生年金保険に統合された。）。これらは，いずれも各職員の病気，負傷，出産，休業，災害，退職，障害もしくは死亡又はその被扶養者の病気，負傷，出産，死亡もしくは災害に関して適切な給付を行うため，相互救済を行うこと等を目的とするものである（国公共済1条1項，地公共済1条1項，私学共済1条）。

　保険料や給付額等年金制度の内容については，名称が異なっていた（被保

険者ではなく組合員又は加入者，保険料ではなく掛金等）ほかは，厚生年金とほぼ同様の仕組みとなっており，組合員等（組合員等であった者）の老齢，障害又は死亡に関し，各基礎年金に上乗せする形で3種類の年金を支給する，いわゆる2階部分の給付を行う制度であった。

3．離婚時年金分割制度

(1) 年金分割の種類

離婚時年金分割には，次の2つがある。

(a) **合意分割**（平成19年4月1日施行。同日以後の離婚に適用）　離婚時年金分割は，離婚，婚姻の取消し又は事実上の婚姻関係（当事者の一方が他方の被扶養配偶者〔第3号被保険者〕であった期間〔事実婚第3号被保険者期間〕がある場合に限る。）の解消（以下「離婚等」という。）がされた場合に，夫婦であった者の一方の請求により，厚生労働大臣等（既に説明したように，各共済年金は，厚生年金保険に統合されたが，年金分割については，国家公務員共済組合等が実施機関として，改定や情報提供等を行うことができるから，実施機関に対して改定請求等をすることもできる。）が当該離婚等について対象期間に係る被保険者期間の標準報酬等の改定等の処分を行う方法によりなされる。その前提として，まず，夫婦の対象期間標準報酬総額等（夫婦の場合，婚姻後，離婚等するまでが対象期間であり，その間の夫婦のそれぞれの標準報酬を合計したものが標準報酬総額となる。）の合計のうち，その一方に割り当てるべき割合（これを「請求すべき按分割合」という。）を定める必要がある。請求すべき按分割合は，①夫婦であった者の合意により定めるのが原則であるが，②合意のための協議が調わないとき又は協議することができないときは，家庭裁判所は，夫婦であった者の一方の申立てにより，請求すべき按分割合を定めることができる。

離婚等をした当事者又は家庭裁判所が分割の割合を定めて，当事者の一方から厚生労働大臣（窓口は年金事務所）等に対する年金分割の請求（標準報酬の改定等を求めるもの。以下「年金分割請求」という。厚生年金保険の場合には，「標準報酬改定請求」ということがある。）により，保険料納付記録（標準報酬総額）等を定められた割合により分割するのが，合意分割の制度である。

(b) **3号分割**（平成20年4月1日施行。同日以後の離婚に適用）　夫婦の一方

が厚生年金保険及び各共済年金に加入し，他の一方がその被扶養配偶者として厚生年金法上の第3号被保険者と認定されていた期間（第3号被保険者期間。平成20年4月1日以降の部分に限る。）があるときに，その期間について，被扶養配偶者から厚生労働大臣等に対する年金分割請求により，保険料納付記録等を当然に2分の1の割合で分割する制度である（厚年78条の14）。この請求がされた場合には，分割の割合を個別に定める必要はない。したがって，家庭裁判所が関与することもない。この制度は，被扶養配偶者を有する被保険者が負担した保険料について，当該被扶養配偶者が共同して負担したものであるとの基本的認識の下に設けられたものである（厚年78条の13）。[117]

なお，後記のとおり，合意又は家庭裁判所が分割の割合を定めることで「請求すべき按分割合」が定められると，3号分割の対象となる期間も併せて改定等が行われたとみなして算定がされることになる。

(2) 年金分割（合意分割）の内容

(a) **対　　象**　　分割の対象となるのは，婚姻期間（これを「対象期間」という。）中の被用者年金の保険料納付実績（厚生年金では保険料納付記録，共済年金では掛金払込記録）である。当事者が受給している年金額の一部を他方に分けるものではない。

合意分割をすることができるのは，平成19年4月1日以降に離婚した場合に限られる。ただし，同日以降の離婚であれば，同日以降の婚姻期間だけではなく，婚姻期間全体が分割の対象となる。

なお，転職により，厚生年金，国家公務員共済年金など複数の被用者年金の対象となる者については，これらの年金ごとに年金分割を行う必要があったが，前記のとおり，各共済年金が厚生年金保険に統合されたため，厚生年金だけを分割すればよいことになった。つまり，厚生年金について合意分割がされれば，統合以前の共済年金についても分割されることになる。

(b) **方　　法**　　合意分割の場合には，保険料納付記録の管理者は，離婚等をした夫婦の一方から，年金分割の請求があったときに，請求の際に添

---

[117] 以下，関係条文を引用する場合には，基本的には厚生年金保険に関するもののみを記載するが，他の被用者年金についても同様の規定があった。また，本文中の用語についても同様である。

付された資料に記載された分割の割合（請求すべき按分割合）を基礎として，保険料納付記録を改定する。過去に被用者年金に加入したことのない者は，年金分割によって新たに保険料納付記録の作成（これを「決定」という。）がされる。この結果，対象期間標準報酬総額が減少する方を第1号改定者，増加する方を第2号改定者という。

　請求すべき按分割合は，当事者双方の対象期間標準報酬総額の合計額に対する，標準報酬が増加改定等される者の分割後における対象期間標準報酬総額の割合であり，夫婦の一方の対象期間標準報酬総額のうち，その他方に割り当てられるべき割合ではない。例えば，夫と妻の対象期間標準報酬総額が分割前にはそれぞれ2億円と1億円である場合において，分割により夫から妻に5000万円を割り当て，夫と妻の対象期間標準報酬総額を同額（1億5000万円）としたい場合には，請求すべき按分割合は0.5（50％）となる。

■ 標準報酬

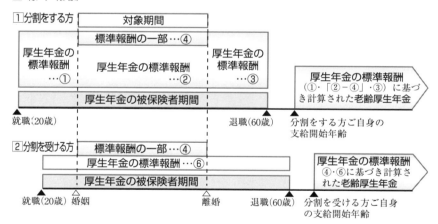

注：①　分割をする方……対象期間標準報酬総額の多い方（「第1号改定者」）。
　　②　分割を受ける方……対象期間標準報酬総額の少ない方（「第2号改定者」）。
出典：厚生労働省年金局年金財政ホームページより作成。

(c) 効　果　　年金分割請求に基づいて標準報酬の改定等が行われると，改定後の標準報酬総額を基礎として年金額が算定されることになる。す

なわち，年金分割後は，当事者それぞれについて，自分自身の受給資格に応じ，分割後の保険料納付記録に基づいた額の年金を受給することになる。

　年金分割を受けた者が既に受給権者である場合には，その者の支給額は，年金分割請求があった日の属する月の翌月から改定される（厚年78条の10第1項）。まだ受給していない者については，実際に年金を受給することができるのは，例えば，その者が65歳になるなど，その者自身について年金の受給資格期間その他の支給要件が満たされ，年金の受給権者になったときである。

　(d)　請求期限　　厚生労働大臣等に対する年金分割の請求は，離婚等をした日の翌日から起算して2年以内に行わなければならない（厚年78条の2第1項ただし書，厚年施規78条の3第1項）。

　ただし，2年を経過する前に家庭裁判所に対し，請求すべき按分割合に関する処分等の申立てをすれば，事件の進行中に2年を経過してもよく，その場合には，分割割合を定めた審判・判決の確定後又は調停・和解の成立後1か月以内に，年金分割請求をする必要がある（厚年施行規78の3第2項）。

(3)　手続の流れ

　(a)　情報提供請求　　請求すべき按分割合を定めるに当たっては，按分割合の範囲を正確に把握する必要がある。また，年金分割をするか否かということや請求すべき按分割合の内容について当事者等が判断するためには，当事者等において分割に必要な一定の情報を把握することが必要となる。そこで，夫婦であった者の双方又は一方の請求により，厚生労働大臣等が，年金分割請求を行うために必要な情報を提供する制度が設けられた（厚年78条の4第1項）。情報提供は，「年金分割のための情報通知書」という書面で行われる（■書式例24：年金分割のための情報通知書参照）。

　なお，情報提供の請求をした者のうち満50歳以上の者については，年金分割をしない場合の年金見込額，年金分割をした場合の年金見込額等の情報の提供を受けることができる。

　(b)　請求すべき按分割合の決定　　当事者間で分割割合について合意ができた場合には，標準報酬改定請求をすること及び請求すべき割合について合意している旨を記載し，当事者が自ら署名した書類を作成する。また，当

事者が標準報酬改定請求をすること及び請求すべき按分割合について合意している旨が記載された公正証書又は公証人の認証を受けた私署証書を作成する方法もある。

　当事者間で合意のための協議が調わないとき，又は協議をすることができないときは，当事者の一方の申立てにより，家庭裁判所は，当該対象期間における保険料納付に対する当事者の寄与の程度その他一切の事情を考慮して，請求すべき按分割合を定める（厚年78条の2第2項）。

　(c)　年金分割請求　　当事者間で分割割合について合意ができた場合には，当事者双方又は代理人が年金分割請求すること及び請求すべき割合について合意している旨を記載し，当事者が自ら署名した書類を，厚生労働大臣（年金事務所）に直接持参して，年金分割を請求する。夫婦であった者の一方が請求する場合には，請求すべき按分割合を定める合意公正証書又は公証人の認証を受けた私署証書，これに代わる裁判に基づき，厚生労働大臣等に対し，婚姻期間等一定の期間に係る被保険者期間の標準報酬改定請求をする。なお，請求には，以下のいずれかの書類を提出する必要がある（厚年施規78条の4第1項）。

　①　当事者間で合意ができた場合には，標準報酬改定請求をすること及び請求すべき按分割合について合意している旨が記載された公正証書の謄本もしくは抄録謄本又は公証人の認証を受けた私署証書
　②　家庭裁判所で定めた場合には，請求すべき按分割合を定めた確定した審判，調停調書，確定した判決又は和解調書の謄本又は抄本

4．年金分割の附帯処分

(1)　手続の流れ

　(a)　申立権者　　夫婦の一方が申立権者となるが，離婚訴訟であるから，基本的には原告が申し立てることになる。ただし，他の附帯処分と同様，被告が申し立てることもできる。

　(b)　申立ての単位　　法律の定める対象期間ごと（情報通知書1通ごと）に1件である（3(2)(a)参照）。したがって，申立手数料（印紙額）は，1件ごとに1200円となる。

(c) 提出書類

　　(ア)　申立書（人訴規19条1項）

　　(イ)　厚生労働大臣（年金事務所）等から交付された情報通知書（人訴規19条3項）　情報通知書に記載される情報は，いずれも年金分割制度を利用するための前提となる基本的な情報であり，家庭裁判所において請求すべき按分割合に関する事件を審理するためにも必要であるからである。

(d)　附帯処分の審理　　標準報酬の按分割合に関する処分を行うに当たっては，主として，①「按分割合の範囲」の確定と，②具体的な「請求すべき按分割合」の定めについて審理を行う必要がある。

　　(ア)　「按分割合の範囲」の確定　　「請求すべき按分割合」を適正に定めるためには，「按分割合の範囲」を正確に把握する必要がある。家庭裁判所は，申立ての際に添付される情報通知書に基づいて審理するが，審理の途中で按分割合の範囲に著しく影響を及ぼすような事情の変更が生じたことが判明した場合などには，自ら厚生労働大臣等に対する資料提供の求め（厚年78条の5等）を行うことも考えられる。その方法としては，調査嘱託又は事実の調査によることになる。

　　平成20年4月1日以後に被扶養配偶者である期間（以下「特定期間」という。）がある場合には，前記3(1)(b)のとおり，3号分割の対象となるが，同日以後の婚姻期間については，請求により当然に2分の1で分割したうえで，按分割合の範囲を算定することとなる。そして，特定期間がある場合において，離婚時年金分割のための情報提供の請求（3(4)(a)参照）があった場合には，厚生労働大臣等は，原則として，当該特定期間については按分割合を2分の1とした標準報酬の改定等が行われたものとみなして算定した情報を提供することとされている（厚年78条の20第3項）。

　　(イ)　「請求すべき按分割合」の定め　　請求すべき按分割合については，「対象期間における保険料納付に対する当事者の寄与の程度その他一切の事情」を考慮して定めるとされている（厚年78条の2第2項）。

　　請求すべき按分割合は，(ア)の範囲内（最大で0.5〔50％〕）で定める必要がある。前記のとおり，3号分割の対象となる期間（特定期間）がある場合においても，特定期間とその余の婚姻期間とを合わせて，合意分割をすることに

なる。そして，情報通知書に記載された「按分割合の範囲」は，特定期間については2分の1に改定等が行われたとみなして算定されたものであるから，記載の範囲内で按分割合を定めればよく，一般的な場合と比べて，特別な考慮を要するわけではない。

(ε) **主文，和解条項**　情報通知書を別紙として判決書又は和解調書に添付し，これを引用するものがほとんどである。その場合には，「原告と被告との間の別紙記載の情報に係る年金分割についての請求すべき按分割合を0.Xと定める。」とする例が多い。[118]

なお，年金分割請求権は，厚生労働大臣に対する公法上の請求権であり，離婚する当事者間の債権債務関係ではないので，清算条項を定めた場合でも，その後年金分割事件の申立て（別表第2事件の審判・調停）ができなくなるわけではない。したがって，年金分割をしない前提でその他の財産的給付を定めた和解をする場合には，通常の清算条項のほかに，年金分割の申立てをしない旨の条項を設けておく必要がある。

(2) **按分割合の定め**

(a) **按分割合に関する考え方**　請求すべき按分割合については，「対象期間における保険料納付に対する当事者の寄与の程度その他一切の事情」を考慮して定めるとされているが，これは，「対象期間における保険料納付に対する当事者の寄与の程度」を考慮事情として特に規定することにより，離婚時年金分割においては，いわゆる清算的要素を重視すべき旨を示す趣旨である。ところで，現行の被用者年金の中心となる老齢厚生年金は，その性質及び機能上，基本的に夫婦双方の老後等のための所得保障としての社会保障的意義を有しているものであり，離婚時年金分割制度との関係においては，婚姻期間中の保険料納付は，互いの協力により，それぞれの老後等のための所得保障を同等に形成していくという意味合いを有しているものと評価することができる。この趣旨は，3号分割に明確に現われており，前記のとおり，厚生年金保険法は，「被扶養配偶者に対する年金たる保険給付に関しては，

---

[118] 情報通知書を引用せずに書き下ろす場合の例については，岡健太郎「第17　離婚時年金分割の審判」野田＝安倍監修・前掲注64) 490頁参照。

第三章に定めるもののほか，被扶養配偶者を有する被保険者が負担した保険料について，当該被配偶者が共同して負担したものであるという基本的認識の下に，この章の定めるところによる。」(厚年78条の13)としており，3号分割においては，当然2分の1の割合で分割される制度とされているのである。このことは，合意分割の場合であっても，基本的には変わらないと考えられる。したがって，対象期間における保険料納付に対する夫婦の寄与の程度は，特別の事情のない限り，互いに同等とみるのが制度の趣旨と解される。

年金分割と同様に，一切の事情を考慮して夫婦財産の清算割合を判断する財産分与の制度がある。財産分与においても，双方の寄与割合を2分の1とする例が多いが，年金分割は，財産分与とは異なる制度であり，財産分与よりも2分の1の原則性が強いものと考えられる。例えば，財産分与においては，夫婦が共同して形成した財産を清算するという趣旨から，別居時に存在した財産を分与対象財産とする取扱いが多く，そのため，年金分割においても，夫婦の寄与の程度は同居期間に比例すべきであるとの考え方もあり得るであろう。しかしながら，前記のとおり，年金分割は，夫婦が共同して形成した財産の清算ということではなく，夫婦で支払った保険料は夫婦双方の老後等のための所得保障としての意義を有しているものとの基本的認識の下にある制度であり，それゆえ，3号分割においては，同居期間・別居期間の区別なく，当然に2分の1とされているのである。

したがって，同居期間に当然に比例して割合が決まるものではなく，別居期間があっても，原則としては2分の1と考え，別居期間が長期間に及んでいることやその原因等については，例外的な取扱いに関する考慮事情とするに止めるのが相当であろう。例えば，妻が不貞行為に及んだうえ家庭を放棄して別居に至ったなど，妻の有責性がかなり強く，別居期間が相当程度長期間に及んでいる場合のように，婚姻期間中とはいえども2人分の保険料を共同して負担しているとは到底言いがたいような状態に至っているケースであれば，例外的に，0.5以外の按分割合を定めることが考えられるであろう。しかしながら，そのような場合でも，前記のとおりの制度趣旨からすると，直ちに同居期間と別居期間に比例して割合を決めるのではなく，有責性の程度や別居後婚姻関係が完全に破綻したとみられる時期等の要素を総合して考

慮し，裁判所の裁量により，相当な割合を定めることになろう。

(b) **按分割合の定めの実情**　施行後，相当な年数を経過したが，離婚訴訟等の判決や家事事件手続法やそれ以前の家事審判法における審判において，0.5以外の按分割合を定めた例は，ほとんどないといってよい。[119]

これに対し，離婚調停や離婚訴訟における和解においては，0.5以外の按分割合の合意がされた事例はある程度存在する。調停や和解においては，慰謝料や財産分与といった経済的給付の合意がされることが多く，これらにおいて夫から相当な金額の給付がされ，年金分割においては妻側が譲歩するといったケースもあるようである。合意分割は，あくまで当事者の合意が基本となる制度ゆえ，調停や和解においては，柔軟な対応がされているものと思われる。

---

[119] 0.5以外の按分割合の審判をした事例として，東京家審平25・10・1判時2218号69頁がある。これは，当該事例には特別な事情があると判断し，按分比率を0.3としたものである。しかし，実務の傾向は，年金分割制度の趣旨から，特別な事情については，厳格に解し，これが認められることはほとんどないといってよい。それゆえ，上記審判は，特殊なものとされ，これがされた後においても，同趣旨の審判例や裁判例はないと思われる。

第 4 章

渉外離婚事件

I 渉外離婚事件の特徴

　社会の国際化が進み，国際結婚も増加し，わが国に居住する外国人も増加すると，それに伴って，渉外離婚事件も増加してきている。

　渉外離婚事件には，実体法上の特有の問題と手続法上の特有の問題がある。前者は，国際私法の問題であり，後者は，国際民事訴訟法の問題である。

II 国際民事訴訟法に関する問題

1．送達と国際司法共助

(1) 総　　説

　訴状をはじめとする裁判文書を送達するのは，国家の裁判権の行使の一つである。また，証拠調べ等の実施も同様である。したがって，他国でそれらの行為を行うことはその国の主権を侵害することになりかねない。そこで，わが国が外国に裁判文書を送達し，逆に外国からの裁判文書の送達を受けることやわが国が外国で証拠調べをし，逆に外国がわが国で証拠調べをする等ある国が他の国において裁判権を行使するには，その間の合意が必要となる。よって，わが国と当該外国との間で，裁判権を行使するには，何らの取決めや条約がない場合には，外交上のルートによる個別の応諾によるほかはない。

当該外国の間で，司法共助の取決めや条約（二国間条約）がある場合やわが国と当該外国が多国間条約を締結している場合には，それらによることになる[1]。

(2) 多国間条約

(a) わが国が批准した送達に関する多国間条約としては，「民事訴訟手続に関する条約」（昭和45年条約第6号。以下「民訴条約」という。）と「民事又は商事に関する裁判上及び裁判外の文書の外国における送達及び告知に関する条約」（昭和45年条約第7号。以下「送達条約」という。）があり，批准に伴って，「民事訴訟手続に関する条約等の実施に伴う民事訴訟手続の特例等に関する法律」（昭和45年法律第115号）が制定されている。なお，民訴条約は，裁判文書の送達及び告知並びに証拠調べについて規定しており，送達条約は，裁判文書の送達及び告知について規定している。

送達に関しては，嘱託国と受託国が，民訴条約とともに送達条約に加入している場合には，送達条約が優先する。

(b) **民訴条約による送達** 民訴条約による文書送付は，原則として，指定当局送達（嘱託国の領事官から受託国の指定当局に要請するという方法）によるものとされている。受託国における送達は，受託国の国内法により送達権限を有する当局が行う。送達の方法としては，①任意交付（民訴条約2条），②国内法送達（民訴条約3条2項）及び③特別の方法（同項）がある。

また，民訴条約は，指定当局送達以外の方法として，①外国にいる利害関係人に対し直接に文書を郵送する方法，②利害関係人が直接名宛国の裁判所附属吏又は権限のある官吏に送達を行わせる方法，③各国が外国にいる者に対する直接の送達を自国の外交官又は領事官に行わせる方法（領事送達）を認めている（民訴条約6条）。これらの送達方法は，関係国間の条約によって認められるとき又は送達が行われる領域の属する国がこの権能の行使を拒否しないときに限って認められる（同条2項前段）。わが国は，③のうち裁判上

---

1) 各国ごとの具体的な手続等は，最高裁判所事務総局民事局監修『国際民事事件ハンドブック』（法曹会，2013）。なお，平成24年9月現在，最高裁判所事務総局が把握している限りの記載である。

の文書について拒否をしている。

(c) **送達条約による送達**　送達条約による送達は，中央当局送達，領事送達及びその他の送達の方法による。

中央当局送達は，嘱託国の送達について権限を有する当局又は裁判所附属吏が，受託国の中央当局に対し，直接，送達文書の送達を要請する方法である（送達条約3条1項・2項）。

領事送達は，各締約国が強制によらない限り，外国にいる者に対する裁判上の文書の送達又は告知を自国の外交官又は領事官に行わせるものである（送達条約8条1項）が，文書の作成された国の自国民に対する送達を除くほか，異議の留保を宣言することができる（同条2項）。わが国は，異議の留保を宣言していない。

その他の送達としては，①外国にいる者に対し直接に文書を郵送する方法，②嘱託国の送達権限を有する者が名宛て国の送達権限を有する者に送達を行わせる方法及び③裁判手続の利害関係人が直接名宛国の送達権限を有する者に送達を行わせる方法を，締約国の拒否の宣言がない限り認めている（送達条約10条）。わが国は，②及び③について拒否の宣言をしている。

(3) 司法共助の取決め及び二国間条約

二国間条約としては，日本国とアメリカ合衆国との間の領事条約（昭和39年条約第16号）及び日本国とグレート・ブリテン及び北部アイルランド連合王国（以下「英国」という。）との間の領事条約（昭和40年条約第22号）があり，司法共助による証拠調べについてはそれによる。もっとも，アメリカ及び英国は，民訴条約には加盟していないが，送達条約に加盟しているから，裁判文書の送達については送達条約によることとなる。

(4) 条約及び二国間共助取決めがない場合（個別の応諾）

条約及び二国間共助の取決めがない場合であっても，送達の嘱託がされた場合に，外交上の交渉で，送達が実施されることもある。シンガポール共和国がその例である。

2．外国離婚判決の承認

外国でされた離婚判決がわが国で効力を有するか，また，どのような要件

の下で効力があるのかは，外国離婚判決の承認の問題である。

　民事訴訟法118条は，外国裁判の承認の要件を規定している。かつては，離婚判決については，同条の要件のほかに法の適用に関する通則法（平成18年法律第78号。以下「通則法」という。）によって決定される準拠法が定める要件をも具備する必要があるとする見解もあった。これは，形成判決の承認は，これによって新たな権利関係を発生させるものであるから，確認判決や給付判決の承認とは異なり，通常の法律抵触解決の原則によるとするものである。しかし，その後，同条の適用によるべきであって，準拠法が定める要件を具備する必要はないとする見解が通説，裁判例の多くとなった。[2] そのうち，相互保証は強制執行を予想する財産上の請求について意義があるとして，相互保証の要件を不要とする見解もあったが，相互保証は国際間の信義として不当とはいえないとして，相互保証の要件も必要とする見解が有力であったと解される。戸籍実務は，かつては準拠法が定める要件をも具備する必要があるとしていたが，その後に変更され，現在では，準拠法の要件を具備しているかどうかを問わず，同条の要件をすべて具備しているときは承認する取扱いをしている。[3]

　民事訴訟法118条所定の各要件のうち，同条1号の国際裁判管轄権については，最高裁判所は，わが国の裁判所が当該事件を審理・判断する場合における国際裁判管轄（直接管轄）とは異なり，外国判決を承認する際に判決国が国際裁判管轄（間接管轄）を有するかどうかを問題にするものであって，両者は異なった基準によって判断されるべきとするともとれる判断をしていた。[4]

　なお，平成30年4月25日人事訴訟法等の一部を改正する法律（同年法律第20号）（以下「改正法」という。）が公布され，平成31年4月1日から施行された。それによると，民事執行法22条6号において，債務名義の一つとして「確定した執行判決のある外国裁判所の判決」が定められていたところに「（家

---

[2] 松原正明ほか『渉外家事・人事訴訟事件の審理に関する研究』（法曹会，2010）27頁参照。
[3] 昭和51年1月14日民二第280号民事局長通達参照。
[4] 最判平10・4・28民集52巻3号853頁参照。

事事件における裁判を含む。……)」と加えられた。これは，外国の家事事件における裁判についても民事訴訟法118条の適用があることを明文化したものであるから，離婚判決についても，当然同条の適用があることを前提としている。民事執行法22条6号の改正によって，改正法では，外国裁判所の家事事件についての確定した裁判の承認には，相互の保証が要件とされていると解されている[5]。したがって，改正法に基づくと，離婚判決についても当然相互保証が要件とされていると解される。

また，改正法は，家事事件及び人訴事件において，国際裁判管轄を明文化しているので，上記の最高裁判所の判断において，直接管轄と間接管轄は異なった基準によって判断されるべきとの判断をしていたとしても，改正法下でその判断が維持されるかが問題となるであろう。

III 国際裁判管轄権に関する問題

1. 国際裁判管轄権の意義

渉外離婚事件について，どのような要件の下でわが国裁判所が審理・裁判できるのかは，国際裁判管轄権の問題である。

2. 国際裁判管轄法制の整備

わが国においては，かつては，民事訴訟も人事訴訟も明文の定めがなかったので，解釈に委ねられていた。しかし，当事者の予測可能性や法的安定性を確保するため，民事訴訟一般について，平成23年法律第36号による民事訴訟法等の一部改正によって第1編第2章の第1節として「日本の裁判所の管轄権」3条の2から3条の12などが規定され，国際裁判管轄権についての規定が整備され，家事及び人事訴訟についても，改正法において，国際裁判管轄権についての規定が整備された。そこで，改正法が施行された後は，

---

5) 内野宗揮編著『一問一答平成30年人事訴訟法・家事事件手続法等改正』（商事法務，2019）160頁。

平成31年4月1日以前に裁判所に係属している事件を除き（これは，従前どおりの判断がされるべきこととなる。），改正法によるべきこととなる（改正法附則2条12項・3条1項・4条1項・2項）。

3. 改正法施行前の実務

　改正法施行前の実務を確認すると，わが国の手続法が定める国内土地管轄の規定から，わが国に裁判籍が存する場合には，国内土地管轄規定から逆に推知して，わが国に国際裁判管轄を認める逆推知説や裁判の適正・公平・迅速等の手続法理念に基づき，条理によって国際裁判管轄を決定する条理説等があったところ，最判昭56・10・16（民集35巻7号1224頁）は，条理説をとり，国際裁判管轄を直接規定する法規もなく，また，よるべき条約も一般に承認された明確な国際法上の原則もいまだ確立していない現状の下においては，当事者間の公平，裁判の適正・迅速を期するという理念により条理に従って決定するのが相当である旨を判示していた。また，離婚訴訟については，最大判昭39・3・25（民集18巻3号486頁）は，わが国に離婚の国際裁判管轄を認めるためには，訴訟手続上の正義の要求に合致し，国によって効力が認められるか否かが分かれる婚姻の発生を避けることにもなるから，被告の住所がわが国にあることを原則とすべきであるが，原告が遺棄された場合，被告が行方不明である場合，その他これに準ずる場合には，わが国に国際裁判管轄が認められるとしていた。また，最判平8・6・24（民集50巻7号1451頁）は，離婚請求訴訟において，被告がわが国に住所を有しない場合であっても，原告の住所その他の要素から離婚請求とわが国との関連性が認められ，わが国の管轄を肯定すべき場合がある，どのような場合にわが国の管轄を肯定すべきかについては，当事者間の公平や裁判の適正・迅速の理念により条理に従って決定するのが相当である，そして，原告が被告の住所地に離婚請求訴訟を提起することにつき法律上又は事実上の障害があるかどうか及びその程度をも考慮し，離婚を求める原告の権利保護に欠けることがないように留意しなければならないとして，被告がドイツ連邦共和国において，離婚訴訟を提起し，訴状及び呼出状が公示送達され，請求を認容する旨の判決が確定し，同国においては，離婚の効力が生じているが，わが国においては，

（平成8年改正前）民事訴訟法200条2号の要件を欠くため，婚姻がいまだ終了していない状況の下では，わが国に国際裁判管轄を肯定することが条理に適うというべきであるとしていた。

　この点については，改正法施行前においても，被告の応訴の負担という手続法上の考慮から被告がわが国に住所を有する場合にわが国に国際裁判管轄を認めることには異論はなかった。問題は，被告がわが国に住所を有していない場合にそれ以外にどのようなときにわが国の国際裁判管轄権を認めるかであった。わが国で実際に婚姻生活が行われたことは離婚原因の立証等の手段もわが国にあることが多いから，わが国の管轄を肯定する重要な要素に当たるものと考えられるが，その他公平・正義の見地からは，原告が遺棄された場合，被告が行方不明の場合などにもわが国の管轄を認めるのが相当であろう。前掲最判平8・6・24の事案も，原告の権利の保護の必要性が高く，そのような例外の一つとして位置づけられよう。

4．改正法の内容

(1) 離婚調停事件の国際裁判管轄

　改正法では，離婚調停事件を含む家事調停事件について，次の場合にわが国に国際裁判管轄を認めている（家事手続3条の13第1項）。

① 当該調停を求める事項についての訴訟事件又は家事審判事件について日本の裁判所が管轄権を有するとき（同項1号）

② 相手方の住所（住所がない場合又は住所が知れない場合には，居所）が日本国内にあるとき（同項2号）

③ 当事者が日本の裁判所に家事調停の申立てをすることができる旨の合意をしたとき（同項3号）

　①は，家事調停において合意に至らないときには，最終的には，訴訟又は家事審判により解決され，訴訟事件又は家事審判事件の開始後も，家事調停に付することも想定されることから，家事調停事件と調停を求める事項についての訴訟事件又は家事審判事件の管轄原因が一致することが望ましいからである。また，②は，当事者間の衡平の理念に合致するからである。そして，③は，家事調停が当事者の協議により円滑な紛争解決を目指す手続であるか

らである。
(2) 離婚訴訟事件の国際裁判管轄
　(a) 総　　論　　改正法では，人事に関する訴えとして，まとめて国際裁判管轄が規定されているが，離婚訴訟事件についてみると，次の場合にわが国に国際裁判管轄を認めている（人訴3条の2）。
　① 被告の住所（住所がない場合又は住所が知れない場合には，居所）が日本国内にあるとき（同条1号）
　② その夫婦が共に日本の国籍を有するとき（同条5号）
　③ その夫婦が最後に同居した地が日本国内にあり，かつ，原告の住所が日本国内にあるとき（同条6号）
　④ 原告の住所が日本国内にあり，かつ，被告が行方不明であるとき，被告の住所がある国においてされた当該訴えに係る身分関係と同一の身分関係についての訴えに係る確定した判決が日本国で効力を有しないときその他の，日本の裁判所が審理及び裁判をすることが当事者間の衡平を図り，又は適正かつ迅速な審理の実現を確保することとなる「特別の事情」があるとき（同条7号）

　①は，当事者間の衡平らの理念に合致するからである。また，②は，このような場合は，当事者双方にとって衡平であり，一般的には，日本の国籍を有する者の身分関係はわが国が関心を有するべきものであって，日本の国籍を有する者は，わが国と関連性を有しているものと考えられることからである。そして，③は，最後の共通の住所は，身分関係の当事者双方に関連性が強く，当事者双方にとって衡平な管轄原因であって，その地には，提起された離婚訴訟事件の対象となっている身分関係に関連する証拠が存在する蓋然性が高いものと考えられることなどからである。最後に，④は，①ないし③において定められた管轄原因に該当しないためにわが国の裁判所で裁判を受ける権利が不当に失われることを防止するためである。

　もっとも，改正法では，「日本の裁判所が審理及び裁判をすることが当事者間の衡平を害し，又は適正かつ迅速な審理の実現を妨げることとなる特別の事情があると認めるときは，その訴えの全部又は一部を却下することができる」（人訴3条の5）と定められている。

(b) **損害賠償事件の国際裁判管轄**　改正法は，離婚訴訟事件を含む人事訴訟事件の原告がその被告に対し，当該人事訴訟事件に係る請求と関連損害賠償請求とを一の訴えで行う場合には，財産権上の訴えについての国際裁判管轄に関する一般的規律に従えばわが国に国際裁判管轄が認められない場合においても，当該人事訴訟に係る請求についてわが国の裁判所の管轄権が認められるときには，当該関連損害賠償請求についてもわが国に国際裁判管轄があるとしている（人訴3条の3）。

(c) **親権者の指定についての裁判及び子の監護に関する処分についての裁判に係る事件並びに財産分与事件の国際裁判管轄**　改正法は，わが国が離婚訴訟事件について国際裁判管轄を有するときは，その訴えとともにされる子の親権者の指定についての裁判，子の監護に関する処分についての裁判及び財産分与に係る事件についても，わが国に国際裁判管轄があるとしている（人訴3条の4第1項・2項）。

Ⅳ　渉外離婚事件の手続

1.「手続は法廷地法による」の原則

わが国裁判所に国際裁判管轄権が肯定されると，「手続は法廷地法による」との原則により，わが国の手続法によって審理，判断がされる。したがって，人事訴訟法，人事訴訟規則，民事訴訟法，民事訴訟規則，家事事件手続法，及び家事事件手続規則等が適用される。

2.　家事事件手続法284条による審判

家事事件手続法257条は，調停前置主義を採っているが，渉外離婚事件についても，同様に調停前置主義が適用され，離婚訴訟を提起する前に家庭裁判所の調停を申し立てる必要がある。もっとも，人訴裁判所が事件を調停に付することが相当でないと認める場合にはこの限りではない（同条2項ただし書）。そして，調停が成立しない場合には，離婚訴訟を提起することになる。調停手続において合意が調えば，調停が成立することになる（家事手続266条）。

当事者の本国法が裁判離婚主義を採っている場合には，本国において，当事者の合意による調停離婚が協議離婚の一種とみられて承認が得られない可能性があり，本国でも承認が得られるように，家事事件手続法284条（旧家審24条）により調停に代わる審判をすることがある[6]。もともと，同条の審判は，調停が成立しない場合において，調停の経過を踏まえて，裁判所が相当と認めるときは，審判を行い，異議がない場合には，その審判に確定判決と同一の効力が付与される（家事手続287条）というものであるが，当事者の合意ではない裁判所の判断である「審判」による離婚であるという意味で裁判離婚の一種と理解されることを期待した取扱いである[7]。

V 準拠法に関する問題

1．法の適用に関する通則法

渉外離婚事件については，当事者の国籍等によって，複数の法領域が関連しているので，単位法律関係ごとに，どの国の実体法を適用するのかを決定する必要がある。これについては，わが国においては，法の適用に関する通則法（以下「通則法」という。）が定めている[8]。

---

[6] 家事事件手続法277条（旧家審23条）による裁判例もある。同法284条による審判と同法277条による審判は，その効果においては差異はないが，同法277条の対象はもともと当事者の処分ができない婚姻無効や取消し，離婚無効や取消し等であるから，同法284条による審判によるのが相当であろう。

[7] このような取扱いは，厳密に言えば，夫婦の共通常居所地法や密接関連地法が日本法であったり，夫婦の一方が日本に常居所を有する日本人であるように，わが国の抵触法規である通則法27条により決定される準拠法が日本法であり，協議離婚も可能であるが，夫婦双方あるいは一方の本国法が裁判離婚主義を採っている場合の問題である。通則法27条により決定される準拠法が裁判離婚主義を採っている場合には，調停離婚や審判離婚は，裁判所の関与があるとはいえ，当事者の合意に基づくものであるから，調停離婚や審判離婚はできず，すべて裁判離婚の方法によるほかはない。もっとも，諸国の離婚法制は破綻主義を強める傾向にあり，一口に裁判離婚主義といっても，当事者の合意のみでは離婚ができないというに止まり，当事者の合意があることが裁判上の離婚原因として考慮される場合もある。したがって，少なくとも準拠法いかんでは審判離婚による余地もあるように思われる。

[8] かつては，法例（明治31年法律第10号）がそれを定めていたが，平成18年6月21日，法例を全部改正する「法の適用に関する通則法」が公布され，平成19年1月1日から施行されて

2. 離婚に関する準拠法

　そもそも、離婚が許されるか、どのような要件で離婚が認められるのか（離婚原因）などの問題は、通則法27条による。したがって、①夫婦の共通本国法がある場合には、その法律により、②共通本国法がない場合には、夫婦の共通常居所地法がある場合には、その法律により、③共通本国法及び共通常居所地法のいずれもがない場合には、夫婦の密接関連地法によることになる（通則法27条・25条）。ただし、夫婦の一方が日本に常居所を有する日本人であるときは、日本法によることになる（通則法27条ただし書）。なお、上記①の共通本国法による場合であっても、反致は認められない（通則法41条）。

　このように夫婦の一方が日本に居住する日本人である場合や夫婦が共に外国人であっても、その国籍が異なり、日本に居住している場合には、日本法が適用されることになるから、実際に、離婚準拠法として外国法が適用されるのは、夫婦が同一の国籍を有する外国人である場合などに限られる。

　離婚準拠法が離婚を一切許容していない場合には、公序良俗に反するものとしてその適用が排除される場合がある。[9][10]

　離婚準拠法が裁判離婚のみを許容している場合には、わが国において、協議離婚はできない。

3. 親権者の指定等に関する準拠法

　離婚に伴う子の親権者の指定、監護者の指定等の問題は、離婚の効果とし

　　いる。もっとも、いわゆる身分法に関する部分については、実質的な改正はなかった（小出邦夫「法の適用に関する通則法の解説―家裁実務に関する諸点を中心に」家月59巻3号（2007）1頁参照）。
9）　現在では離婚を一切禁止する法制はあまりないが、かつては宗教上の理由から離婚を禁止する国があり、特に、フィリピン法が公序良俗に反するとして適用排除された例（東京地判昭33・7・10下民9巻7号1261頁）など）が多い。
10）　準拠法が公序に反するとしてその適用を排除された場合において、どのような法律が適用されるかについては、法廷地法が適用されるとする見解、準拠法とされる外国法秩序内における法規の欠缺に準ずるとする見解、超国家的な一般条項によるとする見解などがあるが、判例（最判昭52・3・31民集31巻2号365頁、最判昭59・7・20民集38巻8号1051頁）は、法廷地法である日本法によるという立場を採っている。

て通則法27条が適用されるとする見解と，親子関係に関する問題と性質決定をして通則法32条が適用されるとする見解がある。通則法27条は，離婚当事者である夫婦の関係を規律するものであるのに対し，通則法32条は親子間の法律関係について子の福祉に配慮した規律をしているから，通則法32条によるのが相当であり，最近の実務でもある。[11] 通則法32条によれば，①子の本国法が父又は母の本国法と同一である場合には，子の本国法が準拠法となり，②子の本国法が父及び母の本国法のいずれとも異なる場合には，子の常居所地法が準拠法となる。なお，子が二重国籍の場合でも，日本国籍を有するときは，日本法が本国法となる（通則法38条1項）。

準拠法が両親の一方のみを親権者と定めている場合には，公序良俗に反するものとして適用が排除される。[12]

4．養育費の請求に関する準拠法

子の養育費の請求については，子の扶養の問題であり，扶養義務の準拠法に関する法律（昭和61年法律第84号）が適用され，一次的には扶養権利者である子の常居所地法によることになる（扶養準拠法2条）。

5．財産分与に関する準拠法

離婚に伴う財産分与には，夫婦の実質的共有財産の清算，慰謝料及び扶養といった諸要素がある。

これについては，夫婦財産契約の問題とみて，通則法26条によるとする見解もあるが，離婚に伴う夫婦の財産の清算等であるから，離婚の効果の問題として，通則法27条による見解が一般である。[13]

---

11) 前掲注10) 最判昭52・3・31も通則法32条（法例21条）によっているものと理解できる。
12) かつての韓国民法は，離婚に伴う未成年の子の親権者の指定に関しては，法律上自律的に父と定められており，母が親権者となることは許されないものとされていたが（同法909条），前掲注10) 最判昭52・3・31は，同規定を適用して親権者を父と指定することは，わが国の公序良俗に反するものとした。なお，韓国民法909条は，改正がされ，現在では，離婚の場合には父母の協議で親権者を定め，協議が調わないとき，協議ができないときは，家庭法院が定めるとされている（改正法909条）。
13) 前掲注10) 最判昭52・3・31は，通則法27条（法例16条）によっていると理解できる。

なお，離婚をした当事者間の扶養義務は，離婚準拠法によるものとされている（扶養準拠法4条1項）。

したがって，結局のところ，離婚に伴う財産分与の問題は，それが夫婦の実質的共有財産の清算，慰謝料及び扶養のいずれの要素であっても，離婚準拠法によることになる。

離婚準拠法が財産分与制度を認めない場合には，公序良俗に反するとして適用が排除される余地もある。[14]

6．慰謝料請求に関する準拠法

離婚に伴う慰謝料請求については，離婚それ自体による慰謝料請求と離婚原因を構成する特定の有責行為（例えば，暴力等）に基づく慰謝料請求がある。

離婚それ自体による慰謝料請求については，これを離婚に伴う離婚給付の一環として，通則法27条によるとする見解と，これを不法行為による損害賠償の問題として，通則法17条によるとする見解がある。離婚それ自体による慰謝料請求権は，わが国民法上は，不法行為による損害賠償請求の一種と構成されるが，夫婦という特殊な身分関係にある者の間の問題であるから，離婚準拠法によるのが相当である。判例は，通則法27条説に立つものと思われる。[15]

これに対し，離婚原因を構成する特定の有責行為に基づく慰謝料請求は，不法行為による損害賠償請求にほかならないから，通則法17条によるもの

---

[14] 韓国民法では，離婚の効果として財産上の請求権としては，離婚当事者の一方は過失ある相手方に対してこれによる財産上の損害のほかに精神上の苦痛に対しても損害賠償を請求することができると規定している（同法806条・843条）に止まり，財産分与請求権に関する規定を設けず，離婚の一方配偶者は他方の配偶者に対し財産分与請求権を有していないとされていた。前掲注10）最判昭59・7・20は，有責の配偶者が支払うべきものとされる慰謝料の額がわが国の離婚給付の社会通念に照らし著しく低額であると認められる場合には，同法を適用することは公序良俗に反するとして許されないとした（もっとも，当該事案においては，慰謝料として支払われるべきものの額が著しく低額であるとは認められないとした。）。なお，韓国民法は，1990年の改正によって，離婚した一方配偶者の他方配偶者に対する財産分割請求権を認めるに至っている（改正法839条の2・843条）。

[15] 前掲注10）最判昭59・7・20は，通則法27条（法例16条）によっているものと理解できる。

とされている。

Ⅵ　渉外離婚事件の審理

　渉外離婚事件は，当事者の一方又は双方が外国人であるため，その審理に当たっても，日本人夫婦の離婚事件とは異なる配慮，工夫等が必要となる。
　訴状等の送達に当たっては，国際司法共助によって送達をする場合を除いて訴状等に翻訳文を添付する必要はない。しかし，被告が日本語を解しない外国人である場合には，必要に応じて，訴状等の全部又は一部について翻訳文を添付することが手続保障として望ましい場合もある。
　本人尋問等の証拠調べに当たっても，通訳を付す必要がある（人訴1条，民訴154条）。

Ⅶ　準拠法として適用される主な外国離婚法制の概要

　前記Ⅴで述べたように，渉外離婚事件においては，夫婦の双方が共通本国法を有する場合にはその共通本国法が適用され（通則法27条），また，未成年の子の親権者の指定等については，子の本国法と父又は母の本国法が同一である場合には子の本国法が適用されるから（通則法32条），少なくとも，それらの場合には，準拠法として外国法が適用されることになる。
　以下では，参考のため，わが国の渉外離婚事件において適用されることが比較的多いと思われる韓国，中国，アメリカ，ベトナム，フィリピン，ブラジルの各離婚法制の概要について説明する。[16)][17)]

[16)]　最高裁判所事務総局編『司法統計年報家事編〔平成29年版〕』「第31表　婚姻関係事件数《渉外》―夫の国籍別妻の国籍別―全家庭裁判所」参照。
[17)]　大韓民国民法，中華人民共和国婚姻法及びフィリピン家族法については，日本加除出版法令編纂室編『戸籍実務六法〔平成31年版〕』（日本加除出版，2019）に条文が掲載されている。

1. 韓　国[18]

(1) 協議離婚

　韓国においては，協議離婚が認められ（大韓民国民法834条），家庭法院の確認を受け家族関係の登録等に関する法律の定めるところにより届出をすることによってその効力が生じるものとされている（同法836条）。

(2) 裁判上の離婚原因

　夫婦の一方は，①配偶者に不貞行為があったとき，②配偶者が悪意で他の配偶者を遺棄したとき，③配偶者又はその直系尊属から著しく不当な待遇を受けたとき，④自己の直系尊属が配偶者から著しく不当な待遇を受けたとき，⑤配偶者の生死が3年以上明らかでなかったとき，⑥その他婚姻を継続しがたい重大な事由があるときには，家庭法院に離婚を請求することができる（大韓民国民法840条）。ただし，①の事由については，他の一方が事前の同意もしくは事後の宥恕をしたとき，又はこれを知った日から6か月，その事由があった日から2年を経過したときは，離婚を請求することはできない（同法841条）。また，⑥の事由は，他の一方がこれを知った日から6か月，その事由があった日から2年を経過すれば，離婚を請求することができない（同法842条）。

(3) 未成年の子の親権等

　未成年者は，父母の親権に服し（大韓民国民法909条1項），父母が婚姻中は，父母が共同して行使するが，父母が離婚した場合には，父母の協議で親権を行使する者を定めるものとし，協議が調わないとき，又は協議をすることができないときは，職権によって又は当事者の請求によって，家庭法院がこれを決定するとされている（同条2項・4項）。また，当事者は，子の養育に関する事項を協議によって定めるものとし（同法837条1項・2項），協議が調わないとき，又は協議をすることができないときは，家庭法院は，職権によって又は当事者の請求により，その子の意思・年齢，父母の財産状況その他の

---

18) 大韓民国民法の内容及び解釈等については，金疇洙＝金相瑢〔金英達＝金亮完訳〕『注釈大韓民国親族法』（日本加除出版，2007）参照。

事情を参酌し（同条3項・4項），子の権利のため必要であると認める場合には，父・母・子及び検事の請求又は職権によって，養育に必要な事項を定め，いつでもその事項を変更し，又は他の適当な処分を命ずることができるとされている（同条5項）。さらに，子を直接養育しない父母の一方と子は，面会交流権を有し（同法837条の2第1項），家庭法院は，子の福利のために必要なときは，当事者の請求又は職権により，面会交渉を制限・排除・変更することができるとされている（同条の2第3項）。

(4) 財産分割

離婚をした者の一方は，他の一方に対して財産分割を請求することができ（大韓民国民法839条の2第1項），財産分割の協議が調わないとき，又は協議をすることができないときは，当事者の請求によって，家庭法院は，当事者双方の協力による財産の額数その他の事情を考慮して，分割の額数及び方法を定めるとされている（同条の2第2項）。ただし，離婚の日から2年を経過することにより，財産分割請求権は消滅する（同条の2第3項）。

2. 中　　国

(1) 協議離婚

中国においては，夫妻双方が自ら離婚を希望する場合は，離婚を許可するものとされ，双方は，婚姻登記機関に出頭して離婚を請求し，婚姻登記機関は，双方が確実に自ら希望し，かつ子女と財産の問題を適切に処理していることが調査によって明確になった場合は，離婚証を発給するものとされている（中華人民共和国婚姻法31条）。

(2) 調停離婚・裁判離婚

夫妻の一方が離婚を請求する場合には，関係部門において調停するか，又は直接人民法院に離婚訴訟を提起できる（中華人民共和国婚姻法32条1項）。人民法院は，まず，調停を行うが，もし感情が既に破綻していることが確かであり，調停をしても効果がない場合において，①重婚又は配偶者のある者が他人と同棲した場合，②家庭内暴力又は家庭構成員を虐待，遺棄した場合，③賭博，麻薬使用（吸毒）等の悪習を有し，度々指導しても改めない場合，④感情不和により満2年別居している場合，⑤その他夫婦の感情に破綻をき

たしている場合には，離婚を許可しなければならない（同条2項・3項）。また，夫婦の一方が失踪宣告を受けており，他の一方が離婚訴訟を提起したときは，離婚を許可しなければならない（同条4項）。

(3) 子 の 養 育

離婚後，父母は，子女に対し扶養及び教育の権利と義務を有する（中華人民共和国婚姻法36条1項・2項）。離婚後，授乳期内の子女は，授乳する母親により養育されるのが原則で，授乳期後の子女について，父母の間に協議が成立しない場合には，人民法院が子女の権益及び双方の具体的情況に基づいて判決する（同条3項）。

離婚後，一方が養育する子女については，他方が必要な生活費及び教育費の一部又は全部を負担しなければならない。負担する費用の額及び期間は，双方で協議により決定する。協議が成立しないときは，人民法院が判決する（いずれも同法37条1項）。

離婚後，直接子を養育していない父又は母は，子に面会交流の権利を有し，他方は，それに協力する義務を負う（同法38条1項）。

(4) 財産の清算

離婚の際，夫婦の共同財産は，双方が協議して処理する。協議が成立しないときは，人民法院が財産の具体的情況並びに子と妻の権利・利益を配慮する原則に基づいて判決する（いずれも中華人民共和国婚姻法39条1項）。夫婦の共同生活によって生じた債務は，共同で弁済しなければならない（同法41条）。離婚によって，婚姻当事者の一方の生活が困難となる場合は，他方は，その住宅等の個人財産から適当な経済的援助をしなければならない（同法42条）。

3．アメリカ合衆国[19]

(1) 総　　説

アメリカ合衆国においては，連邦制が採られ，各州によって離婚法の内容

---

19) アメリカ合衆国における離婚制度については，金子修「米国における家族関係訴訟の実情について（上・下）」家月53巻11号（2001）1頁・家月53巻12号（2001）1頁，木村三男監修『全訂新版渉外戸籍のための各国法律と要件Ⅰ』（日本加除出版，2015）133頁参照。

も異なっている。本国法に関する通則法38条3項は、いわゆる間接指定主義を採っており、アメリカ合衆国においては、当事者の住所（ドミサイル）を有する地方の法律をその者が属する地方の法律とする旨の「規則」があるとする見解と、そのような「規則」は存在せず、通則法38条3項の括弧書により密接関連地法が適用されるという見解がある。

(2) 離婚手続

アメリカの各州の離婚法制は、離婚原因や離婚の手続等について相違があるものの、協議離婚を認めておらず、すべて裁判離婚によらなければならないとされている。もっとも、当事者が離婚条件等について合意をしている場合や被告が訴状等の送達を受けながら答弁書等も提出せずに出頭しない場合など一定の場合には、離婚手続の簡素化が図られ、簡易な手続を設けている州もある。

(3) 離婚原因

離婚原因については、婚姻破綻のみを離婚原因とする州、別居を離婚原因とする州、有責原因をも離婚原因とする州など、州によって異なっている。

4. ベトナム[20]

(1) 離婚手続

ベトナムにおいては2016年1月1日に改正された婚姻家族法（2014年法）が施行された。

ベトナムにおいては、離婚を求める配偶者は、裁判所に離婚の申請をすることができるが（ベトナム婚姻家族法51条1項。ただし、妻が妊娠し、出産し又は12か月未満の子を養育している場合には、夫は離婚を請求することはできないとされている〔同条3項〕。）、裁判所は、まず、和解を勧め（同法54条）、和解が成立しないときは、夫婦に家庭内暴力があり又は夫婦の権利、義務に対して甚大な違反があって婚姻が深刻な状況に陥り、共同生活の持続ができず、婚姻の目的を達成できない根拠があれば、離婚を許可することができるとされている（同法

---

20) ベトナム婚姻家族法については、大貫錦氏の和訳によった。光成歩「ベトナム改正婚姻家族法」外国の立法：立法情報・翻訳・解説月刊版265-2（国立国会図書館、2015）参照。

56条)。

(2) 合意による離婚

夫婦の双方が離婚を申請し，裁判所における和解が成立しない場合には，双方が真に離婚を希望し，かつ，財産分割，妻と子の正当な利益をふまえての保育，養育，世話及び教育について合意したものとみなされるときは，裁判所は，合意による離婚及び妻子の正当な利益を保障することを基礎とする財産及び子に関する合意を承認する。夫婦が合意に達しないか，妻子の正当な利益を保障するものではないが，合意に達しているときには，裁判所は，それについての決定を行う（ベトナム婚姻家族法55条）。

(3) 子 の 養 育

夫婦は，離婚後も，未成年の子，民事行為能力を喪失し，労働能力及び自らを扶養する財産を有しない成人の子を看護，養育，教育する権利，義務を有する（ベトナム婚姻家族法58条・81条1項）。

夫婦は，離婚後に直接的に養育する者，一方の子（片側の子）に対する権利及び義務について合意する。合意に達しないときには，裁判所は，子の利益に基づき，子を直接的に養育する一方当事者を選任することができる。その場合，子が9歳以上であるときは，その希望が考慮され，子が月齢36月未満であるときは，別段の合意がされない限り，直接的に養育については母親に割り当てられる（ベトナム婚姻家族法81条2項・3項）。離婚後に，子を直接的に養育しない父母は，子を扶養する義務を負い，子を訪問する権利，義務を有する（同法82条2項・3項）。

(4) 財 産 分 割

離婚に伴う財産分割は，関係当事者によって合意されるものとする。合意に達しないときは，裁判所にその解決を請求する。一方の個人財産はその者に帰属する。共有財産の分割は，折半されるが，家族，妻及び夫の事情，共同財産形成への寄与，各側の生産，経営及び職業における正当な利益の保護，片側の過失の要素に配慮する。家庭における家事は，収入を生じる労働とみなされる（ベトナム婚姻家族法59条）。離婚後の夫婦の第三者に対する財産の権利，義務は，夫婦と第三者との他の合意がある場合を除き，そのまま効力が維持される（同法60条1項）。

5. フィリピン[21]

(1) 離婚の可否

フィリピンにおいては，離婚は認められず，法定別居制度が採られている。もっとも，フィリピン人と外国人との間の婚姻が有効に挙行され，その後，国外において，外国人配偶者にとって離婚が有効に成立し，外国人配偶者が再婚する資格を得たときには，フィリピン人配偶者も，フィリピン法の下で再婚することができるとされている（フィリピン家族法26条2項）。

(2) 法定別居の原因

①相手方が申立人である配偶者，又は夫婦間の子，もしくは申立人の連れ子に対し，反復的な暴行，虐待をしたとき，②相手方の申立人に対する宗教，政治的信条を変えさせようとする暴力，精神的迫害をしたとき，③相手方が申立人である配偶者，又は夫婦間の子，もしくは申立人の連れ子に対し，売春をさせようとしたとき，又はその行為を他人と共謀したとき，④相手方が6年以上の懲役刑の確定判決を受けたとき（刑が免除された場合も含む。），⑤相手方が麻薬中毒，アルコール中毒であるとき，⑥相手方の同性愛，⑦相手方の重婚，⑧相手方の不貞行為又は性的倒錯，⑨相手方が申立人を殺害しようとしたとき，⑩相手方が正当な理由がないのに，1年間以上申立人を遺棄しているときに，法定別居を申し立てることができる（フィリピン家族法55条）。

ただし，法定別居の訴えは，その事由が生じたときから5年以内に提起することを要する（同法57条）。

(3) 法定別居の効果

法定別居は，これによって，夫婦が別居することができるが，夫婦の関係は断絶しないものとされているから（フィリピン家族法63条1項），婚姻を終了させる効果はなく，再婚もできないことになる。

(4) 子の監護

---

21) フィリピン家族法の内容及び解釈等については，J・N・ノリエド〔奥田安弘＝高畠幸訳〕『フィリピン家族法〔第2版〕』（明石書店，2007），木村三男監修『全訂新版渉外戸籍のための各国法律と要件Ⅴ』（日本加除出版，2017）404頁，416頁参照。

法定別居における未成年者の監護は，裁判所があらゆる事情を考慮して決定するが，特に子が7歳以上の場合には，その子の選択を尊重する。もっとも，有責ではない配偶者がこれを行うものとされている（フィリピン家族法63条3項・213条）。

(5) 財産の清算

法定別居によって，夫婦の共有財産は，解消し清算される。有責配偶者については，共有財産から得た利益に対する持分はない（フィリピン家族法63条2項）。

6. ブラジル[22]

(1) 離婚の可否

ブラジルにおいては，離婚は認められていなかったが，1977年の憲法改正によって，離婚が認められるに至った。当初は，離婚を請求するには，原則として，まず，法定別居の判決を得る必要があったが，1989年10月に，事実上の別居を経ることなく，裁判所において離婚判決を得ることで離婚が可能となった。さらに，2007年1月から協議離婚も可能となった。

(2) 合意による裁判上の別居

要件は，①当事者の合意，②婚姻成立後1年以上の経過である。なお，裁判所には，合意による別居を認めない裁量権がある。手続は，夫婦双方が署名した申立書による裁判所への申立てを要する（ブラジル民法1574条，ブラジル離婚法34条）。

(3) 争訟性の裁判上の別居

要件は，破綻主義による法定の別居原因が存在することである。法定の別居原因とは，①相手方に婚姻中の重大な義務違反があり，婚姻生活の継続が耐えがたいこと，②婚姻生活の破綻状態が1年以上継続し，その回復が不可能であること，③相手方が精神障害を患って，2年以上にわたって婚姻生活の継続が不可能であることである（ブラジル民法1572条，ブラジル離婚法5条）。

(4) 間接離婚（転換離婚）

---

22) ブラジル民法については，木村監修・前掲注21) 530頁参照。

要件は，裁判上の別居判決が下されてから1年以上経過していることである。配偶者の一方からの裁判所への申立てを要する（ブラジル民法1580条，ブラジル離婚法35条）。

(5) 合意による直接離婚

要件は，①当事者の離婚の合意，②事実上の別居が2年以上継続していることである。手続は，裁判所に夫婦双方が署名した申立書によって申し立てることを要する。申立書には，事実上の別居を証明する方法を明記し，別居期間の経過を証明しなければならない。裁判所は，夫婦双方が自由意思で，合意による離婚を希望していることを確かめ，当事者に陳述をさせ，判決する（ブラジル民法1580条2項，ブラジル離婚法40条補項2）。

(6) 協議離婚

未成年者の子がいない等の一定の要件を満たす場合，裁判を経ずに，公正証書により協議別居及び協議離婚を行うことができる（ブラジル民事訴訟法第1，124-A条）。

(7) 離婚の効果

離婚は，子に関する父母の権利と義務を変更しない（ブラジル民法1579条）。

資料：書式例等

■資料１：訴状（離婚請求事件）

訴　　　状

令和○○年○○月○○日

東京家庭裁判所　御中

　　　　　　　　　原告訴訟代理人弁護士　　○　　○　　○　　○　㊞

本　籍　　東京都○○区○○町○丁目○番
住　所　　〒○○○－○○○○　東京都○○区○○町○丁目○番○号
　　　　　　　　　原　　　告　　　　○　　○　　○
　　　　　〒○○○－○○○○　東京都○○区○○町○丁目○番○号○○ビル
　　　　　　　　　○○○法律事務所（送達場所）
　　　　　　原告訴訟代理人弁護士　　○　　○　　○　　○
　　　　　　　　　　　電　話　０３－○○○○－○○○○
　　　　　　　　　　　ＦＡＸ　０３－○○○○－○○○○
本　籍　　東京都○○区○○町○丁目○番
住　所　　〒○○○－○○○○　東京都○○区○○町○丁目○番○号
　　　　　　　　　被　　　告　　　　○　　○　　○

離婚等請求事件
　　訴訟物の価額　　○○○万円
　　ちょう用印紙額　○○○○円

第１　請求及び申立ての趣旨
　１　原告と被告とを離婚する。
　２　原告と被告との間の長女○○（平成○○年○○月○○日生）の親権者を原告と定める。
　３　被告は，原告に対し，判決確定の日から前項の長女が満20歳に達するまでの間，１か月○○万円の金員を毎月末日限り支払え。
　４　被告は，原告に対し，○○○万円及びこれに対する判決確定の日の翌日から支払済みまで年５分の割合による金員を支払え。
　５　訴訟費用は被告の負担とする。
第２　請求の原因等
　１　婚姻の経緯等
　　　原告(妻・平成○○年○月○日生)と被告(夫・平成○○年○月○日生)は，○○株式会社に同期入社し，約３年間の交際の末，平成○○年○○月○○日婚姻をし，被告の肩書住所において婚姻生活を開始した。

なお，原告は，婚姻と同時に○○株式会社を退職した。そして，平成○○年○○月○○日長女○○（以下「長女」という。）が出生した。
2　婚姻の破綻（離婚原因）
　　被告は，長女が出生後も，仕事を優先し，帰宅時間が深夜になることが多かったばかりか，原告が懸命に育児をしているのに全くこれに協力をせず，休日に長女の世話をすることもなく，原告にのみ育児の負担を押しつけた上，育児に疲れた原告に対し，「家事ができないものはいらない。」「出ていけ。」などと罵声を浴びせるなどした。
　　原告は，被告のこのような言動にひたすら耐え忍んでいたが，平成○○年○○月○○日，被告は，深夜，酒を飲んで帰宅し，ようやく寝付いた長女を起こしたため，原告がそれを注意したところ，被告は激昂し原告に暴行を振るった。
　　そこで，原告は，被告とこれ以上婚姻生活を続けていくのは困難と考え，同年○○月○○日，長女を連れて原告の実家に身を寄せ，被告と別居することになった（甲1）。
　　以上のとおり，民法770条1項5号にいう婚姻を継続し難い重大な事由があるというべきである。
3　慰謝料請求
　　原告は，前記のとおり，被告の度重なる不当な言動等により，離婚を余儀なくされたものであるが，被告の行為により，多大の精神的苦痛を受けた。これを慰謝するには，少なくとも○○○万円の慰謝料の支払が相当である。
4　親権者の指定及び養育費
　　原告は，長女が出生後，一貫して自ら監護養育を担っており，被告との別居後も，実家の援助を得て，原告の監護のもと長女は順調に成長している。長女は，未だ○歳の幼児であり，その成長には母親の存在が必要である。他方，被告は，これまで育児に全く協力せず，長女の世話もほとんどしたことがない。したがって，長女の親権者を原告と指定するのが相当というべきである。
　　そして，原告は，現在，実家の世話になっているものの，無職・無収入であるが，他方，被告は，○○株式会社に勤務し，年間約○○○万円の所得がある（甲2）。そこで，長女の養育費としては，1か月当たり○○万円が相当である。
5　よって，原告は，被告に対し，長女の親権者を原告として離婚を求めるとともに，不法行為に基づく離婚そのものの慰謝料として○○○万円及びこれに対する判決確定の日の翌日から民法所定の年5分の割合による遅延損害金の支払を求め，長女の養育費として判決確定の日から同女が満20歳に達するまで月額○○円の支払を求める。
6　調停の経過
　　原告は，平成○○年○○月○○日，御庁に夫婦関係調整調停事件を申し立て（御庁平成○○年（家イ）第○○○○号），調停では，被告も一度は離婚

に合意したものの,親権者の指定及び慰謝料の支払を巡って対立し,合意は成立しなかったという経緯がある。
7 予想される争点
　前記の調停の経過等を考えると,被告は,離婚そのものについては異存がないものと思われるが,親権者の指定,慰謝料及び養育費の支払が争点になると予想される。

証　拠　方　法
証拠説明書記載のとおり

添　付　書　類
1　戸籍謄本
2　住民票の写し
3　調停調書（不成立）謄本

附　属　書　類
1　訴状副本　　　　　　　　　　　1通
2　甲第1号証及び第2号証の写し　各1通
3　証拠説明書（副本）　　　　　　1通
4　訴訟委任状　　　　　　　　　　1通

■資料２：訴状（損害賠償請求事件）

訴　　状

令和〇〇年〇〇月〇〇日
東京家庭裁判所　御中

　　　　　　　　原告訴訟代理人弁護士　〇　〇　〇　〇　㊞

　　　〒〇〇〇－〇〇〇〇　　東京都〇〇区〇〇町〇丁目〇番〇号
　　　　　　　　原　　　　告　　〇　〇　〇　〇
　　　〒〇〇〇－〇〇〇〇　　東京都〇〇区〇〇町〇丁目〇番〇号〇〇ビル
　　　　　　　　〇〇〇法律事務所（送達場所）
　　　　　　　　原告訴訟代理人弁護士　〇　〇　〇
　　　　　　　　　　　　　　電　話　０３－〇〇〇〇－〇〇〇〇
　　　　　　　　　　　　　　ＦＡＸ　０３－〇〇〇〇－〇〇〇〇
　　　〒〇〇〇－〇〇〇〇　　東京都〇〇区〇〇町〇丁目〇番〇号
　　　　　　　　被　　　　告　　〇　〇　〇　〇

損害賠償請求事件
　　訴訟物の価額　　〇〇〇万円
　　ちょう用印紙額　〇〇〇〇円

第１　請求の趣旨
　１　被告は，原告に対し，〇〇〇万円及びこれに対する訴状送達の日の翌日から支払済みまで年５分の割合による金員を支払え。
　２　訴訟費用は被告の負担とする。
第２　請求の原因
　１　原告と訴外〇〇〇〇の婚姻
　　　原告と訴外〇〇〇〇（東京家庭裁判所平成〇〇年（家ホ）第〇〇〇号事件離婚請求事件〔以下「本件関連事件」という。〕の被告）は，平成〇〇年〇〇月〇〇日婚姻し，平成〇〇年〇〇月〇〇日長男〇〇が，平成〇〇年〇〇月〇〇日長女〇〇が出生した（甲１）。
　２　不法行為
　　　原告と訴外〇〇〇〇との婚姻生活は，平成〇〇年〇〇月ころまでは何の問題もなく経過した。しかし，同月ころから，訴外〇〇〇〇の帰宅時間が遅くなり，休日にも毎日のように出勤するようになった。不審に思った原告が訴外〇〇〇〇の携帯電話に受信されたメールの内容を確認したところ，訴外〇〇〇〇と被告とが頻繁にメールのやりとりをしていることが判明した。そこで，原告が訴外〇〇〇〇に被告との関係を問い詰めたところ，平成〇〇年

○○月ころから被告と継続的に不倫関係にあることを認めた（甲２）。
　被告は，訴外○○○○の会社の部下であり，訴外○○○○が原告と婚姻していることを知りながら，不倫関係を継続したものである。そのため，原告と訴外○○○○との婚姻関係は破綻するに至った。
３　慰謝料請求
　原告は，被告の不法行為により，訴外○○○○との婚姻生活を破壊され，多大な精神的苦痛を受けた。これを慰謝するには，少なくとも○○○万円の慰謝料の支払を相当とする。
４　よって，原告は，被告に対し，不法行為に基づく損害賠償として○○○万円及びこれに対する不法行為の後である訴状送達の日の翌日から支払済みまで民法所定の年５分の割合による遅延損害金の支払を求める。
５　予想される争点
　前記の経過等から，被告は不倫関係そのものは認めるものと思われるが，慰謝料の額が争点となるものと思われる。
第３　離婚等請求事件の表示
　原告は，訴外○○○○が被告と不貞行為に及んだことから，もはや訴外○○○○とは夫婦としてやっていけないと思うに至り，前述のとおり，本件関連事件が御庁家事第６部○係に係属している。よって，御庁には，本件請求に係る訴えについて管轄があるとともに，その請求原因と本件請求原因は重なり合うので，人事訴訟法８条２項，17条２項，３項に基づき，本件を本件関連事件に併合して審理されたい。

証　拠　方　法
証拠説明書記載のとおり

添　付　書　類
１　住民票の写し

附　属　書　類
１　訴状副本　　　　　　　　　　　１通
２　証拠説明書（副本）　　　　　　各１通
３　甲第１号証及び第２号証（写し）　１通
４　訴訟委任状　　　　　　　　　　１通

■資料3：身分関係図（記載例）

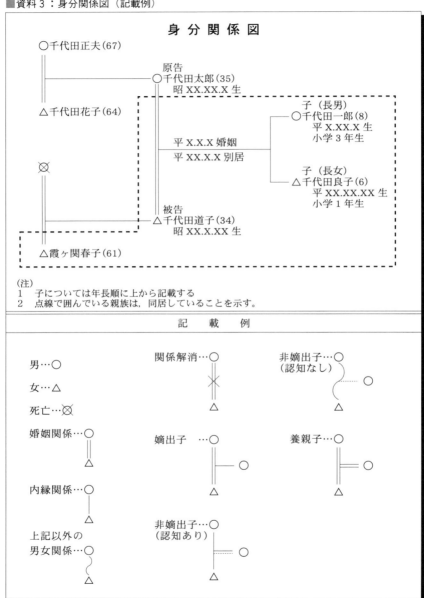

■資料４：自庁処理申立書

原　告　〇　〇　〇　〇
被　告　〇　〇　〇　〇

自庁処理申立書

令和〇〇年〇〇月〇〇日
東京家庭裁判所家事第６部　御中

原告訴訟代理人弁護士　　〇　〇　〇　〇　㊞

第１　申立ての趣旨
　　　原告は，本日，御庁に，離婚等請求事件を提起したが，同事件を御庁において審理及び裁判することを申し立てる。
第２　申立ての理由
１　原告は，本日，御庁に，離婚等請求事件（以下「本件事件」という。）を提起し，受理された。
２　本件事件において，原告の普通裁判籍は〇〇県〇〇市であり，被告の普通裁判籍は〇〇県〇〇郡〇〇町にあり，御庁には土地管轄はない。
３　原告は，本件事件の提起に先立ち，相手方（被告）住所地を管轄していない御庁に，相手方（被告）と管轄の合意をした上，夫婦関係調整調停事件を申し立てた（御庁平成〇〇年（家イ）第〇〇〇〇号）。同調停事件は，平成〇〇年〇〇月〇〇日，合意が成立しないものとして，調停不成立となった。
４　前記調停においては，合計で〇回の調停期日を重ね，原告及び被告はそのいずれの期日にも出頭したが，原告と被告との間の未成年の子〇〇の親権者の指定を巡って対立し，合意が成立しなかった。
　　　このような調停の経過等に照らせば，本件事件においても，原告と被告との間の未成年の子〇〇の親権者の指定が争点となると思われるところ，現在，〇〇は，東京都〇〇区の原告の実家で原告の実母が監護養育し，地元の保育園に通園している。
　　　したがって，未成年者の福祉を考慮して，子の監護の現状等について事案を解明し，適正な裁判を実現するには，御庁で審理及び裁判することが相当というべきである（人事訴訟法６条，31条）。
５　以上のとおり，本件事件については，人事訴訟法６条にいう「特に必要があると認める」ときに該当すると思われるので，御庁において審理及び裁判されたい。

■資料5：自庁処理に関する照会書

令和　年（家ホ）第　　号　　事件
　　　　　　　　　　原　告
　　　　　　　　　　被　告
　　　　　　　　　　　　　　　　　　令和　年　月　日

_____殿
　　〒100-0013東京都千代田区霞が関1－1－2　（電話 03-3502-8311）
　　　東京家庭裁判所　家事第6部　　係（内線　　　　　）
　　　　　　　　裁判所書記官

自庁処理に関する照会書

　原告から，別添申立書のとおり当庁において上記事件の審理判断をされたい旨の申立て（自庁処理の申立て）がありました。当庁には，上記事件の管轄はありません（原告又は被告住所地を管轄する家庭裁判所が本来の管轄裁判所になります。）ので，当庁で上記事件を取り扱うことについてあなたの意見を下記のとおり照会します。

　各事項について回答を記入の上，末尾にあなたの住所，氏名，電話番号を記載し，押印して____月____日までに返送してください。

　　　　　　　　　　　　　　記

1　当裁判所において審理判断（自庁処理）することに

　・　賛成である。（2の質問にお答え下さい。）

　・　反対である。（3の質問にお答え下さい。）

2　1で，・賛成であるとされた理由を具体的に記載してください。

3　1で，・反対であるとされた理由を具体的に記載してください。

4　本件を当庁以外の家庭裁判所で審理判断するとした場合どの裁判所が相当ですか。

- 　　　　　家庭裁判所（原告住所地を管轄する裁判所）
- 　　　　　家庭裁判所（被告住所地を管轄する裁判所）
- その他　（　　　　　　　　）

5　4記載の裁判所への移送の申立てをしますか。

- 移送の申立てをする。
- 移送の申立てをしない（裁判所の判断に任せる）。

6　5で，・移送の申立てをするとされた理由を具体的に記載して下さい。

上記のとおり回答します。
　令和　　年　　月　　日

　　住所（〒　　－　　　）_____

　　電話番号_____（連絡先_____）

　　氏名（署名）_____・

■資料6：訴訟進行に関する照会書（原告用）

事件番号：令和　年（　）第　　号

訴訟進行に関する照会書（原告用）

東京家庭裁判所家事第6部　　　係
TEL：03-3502-8311(内線　　　)
FAX：03-3502-8554

　本件の円滑な進行を図るため，下記の照会事項に御回答の上，早急に当部に提出されるよう御協力ください（ファクシミリも可）。
　なお，御回答いただいた書面は，本件の訴訟記録につづり込むこととなります。

（照会事項）
1　郵便による訴状送達の可能性
　　□被告の住所地に，平日，本人又は同居者がいる
　　□被告の住所地に，休日の方が，本人又は同居者がいる
　　□被告の住所不明ということで，公示送達になる見込み
2　被告の就業場所について
　　□判明している（　　　　　　　　　　　　　　　　　　　　　　　）
　　□調査したが分からない　　□調査未了
3　被告の欠席の見込み　　□ある　　□ない　　□不明
4　本訴訟前の調停
　　　裁判所名　　　　　　　裁判所
　　　事件番号　令和　年（　）第　　　号
5　調停段階での被告代理人の有無
　　□有（代理人名・連絡先　　　　　　　　　　　　　　　　　　　　）
　　□無
6　調停の経緯について
　　①被告の出頭の有無　　□出頭　　□不出頭
　　②争いのあった事項　　□離婚　　□財産分与　　□慰謝料　　□親権者指定
　　　　　　　　　　　　　□養育費　　□面会交流
　　　　　　　　　　　　　□その他（　　　　　　　　　　　　　　　）
　　③調査官関与の有無　　□有　　□無
　　④調停不成立（又は取下げ）の原因（差し支えなければ，簡単に記入してください。）

7　第1回期日前に弁論準備手続に付することについて
　　□賛成　　□反対　　□その他（　　　　　　　　　　　　　　　　）
8　和解について希望があれば記入してください。
　　□早期の和解勧告　　□和解は考えていない
　　□その他（　　　　　　　　　　　　　　　　　　　　　　　　　　）
9　被告の暴力の恐れがあれば記入してください。（被告に対するＤＶ事件があれば，その裁判所名と事件番号も記入してください。）

10　それ以外の被告との間の別事件の有無
　　□ある（裁判所名・事件番号・事件の表示　　　　　　　　　　　　）
　　□ない
11　その他，裁判の進行に関する希望等，参考になることがあれば記入してください。

　　　　　令和　　年　　月　　日　　　回答者氏名

■資料7：訴訟進行に関する照会書（調停の代理人用）

平成　年（　）第　　号　　　　　　　請求事件
原告
被告

訴訟進行に関する照会書（調停の代理人用）

弁護士　　　　　　　　　殿

　　　　　　　　　　　　　東京家庭裁判所家事第　　部
　　　　　　　　　　　　　電話　03-3502-8311（内線　　）
　　　　　　　　　　　　　ファクシミリ
　　　　　　　　　　　　　裁判所書記官

　上記事件について原告から訴えが提起されました。原告から提出された書面により，調停事件において貴殿が，被告の代理人をされていたことがわかりました。本件の円滑な進行を図り，期日を充実したものとするために，本照会書を送信させていただきます。下記の照会事項に御回答いただけますよう御協力願います。（ファクシミリも可）。
　本件照会は，回答を強制するものではありませんので，　　月　　日までにご回答いただけない場合は，通常どおり被告に対し訴状等を送達させていただきます。また，下記3以降の照会事項に関しては，受任予定がある場合にのみ記載いただければ結構です。
　なお，御回答いただいた書面は，本件の訴訟記録に編てつされることをご了解ください。

（照会事項）
1　本訴訟での受任
　　□受任しない予定　　□受任する予定　　□未定
2　被告への訴状送達について
　　□被告本人へ送達してほしい
　　□委任状を持参の上，窓口へ受け取りに行く
3　調停の経緯について
　　①争いのあった事項　　□離婚　　□財産分与　　□慰謝料　　□親権者指定
　　　　　　　　　　　　　□養育費　　□面会交流
　　　　　　　　　　　　　□その他（　　　　　　　　　　　　　　　　　　　）
　　②調査官関与の有無　　□有　　□無
　　③調停不成立の原因（差し支えなければ，簡単に記入してください。）

4　第1回期日前に弁論準備手続に付することについて
　　□賛成　　□反対　　□その他（　　　　　　　　　　　　　　　　　　　　）

5　和解について希望があれば記入してください。
　　□早期の和解勧告　　□和解は考えていない
　　□その他（　　　　　　　　　　　　　　　　　　　　　　　　　　　　　　）

6　その他，裁判の進行に関する希望等，参考になること（例えば，相手方の暴力等）があれば記入してください。

　　　　　　　平成　　年　　月　　日　　回答者氏名

■資料8：訴訟進行に関する照会書（被告用）

令和　年（　）第　　号　　　　　　請求事件
原告
被告

訴訟進行に関する照会書（被告用）

弁護士　　　　　　　　殿

　　　　　　　　　　　　　　東京家庭裁判所家事第6部
　　　　　　　　　　　　　　TEL：03-3502-8311(内線　　)
　　　　　　　　　　　　　　裁判所書記官

　本件の円滑な進行を図るため，下記の照会事項に御回答の上，答弁書といっしょに当部に提出されるよう御協力ください。
　なお，本書面の記入及び送付につき，つぎの点に注意してください。
　　　本書面をもって，答弁書としたりあなたの主張を記入しないでください。
　　　本書面は，本件の訴訟記録につづり込むこととなります。

（照会事項）
1　調停の経緯について
　　①争いがあった事項　　□離婚　　□財産分与　　□慰謝料　　□親権者指定
　　　　　　　　　　　　　□養育費　□面会交流
　　　　　　　　　　　　　□その他（　　　　　　　　　　　　　　　　　　　）
　　②調査官関与の有無　　□有　　□無
　　③調停不成立（又は取下げ）の原因（差し支えなければ，簡単に記入してください。）

2　第1回期日前に弁論準備手続に付することについて
　　　□賛成　　□反対　　□その他（　　　　　　　　　　　　　　　　　　　）

3　和解について希望があれば記入してください。
　　　□早期の和解勧告　　□和解は考えていない
　　　□その他（　　　　　　　　　　　　　　　　　　　　　　　　　　　　　）

4　その他，裁判の進行に関する希望等，参考になること（例えば，相手方の暴力等）があれば記入してください。

　　　　　　　　令和　　年　　月　　日　　　回答者氏名

■資料9：答弁書

令和〇〇年（家ホ）第〇〇〇〇号　離婚等請求事件　　　　　　　直送済
原　　　告　　〇　〇　〇　〇
被　　　告　　〇　〇　〇　〇

答　弁　書

令和〇〇年〇〇月〇〇日

東京家庭裁判所家事第6部〇係　御中

〒〇〇〇－〇〇〇〇　東京都〇〇区〇〇町〇丁目〇番〇号〇〇ビル
　　　　　　　　　　〇〇〇法律事務所（送達場所）
被告訴訟代理人弁護士　〇　〇　〇　〇　㊞
電　話　　03－〇〇〇〇－〇〇〇〇
ＦＡＸ　　03－〇〇〇〇－〇〇〇〇

第1　請求及び申立ての趣旨に対する答弁
 1　原告の請求をいずれも棄却する。
 2　訴訟費用は原告の負担とする。
第2　請求の原因等に対する認否
 1　請求原因等1（婚姻の経緯等）の事実は認める。
 2　請求原因等2（婚姻の破綻（離婚原因））のうち，平成〇〇年〇〇月〇〇日，原告が長女を連れて実家に戻り，以後別居状態にあることは認める。その余は否認する。原告は育児ノイローゼになり，勝手に実家に戻ったものであり，被告にその責任を転嫁するのは筋違いというものである。
 3　請求原因等3（慰謝料請求）は争う。
 4　請求原因等4（親権者の指定及び養育費）の事実のうち，原告に収入がないこと及び被告が〇〇株式会社に勤務し，年間約〇〇〇万円の収入を得ていることは認める。その余は否認する。
 5　請求原因等6（調停の経緯）のうち，御庁に夫婦関係調整調停事件が係属したことは認める。ただし，原告の主張する調停の経過は事実とは全く異なる。被告は，離婚する理由はないと考えていたものであり，子の将来を考えても，離婚に応じるつもりはなかった。しかし，原告がどうしても離婚したいと主張し，離婚によって原告の精神状態が改善されることになるのであれば，被告としても離婚に応ずる用意があるが，仮に離婚したとしても被告が慰謝料の支払をする筋合いのものではなく，精神的に不安定な原告に子の監護養育を任せるわけにはいかない旨述べたものである。
第3　被告の主張

1　原告は，平成○○年○○月○○日長女が出生後，強度のうつ状態が続き，育児ノイローゼと診断された（乙1）。被告は，原告に対し，医師の治療を受けることを勧めたが，原告はこれに応じなかった。被告は，○○株式会社の営業職にあり多忙をきわめていたが，できるだけ育児には参加した。原告はその症状が悪化すると全く家事ができなくなり，一時的にホームヘルパーを依頼したり（乙2），被告の実家から母親の手伝いを頼むなどの対応をしてきた。

　平成○○年○○月○○日，被告は取引先との交渉で帰宅が遅くなったが，帰宅してみると，原告が長女の夜泣きが収まらないといってヒステリーを起こし大騒ぎしていた。そして，嫌がる長女の身体を強く揺するなどしていたため，被告がそれを制止した。原告は，被告から暴行を受けたと主張するが，そのような事実は一切ない。その夜は，被告は原告と長時間にわたり今後のことを話合い，被告の実家で長女を一時預かることに原告も同意した。しかし，翌日，原告は，被告には何も説明をしないまま，長女を連れて実家に戻ってしまった。

2　以上の経緯からして，原告の主張するような離婚原因はなく，被告が慰謝料を支払う義務など全くないものというべきである。

　また，原告は，精神的に不安定であり，長女を適切に養育することはできないし，現に，被告の実家で長女を預かることに原告も合意した経緯がある。原告が親権者としての適格性を欠くことは明らかである。

第4　予想される争点

　原告の主張する別居に至る経緯は，事実とは全く異なるものであり，婚姻の破綻の有無がそもそも争点となるものと思われる。

証　拠　方　法

証拠説明書記載のとおり

附　属　書　類

1　乙第1号，第2号証（写し）
2　証拠説明書（副本）
3　訴訟委任状

■資料10：資料説明書

令和○○年（家ホ）第○○○○号　離婚等請求事件
原　告　　○　○　○　○
被　告　　○　○　○　○

資　料　説　明　書

令和○○年○○月○○日

東京家庭裁判所家事第6部○係　御中

　　　　　　　　　　　原告訴訟代理人弁護士　　○　　○　　○　　○　　㊞

第1　資料の標目等

標　　　目 （原本・写しの別）	作　成　者	立　証　趣　旨
「お知らせ」と題する書簡（写し）	○○保育園長 ○　○　○　○	被告に親権者としての適格性が欠ける事実

第2　人事訴訟法35条2項各号に該当する事実等
　　上記資料は、○○保育園長の原告宛の連絡書簡であるが、もっぱら親権者の指定の裁判にのみ用いられる資料であることから、事実の調査による資料として採用されたい。
　　また、同資料中には、被告がたびたび同保育園に押し掛け、「俺は親だ。○○と会わせろ。」などと怒鳴って、○○を連れ去ろうとし、これを制止する保育園関係者に対し、「保育園を告訴してやる。何度でも押し掛けてやる。」などと脅迫めいた言辞を弄したことが記載されている。当該記載部分は、人事訴訟法35条2項2号に該当することが明らかであり、上記資料のうち当該記載部分については被告に開示しないことを求める。

■資料11：婚姻生活史

日　付	事実経過	原告の主張	被告の主張
H6.4.1	被告，大学を卒業し父親経営の□□貿易就職		
H8.4.1	原告，大学を卒業し都内の小学校教諭として就職		
H12.1.26		被告名義の△△生命の生命保険契約締結	○なお，被告が保険料の支払開始
H12.4.5	原告と被告，友人の紹介で交際開始		
H15.1.15	結納		
H15.8.15		被告名義で甲マンション購入	○なお，被告が，甲マンションの頭金，仲介手数料，登記手続費用の支払
H15.10.10	婚姻・結婚式（同居開始）		
		原告と被告，共同で甲マンションのローンの支払開始	○
		原告と被告，共同で被告名義の△△生命の生命保険料の支払開始	×なお，結婚後も，被告が被告名義の△△生命の保険料の支払を継続
H18.2.13	被告の父，急死		
H19.3.31	原告，小学校を退職		
H19.10.18	長女誕生		
H20.5.10		原告及び被告，原告名義の200万円の，被告名義の500万円の，各定額貯金を共同で作成。なお，原告分は退職金を充当	×なお，原告名義の定額貯金も被告名義の定額貯金も，被告が父親から相続した財産で作ったものであり，被告の特有財産
H23.4.1	原告，非常勤教師のアルバイト開始		
H24.8.31		□□貿易名義で乙マンション購入	○
		原告及び被告，共同で，乙マンションの頭金，仲介手数料，登記手続費用を支払い，その後も，共同で乙マンションのローンの支払。□□貿易名義としたのは税金対策	×（反論）□□貿易が，乙マンションの頭金，仲介手数料，登記手続費用を支払い，その後のローンも支払っており，□□貿易の財産
H25.6.15	被告，A女と密会		

H27.9.1〜	被告，無断外泊や朝帰りを複数回		
H28.1.16〜 H28.1.18	被告，部下と北海道に出張。17日にはA女と○○市内のホテルに宿泊（甲18興信所報告書）		
その後	被告，毎日深夜帰宅		
H28.1.23	被告，原告に対して暴行（被告否認）		
H28.1.31	原告，自殺未遂		
H28.2.2	被告，家を出て乙マンションに転居。原告と長女，引き続き甲マンションに居住		
H28.3.1		被告，甲マンションのローンの単独での支払開始	○
H29.9.1		原告，甲マンションのローンの単独での支払開始	○
H30.2.28	原告，○○家裁に離婚調停の申立て		
H30.8.25	調停不成立		

■資料12：家計収支状況表

令和　　年（家　　）第　　号　　　　　事件

家 計 収 支 状 況 表

提出年月日： 令和　　年　　月　　日
提出者氏名：　　　　　　　　　　　印

1か月収入（平成　年　月～令和　年　月平均）

費目	金額（円）	備考
給与（税込み）		ボーナスを含む年収÷12
事業収入		個人事業収入，土地家屋賃貸料等
その他		生活保護等
収入合計		

1か月支出（平成　年　月～令和　年　月平均）

費目		金額（円）	備考
住居費	家賃・地代		
	管理費等		
	その他		
	小計		
教育費	授業料等		授業料，給食費，PTA会費等
	補習教育費		学習塾，家庭教師費等
	通学費		
	その他		
	小計		
医療費	診療・治療費		入院費を含む
	通院費		
	その他		
	小計		
ローン等	住宅ローン返済		
	保険掛金		生保，損保等
	その他の借入金返済		
	その他		
	小計		
上記支出合計			

資料：書式例等

■資料13：子の監護に関する陳述書記載項目等

令和　年（家ホ）　　号（原告　被告）　　反訴　令和　年（家ホ）　　号（原告　被告）

子の監護に関する陳述書記載項目等

※　陳述書及び資料は，書証として提出してください。　　　　提出期限：令和　　年　　月　　日
　（相手に知られたくない情報は，マスキングするなどの工夫をしてください。）

	陳述書記載項目	提出資料
あなたの生活状況	■生活歴 （学歴，職歴，婚姻及び離婚その他生活歴上の主要な出来事）	□
	■現在の職業の状況 （勤務先，業務内容，職務内容，勤務時間，休日，残業の頻度）	□
	■経済状況（主な収入と支出）	□源泉徴収票，確定申告書，給与明細等
	■健康状態（現在の心身の状況，既往症）	□診断書 □
	■同居者とその状況（氏名，年齢，続柄，職業，健康状態）	□
	■住居の状況（間取り，利用状況，近隣の環境）	□間取り図 □最寄り駅から住宅までの地図
お子さんの状況	■生活歴 （同居家族，居住地，保育園・幼稚園・学校名） ■これまでの監護状況 （日常の衣食住やしつけについて誰がどのように世話をしてきたか） ア　出生～別居，イ　別居～現在	□
	■一日の生活スケジュール（平日及び休日）	□
	■心身の発育状況，健康状態及び性格 （出生から現在までの状況，既往症がある場合は治療状況）	□母子健康手帳 　（保管している方が提出してください） □診断書
	■現在の通園・通学先における状況 （園・学校名，所在地，出席状況）	□園の連絡帳，学校の通知表 　□令和　年度～　年度分 　□過去　年分
	■父母の紛争に対する認識，あなたからお子さんへの説明	
	■別居後の，同居していない親とお子さんとの交流の状況 （面会・手紙等の交流の状況）	□
監護補助者	■監護補助者について （現在，監護を補助している方又は今後の補助を予定している方。氏名，年齢，住所，続柄，職業，健康状態）	□ □
	■具体的な監護補助の状況	□
監護計画	■親権者となった場合の具体的な監護計画 ■親権者となった場合，親権者でない親とお子さんとの交流についての考え	□ □
その他	※　お子さんの監護に関して，参考となる事項があればお書きください。	□ □

(注)　資料は例示の他に必要に応じて添付してください。
　　監護補助者については，日常的にお子さんの監護を補助している方，又は今後監護を補助する予定の方がいる場合に記載してください。

■資料14：子の監護に関する陳述書の記載に当たっての注意事項

子の監護に関する陳述書の記載に当たっての注意事項

　裁判所からお渡しする子の監護に関する陳述書記載項目等において指定された項目（■印のついた項目）について，記載例を参考にして子の監護に関する陳述書(以下「陳述書」といいます。)を作成してください。※

　この陳述書は，お子さんの生活状況及び今後の監護計画等を把握するためのものです。離婚原因等についての主張や反論がある場合は，別の書面の提出をご検討ください。

　なお，この陳述書及び提出資料は，親権者について審理する上で重要な参考資料になりますので，必ず指定された期限までに提出してください。

　また，この陳述書及び提出資料は，書証として提出していただきますので，それぞれについて書証番号を付した上で，証拠説明書と併せて提出してください。

※　この陳述書は，訴訟の進行に応じて裁判官が提出を指示します。当サイト上の書式では，参考のために陳述書記載項目のすべてに■印を付けてあります。（現に子を監護していないといった事情により記載できない部分については，省いていただいて構いません。）。なお，提出資料欄に記載されている書面は，追って提出が必要となる可能性がありますので，お手もとに準備されておくとその際にスムーズです。

＊　なお，提出された書面に穴を開けて記録に綴る関係上，書面の左側には2.5センチメートル程度の余白を設けてください。

■資料15：証拠等申出書

令和○○年（家ホ）第○○○○号　離婚等請求事件
原　告　　○　○　○　○
被　告　　○　○　○　○

令和○○年○○月○○日

東京家庭裁判所家事第６部○係　御中

　　　　　　　　　　　　　　原告訴訟代理人弁護士　　○　　○　　○　　○　㊞

証　拠　等　申　出　書

第１　証人尋問の申出
　１　証人の表示
　　　〒○○○－○○○○
　　　　東京都○○区○○町○丁目○番○号
　　　　　　　　　○　　○　　○　　○　　（同行・主尋問20分）
　２　立証の趣旨
　　　被告が原告の連れ子である証人○○○○に性的虐待を繰り返していた事実
　３　尋問事項
　　　別紙尋問事項記載のとおり
第２　証人尋問の公開停止の申出
　１　申出の趣旨
　　　証人○○○○の別紙尋問事項３から５までの尋問の公開を停止するとの決定を求める。
　２　申出の理由
　　　本訴請求原因は，訴状記載のとおり，被告が原告の未成年の連れ子である証人に性的虐待を行っていたことをもって，民法770条１項５号にいう「婚姻を継続し難い重大な事由」に該当するというものであるところ，その立証に当たっては，同人の尋問が不可欠であるが，その尋問の内容は，多感な未成年である同人にとって忌まわしい過去である性的虐待の事実を陳述することを求めるものである。公開の法廷において当該事実の陳述を求めることは，社会生活を営むのに著しい支障を生ずることが明らかであることから当該事実について十分な陳述をすることができず，かつ，他の証拠のみによって当該事実を立証できず離婚について適正な裁判ができないものというべきである。そして，被告は，性的虐待の事実を否認しており，証人尋問に代えて書面を提出することにも異議をとなえるものと思われる。
　　　そこで，別紙尋問事項３から５までの尋問について，証人尋問の公開停止

の措置をとる必要がある。

（別紙）
尋　問　事　項

1　証人と原告，被告との関係について述べてください。
2　被告が証人宅に同居するようになったのはいつころからですか。
3　証人は，原告が不在の間，被告からどのようなことをされましたか。それは，どれくらいの期間続いたのですか。証人は被告の行為に同意していたのですか。
4　証人は，いつころ，原告に被告の行為を打ち明けたのですか。そのとき，原告は，どのような対応をとりましたか。それに対し，被告は，どのような態度をとりましたか。
5　証人は，現時点で，被告を許していますか。

■資料16：調査命令書

令和〇〇年（家ホ）第〇〇〇〇号

調　査　命　令

家庭裁判所調査官〇〇〇〇に対し，下記について調査を命ずる。
調査報告書の提出期限を令和〇〇年〇〇月〇〇日と定める。

記

1　子の表示
　・　□□□□（平成　　年　　月　　日生）
　・　☆☆☆☆（平成　　年　　月　　日生）

2　調査事項
　　　□　子の監護の現状は子の福祉にそうものか
　　　□　子の意向
　　　□　原告又は被告のいずれを子の親権者として指定するのが適当か

令和〇〇年〇月〇〇日
東京家庭裁判所家事第6部
裁判官　△　△　△　△　　印

（注）　調査事項は，いずれか一つを残して消去し，括弧内には，①調査事項が「原告又は被告のいずれを子の親権者として指定するのが適当か」である場合には，特定された具体的な調査事項等を，②調査事項がそれ以外の場合には調査対象等についての特記事項を記載する。

■資料17:調査計画書

○ 調査計画書（　　月　　日作成）　令和　　年（家ホ）第　　　号　　事件
　　裁判官：　　　　　　裁判所書記官：　　　　家庭裁判所調査官：
【調査事項：□子の監護状況等　□子の意向　□親権者の適格性　□　　　　　】

調査予定 年 月 日	内　　容 （調査対象）	場　　所	備　　考
	受　命		
	□原告　□被告 □子（　　　　　） □	□当庁　□自宅 □当該施設 □	
	□原告　□被告 □子（　　　　　） □	□当庁　□自宅 □当該施設 □	
	□原告　□被告 □子（　　　　　） □	□当庁　□自宅 □当該施設 □	
	□原告　□被告 □子（　　　　　） □	□当庁　□自宅 □当該施設 □	
	□原告　□被告 □子（　　　　　） □	□当庁　□自宅 □当該施設 □	
	□原告　□被告 □子（　　　　　） □	□当庁　□自宅 □当該施設 □	
	報告書提出		

■資料18：判決書（簡易書式）

令和〇〇年〇〇月〇〇日判決言渡　同日原本領収　裁判所書記官
令和〇〇年（家ホ）第〇〇〇〇号　離婚等請求事件
口頭弁論終結日　令和〇〇年〇〇月〇〇日

判　　　決

　　当事者の表示　　　別紙当事者目録記載のとおり

主　　　文

1　原告と被告とを離婚する。
2　原告と被告の間の長男〇〇（平成〇〇年〇〇月〇〇日生）の親権者を原告と指定する。
3　訴訟費用は被告の負担とする。

事実及び理由

　原告は，主文同旨の判決を求め，別紙のとおり請求の原因を述べた。被告は，公示送達による呼出しを受けたが，本件口頭弁論期日に出頭しない。
　証拠によれば，請求原因事実はすべて認めることができる。この事実によれば，原告と被告の間の長男〇〇の親権者を原告と指定するのが相当である。
　よって，原告の請求を認容することとし，訴訟費用の負担について民事訴訟法61条を適用して，主文のとおり判決する。

東京家庭裁判所家事第6部

裁判官　〇　　〇　　〇　　〇

（別紙）　　　　　当　事　者　目　録

　　　（省略）

（別紙）　　　　　請　求　の　原　因

1　原告と被告は，平成〇〇年〇〇月〇〇日婚姻し，平成〇〇年〇〇月〇〇日長男〇〇が出生した。

2 　被告は，ギャンブルによる借金に負われ，平成○○年○○月○○日，家を出たまま，行方不明の状況にある。原告は，○○警察署に家出人の捜索願いを出したが，現在に至るまで，その所在はつかめていない。
3 　このように，被告は，既に5年間，消息不明であり，民法770条1項3号にいう「生死が3年以上明らかでないとき」に該当する。

■資料19：判決書

　　　　　　　　　　　　　　　　　　　　　（執行文付記余白）
令和　　年　　月　　日判決言渡　同日原本領収　裁判所書記官
令和　　年（家ホ）第　　　号　離婚請求事件
口頭弁論終結日　令和　　年　　月　　日

判　　　決

　　本　籍　　東京都○○区○○町○丁目○番
　　住　所　　東京都○○区○○町○丁目○番○号
　　　　　　　　　　原　　　　　告　　○○○○
　　　　　　　　　　同訴訟代理人弁護士　○○○○

　　本　籍　　原告と同じ
　　住　所　　東京都○○区○○町○丁目○番○号
　　　　　　　　　　被　　　　　告　　○○○○
　　　　　　　　　　同訴訟代理人弁護士　○○○○

主　　　文

1　原告と被告とを離婚する。
2　原告と被告との間の長女○○（平成○年○月○日生）の親権者を原告と定める。
3　被告は，原告に対し，本判決確定の日のから長女○○が成人に達するまでの間，毎月末日限り1か月金5万円を支払え。
4　訴訟費用は被告の負担とする。

事実及び理由

第1　請求
1　主文1，2及び4項と同旨
2　被告は，原告に対し，本判決確定の日から長女○○が成人に達するまでの間，毎月末日限り1か月7万円を支払え。
第2　事案の概要
　1　前提となる事実
　　　原告と被告とは，平成○年○月○日婚姻し，平成○年○月○日に，長女○○をもうけた。
　　　………………………………………………………………………………
　　　………………………………………………………………………………
　2　争点

(1) 離婚原因
　　　　………………………………………………………………………………
　(2) 親権者の指定
　　　　………………………………………………………………………………
第3　争点に対する判断
　1　離婚原因について
　　　　………………………………………………………………………………
　　　　………………………………………………………………………………
　　　　………………………………………………………………………………
　　（略）
　2　親権者の指定について
　　　　………………………………………………………………………………
　　　　………………………………………………………………………………
　　（略）
　3　結論
　　　以上の次第であって，民法770条5号の婚姻を継続し難い重大な事由があるものと認められるから，原告の離婚請求を認容し，長女○○の親権者を原告と定め，被告に対し，その養育費として成人に達するまでの間1か月金5万円の金員の支払を命ずるのが相当である。
　　　よって，参与員の意見を聴いて，主文のとおり判決する。

　　　　　　　　　　　　　　東京家庭裁判所家事第6部

　　　　　　　　　　　　　　　　裁判官　　○　　○　　○　　○

資料20：婚姻関係財産一覧表〈書式〉

婚 姻 関 係 財 産 一 覧 表

被告名義の資産・負債（基準時・令和成　　年　　月　　日）

番　号	項　目		金　額	証　拠
1	不動産			
1-1	（不動産を記載）		（時価額を記載）	（証拠番号を引用）
1-2			¥0	
2	預貯金			
	銀行・支店名	種目・口座番号		
2-1	（銀行・支店名を記載）	（預金の種類・口座番号を記載）	（基準時の残高）	
2-2			¥0	
3	生命保険			
	保険会社	種別・証券番号		
3-1	（保険会社の名前）	（保険の種類・証券番号）	（基準時の解約返戻金相当額）	
3-2			¥0	
4	負債			
	金融機関名	説明		
4-1	（金融機関名）	（住宅ローンについては，不動産との関連を明記）	（マイナス符号を付けて入力）	
4-2	○○銀行○○支店			
	○○銀行○○支店			
合　計			¥0	

原告名義の資産・負債（基準時・平成　　年　　月　　日）

番　号	項　目		金　額	証　拠
1	不動産			
1-1	（不動産を記載）		¥0	
2	預貯金			
	銀行・支店名	種目・口座番号		
2-1	（銀行・支店名を記載）	（預金の種類・口座番号を記載）	¥0	
2-2	○○銀行○○支店		¥0	
3	生命保険			
	保険会社	種別・証券番号		
3-1	（保険会社の名前）	（保険の種類・証券番号）	¥0	
3-2				
合　計			¥0	

財産分与額＝（〔原告名義資産－原告名義負債〕－〔被告名義の資産－被告名義の負債〕）÷2　　　　　　　　　　　　　　　¥0

■資料21：婚姻関係財産一覧表〈記載例〉

婚 姻 関 係 財 産 一 覧 表

被告名義の資産・負債（基準時・平成○○年○○月○○日）

番号	項目		金額	証拠
1	不動産			
1-1	別紙物件目録1の不動産		¥39,000,000	甲1
1-2	別紙物件目録2の不動産の被告持分2分の1		¥15,000,000	甲2
2	預貯金			
	銀行・支店名	種目・口座番号		
2-1	○○銀行○○支店	普通預金　0000000	¥900,000	甲15
2-2	○○銀行○○支店	普通預金　0000000	¥3,400,000	甲45
3	生命保険			
	保険会社	種別・証券番号		
3-1	○○生命保険	終身保険　0000000号	¥2,300,000	甲50
3-2	○○生命保険	個人年金　0000000号	¥1,500,000	甲52
4	負債			
	金融機関名	説明		
4-1	○○銀行○○支店	別紙物件目録1の不動産の住宅ローン	¥-20,000,000	甲50
4-2	○○銀行○○支店	別紙物件目録2の不動産の住宅ローン	¥-12,000,000	甲52
合計			¥30,100,000	

原告名義の資産・負債（基準時・平成○○年○○月○○日）

番号	項目		金額	証拠
1	不動産			
1-1	別紙物件目録2の不動産の原告持分2分の1		¥15,000,000	甲1
2	預貯金			
	銀行・支店名	種目・口座番号		
2-1	○○銀行○○支店	普通預金　0000000	¥1,300,000	乙22
2-2	○○信用金庫○○支店	普通預金　0000000	¥500,000	乙23
3	生命保険			
	保険会社	種別・証券番号		
3-1	○○共済	個人年金　0000000号	¥1,000,000	乙25
3-2				
合計			¥17,800,000	

財産分与額＝（〔原告名義資産－原告名義負債〕－〔被告名義の資産－被告名義の負債〕）÷2　　　¥6,150,000

■資料22：記入に当たっての注意事項

記入事項	説明内容
名　義	原告名義・被告名義に分けて記載してください。
	共有物件については，持分ごとに記載してください。
基準時	対象財産確定の基準時は，一般的には別居時です。
	別の基準時を主張する場合でも，別居時の財産リストは作ってください。
不動産の価格	一般的には，不動産業者の見積もり等で立証します。直近の評価時点での価格を記載してください。
預金の残高	別居時点での残高を記載してください。
保　険	別居時点での解約返戻金額（保険会社に照会しておいてください。）を記載してください。
負　債	別居時点での残高（借入先に照会しておいてください。）を記載してください。
財産分与の寄与割合	実務では，一般的には家事労働の場合でも寄与度50％で行っています。財産形成に特別に寄与したという主張をされる場合には，その旨を具体的に主張してください。
	この前提をとると，財産分与額は，以下の計算式で算出されます。
	財産分与額＝（〔原告名義資産－原告名義負債〕－〔被告名義の資産－被告名義の負債〕）÷2
	実務では，負の財産分与は認めていないため，上記がマイナスの場合には，財産分与額は0となります。
争点整理表	特有財産の主張，財産の存否についての争いなどがあるときは，別に後記書式による争点整理表を作成していただくと分かりやすくなります。

資料23：争点整理表

	対象財産	原告の主張	被告の主張	関係証拠
1	○○所在の土地（甲3）。原告及び被告持分各2分の1。別紙物件目録1	原告が購入資金の大半をその特有財産で賄ったから、原告に全部が分与されるべきである。評価額は、不動産販売業者の査定（甲5）で○○万円である。	財産分与の対象である。被告が子供らと居住しており、離婚後の生活に必要であるから、被告に分与されるべきである。評価額は、不動産販売業者の査定（乙5）で○○万円である。	甲3，甲5，乙5
2	○○所在の建物（甲4）。原告及び被告持分各2分の1。別紙物件目録2	同上。評価額は、不動産販売業者の査定（甲6）で○○万円である。	同上。評価額は、不動産販売業者の査定（乙6）で○○万円である。	甲4，甲6，乙6
3	原告名義の○○銀行○○支店の普通預金	財産分与の対象である。基準日で○○万円である。	財産分与の対象である。基準日で○○万円である。	甲7
4	原告名義の郵便貯金	財産分与の対象である。基準日で○○万円である。	財産分与の対象である。基準日で○○万円である。	甲8
5	原告名義の○○信託銀行の預金	相続財産であるから特有財産である。	財産分与の対象である。相続から20年以上経過しており、財産分与の対象とすべきである。	甲9
6	被告名義の社内預金	全部財産分与の対象である。婚姻前において被告が形成したという証拠はない。基準日で○○万円である。	財産分与の対象となるのは、平成○年○月現在の残高○○万円のうち、○○万円である。残りは、婚姻までに被告が社内預金をしてためたものである。乙9参照。	乙9，乙10
7	被告名義の郵便貯金	財産分与の対象である。原告主張の基準日以前に形成されている。基準日で○○万円である。	別居後に形成したものであるから、財産分与の対象ではない。	乙12
8	原告名義の○○生命・個人年金保険	財産分与の対象である。解約返戻金は、○○万円である。	財産分与の対象である。	
9	有限会社○○名義の○○生命保険終身保険解約返戻金	契約者・受取人ともに法人名義であり、財産分与の対象ではない。	財産分与の対象である。解約返戻金は○○万円である。有限会社○○の出資者は原告だけであり、同社名義の資産は全部原告個人の資産であるから、財産分与の対象となる。	乙15，乙17

資料：書式例等

■資料24：年金分割のための情報通知書

年金分割のための情報通知書
（厚生年金保険制度）

令和　　年　　月　　日

　　　　　　　　　　　　　様

日本年金機構理事長

　　　　　様より，年金分割のための情報提供の請求がありましたので，情報を提供いたします。

氏　　名	（第1号改定者） （第2号改定者）	
生年月日	（第1号改定者） 　　年　　月　　日	（第2号改定者） 　　年　　月　　日
基礎年金番号	（第1号改定者）	（第2号改定者）
情報提供請求日	年　　月　　日	
婚姻期間等	年　　月　　日～　　　　　　　　　　　年　　月　　日＊ （＊1.情報提供請求日　2.離婚が成立した日　3.婚姻が取り消された日　4.事実婚関係が解消したと認められる日）	
対象期間 標準報酬総額	（第1号改定者） 　　　　　　　　円	（第2号改定者） 　　　　　　　　円
按分割合の範囲	％を超え，50％以下　※按分割合とは，当事者双方の対象期間標準報酬総額の合計額のうち，分割後における分割を受ける側（第2号改定者）の持分を表すもので，この按分割合の範囲内で定めることになります。	
対象期間	昭和・平成・令和　年　月　日～昭和・平成・令和　年　月　日	昭和・平成・令和　年　月　日～昭和・平成・令和　年　月　日
	昭和・平成・令和　年　月　日～昭和・平成・令和　年　月　日	昭和・平成・令和　年　月　日～昭和・平成・令和　年　月　日
	昭和・平成・令和　年　月　日～昭和・平成・令和　年　月　日	昭和・平成・令和　年　月　日～昭和・平成・令和　年　月　日
	昭和・平成・令和　年　月　日～昭和・平成・令和　年　月　日	昭和・平成・令和　年　月　日～昭和・平成・令和　年　月　日
対象期間の末日以後に提供を受けた情報について補正に要した期間	平成・令和　年　月　日～平成・令和　年　月　日	平成・令和　年　月　日～平成・令和　年　月　日
厚生年金保険法施行規則第78条の3第3項第2号に規定する期間	平成・令和　年　月　日～平成・令和　年　月　日	厚生年金保険法施行規則第78条の3第3項に定める請求期間

事項索引

あ

悪意の遺棄······115
按分割合······226
　　請求すべき――······223

委員会調停······12
慰謝料······67
慰謝料請求······38
慰謝料的財産分与······179
移　送······16
　　遅滞を避ける等のための――······43
一般調停事件······10

訴えの手数料······53

ＡＤＲ（裁判外紛争解決）······4
ＡＤＲ法（裁判外紛争解決手続の利用の促進に関する法律）······4

か

外国離婚判決の承認······231
外国離婚法制······242
回　付······16
家事事件手続法······1
家事事件を担当する裁判官······11
家事調停······1
　　――と訴訟との連動······22
　　――の管轄······16
　　――の成立······20
　　――の対象事件······7, 10
　　――の担当者······11
　　――の当事者······14
　　――の当事者適格······15
　　――の特色······7
　　――の不成立······20
　　――の本質論······6
　　――の申立て······17
　　――の申立手数料······17
家事調停委員······12
家事調停官······12
家事調停制度······3
　　――の趣旨······3
家事調停前置主義······1
家庭裁判所調査官······13
　　――の調整措置······161
家庭裁判所調査官による事実の調査······33, 72, 147, 148, 154, 156, 160
　　――の実際······161
　　――の方法······156
家庭に関する事件······7-10
関連損害賠償請求······52
関連損害賠償請求事件······37

期日外釈明······61
期日の指定······18
期日の呼出し······18
起訴命令······106
協議離婚をする旨の和解······80, 83
共済年金······219
きょうだいの不分離の基準······152
強度の精神病······117
寄与度（貢献度）······68
記録の取寄せ······28

継続性の基準······151

合意に相当する審判事件······10, 20
合意分割······220
公示送達······56
厚生年金······218
口頭弁論期日（第１回口頭弁論期日）······58
　　――の指定······54
合理的な主張立証計画······212
国際裁判管轄権······233
国際司法共助······229

国民年金 …………………………………218
戸籍事務管掌者に対する判決確定等の通知…86
子の意見聴取 ……………………………155
子の意向確認 ……………………………162
子の意思尊重の基準 ……………………151
子の監護状況 ……………………………161
　　──の調査 ………………………161
子の監護に関する処分 …………49, 165
子の引渡 …………………………………50
　　──と保全処分 ………………104
婚姻破綻 …………………………………64
　　──の客観的要素 ………………65
　　──の主観的要素 ………………64
婚姻費用 …………………………………193
　　過去の── ………………………68
婚姻を継続し難い重大な事由 …………119

さ

最高裁昭和62年9月2日大法廷判決………133
財産開示 …………………………………210
財産分与 …………………………50, 67, 174
　　──と第三者名義の財産 …………186
　　──と退職金 ………………………186
　　──と特有財産 ……………………184
　　──と年金 …………………………188
　　──における現物の分与 …………197
　　──における債務の取扱い ………189
　　──に関する処分 …………………48
　　──の基準時 ………………………181
　　──の基本的な算定方法 …………179
　　──の合意 …………………………200
　　──の審理 ……………………202, 209
　　──の判断要素 ……………………177
　　──の方法 …………………………196
　　──を被保全権利とする保全処分…102
　　慰謝料的財産分与 …………………179
　　清算的財産分与 ……………………178
　　2分の1ルール ……………176, 178
　　扶養的財産分与 ………………179, 196
財産分与制度 ……………………………174
財産分与の申立て ………………………204
　　財産分与義務者からの── ………201
再訴禁止 …………………………………125

裁判所書記官 ……………………………13
3年以上の生死不明 ……………………116
参与員 ……………………………………31, 87

事件の振り分け方法 ……………………56
事実の調査 ………………19, 79, 147, 154, 156
　　──に関する記録の閲覧・謄写 …158
　　──の告知 …………………………158
自庁処理 …………………………………16, 41
司法制度改革審議会 ……………………2
遮へい措置等 ……………………………72
住宅ローン ………………………171, 184, 189
集中証拠調べ ……………………………73
準拠法（渉外離婚事件の）………………238
　　慰謝料請求に関する── …………241
　　財産分与に関する── ……………240
　　親権者の指定等に関する── ……239
　　養育費の請求に関する── ………240
　　離婚に関する── …………………239
準備書面（等） …………………………62
　　──の提出 …………………………62
渉外離婚事件 ……………………………229
　　──の審理 …………………………242
　　──の手続 …………………………237
消極的破綻主義 …………………110, 131
証拠調べ …………………………………20
証拠説明書 ………………………………63
証人尋問 …………………………………74
情報通知書→年金分割のための情報通知書
証明責任 …………………………………213
職分管轄 …………………………………37
書証等の提出 ……………………………63
職権探知主義 ……………………………36
私立学校の学費等 ………………………171
親権者の指定 ………………50, 69, 145, 148
　　──としての適格性 ………………70
　　──に関する意見 …………………162
　　──の審理の実際 …………………152
　　──の判断の基準 …………………149
　　子の監護に関する処分 ………49, 165
人事訴訟事件の書証 ……………………52
　　──の提出 …………………………63
人事訴訟手続と家事調停手続との関係…23
人事訴訟の家庭裁判所への移管 ………30

人事訴訟の管轄 …………………… 32, 35, 37
人事訴訟の平均審理期間 …………………… 210
人事訴訟法の制定 …………………… 2, 29
人身保護請求 …………………… 105
審判手続への移行 …………………… 21

性格の不一致 …………………… 122
請求の認諾及び放棄 …………………… 57, 84
清算的財産分与 …………………… 178
成年後見人の訴訟上の地位 …………………… 45
成年被後見人 …………………… 15
積極的破綻主義 …………………… 131
専属管轄 …………………… 35

送付嘱託 …………………… 28
訴訟上の救助 …………………… 54
訴訟上の和解 …………………… 80
　──による離婚及び離縁 …………………… 32
訴訟進行に関する照会書 …………………… 28, 54
訴訟代理人 …………………… 44
訴訟能力（訴訟行為能力） …………………… 35, 44
損害賠償請求 …………………… 52
　──を本案とする保全処分 …………………… 101

た

第三者名義の財産 …………………… 186
対象財産特定の基準時 …………………… 211
退職金 …………………… 186
奪取の違法性 …………………… 152
単独調停 …………………… 12

遅延損害金の起算点 …………………… 52
調停委員会 …………………… 11
調停期日 …………………… 18
調停経過メモ …………………… 19
調停行為能力 …………………… 15
調停前置主義 …………………… 1, 3, 10, 23, 26
　──の意義 …………………… 26
調停前置主義的運用 …………………… 8
調停前置の有無 …………………… 26
調停手続等の情報収集 …………………… 55
調停当事者能力 …………………… 14
調停に代わる審判 …………………… 20

調停にふさわしい事案 …………………… 22
陳述書 …………………… 73

当事者尋問等の公開停止 …………………… 33, 75
特有財産 …………………… 177, 184
特有財産性 …………………… 211
土地管轄 …………………… 32, 42

な

人証の申出 …………………… 65

年　金 …………………… 188
年金分割 …………………… 51, 72, 214
　──按分割合の範囲 …………………… 225
　──（合意分割）の内容 …………………… 221
　──のための情報通知書 …………………… 51, 223
　──の附帯処分 …………………… 224
　共済年金 …………………… 219
　厚生年金 …………………… 218
　国民年金 …………………… 218
　3号分割 …………………… 220
　標準報酬 …………………… 216
　離婚時年金分割制度 …………………… 51, 188, 220
年金分割請求 …………………… 224
　請求すべき按分割合 …………………… 225, 226

は

破綻主義 …………………… 109
　消極的── …………………… 110, 131
　積極的── …………………… 131
母親優先の原則 …………………… 150
バランス方式 …………………… 214
判　決 …………………… 78
　──の基準時 …………………… 79
判決効の拡張 …………………… 36

被告欠席 …………………… 56
評　議 …………………… 19
標準報酬 …………………… 216

附帯処分（等） …………………… 47, 66
　──の裁判 …………………… 80

——の審理	146
——の審理方法	66
——の争点整理	66
——の手数料	53
——の申立て	47
——を本案とする保全命令	95
年金分割の——	224
付調停	57
不貞行為	113
扶養的財産分与	179, 196
別居	136
別居期間	136, 140
弁論主義	35
法廷地法	237
法定別居	248, 249
法の適用に関する通則法	238
保護命令に関する情報収集	55
母性優先の原則	150
保全処分	91
——の管轄	94
——の種類	99
子の引渡しと——	104
財産分与を被保全権利とする——	102
損害賠償請求を本案とする——	101
保全命令	
——の審理手続	100
——の要件	97
附帯処分を本案とする——	95
本人尋問	74

ま

未成熟子	136, 138, 141
未払婚姻費用	193
未払養育費	172
民事保全の国際裁判管轄	107
面会交流	49, 152, 173

や

有責主義	109

有責配偶者からの離婚請求	66, 126, 130
精神的・社会的・経済的に極めて苛酷な状態	136, 142
養育費	50, 68, 165
——の意義	166
——の算定方法	166
——の請求に関する準拠法	240
過去の——	50
養育費・婚姻費用の算定方式と算定表	68, 168

ら

履行の確保	86
離婚給付	174
離婚原因	109, 112
——の争点整理	64
——の見直し議論	128
離婚時年金分割制度	51, 188, 220
離婚請求	46
——の裁量的棄却	123
——の手数料	53
有責配偶者からの——	66, 126, 130
離婚訴訟	
——における攻撃・防御の実際	126
——における争点整理	59
——における要件事実	128
——の訴訟物	46, 124
——の土地管轄	40
離婚調停	24
——と人事訴訟の関係	24
——の具体的運営方法	25
離婚の訴え	48
——の取下げ	85

わ

和　解	80, 213
和解条項	82
和解手続	81
協議離婚をする旨の——	80

判例索引

最高裁判所

最判昭27・2・19民集6巻2号110頁	130
最判昭29・1・22民集8巻1号87頁	36
最判昭30・11・24民集9巻12号1837頁	132
最判昭31・12・11民集10巻12号1537頁	132
最判昭33・3・6民集12巻3号414頁	200
最判昭33・7・25民集12巻12号1823頁	46, 118
最判昭33・12・25家月11巻3号105頁	127
最判昭34・2・19民集13巻2号174頁	181
最判昭36・4・25民集15巻4号891頁	46, 64, 124
最判昭37・5・17裁判集民60号629頁	132
最大判昭39・3・25民集18巻3号486頁	234
最判昭41・7・15民集20巻6号1197頁	146, 202
最判昭42・2・2民集21巻1号88頁	200
最決昭44・3・16刑集23巻3号212頁	16, 44
最判昭45・11・24民集24巻12号1943頁	118
最判昭46・5・21民集25巻3号408頁	132
最判昭46・7・23民集25巻5号805頁	179
最判昭48・11・15民集27巻10号1323頁	114
最判昭52・3・31民集31巻2号365頁	239, 240
最判昭53・11・14民集32巻8号1529頁	50, 172, 194
最判昭54・3・30民集33巻2号303頁	115
最判昭56・10・16民集35巻7号1224頁	234
最判昭56・11・13判タ457号85頁・判時1026号89頁	148
最判昭58・2・3民集37巻1号45頁	80
最判昭59・7・20民集38巻8号1051頁	239・241
最大判昭62・9・2民集41巻6号1423頁	66, 110, 126, 133, 140–143, 201
最判昭62・11・24判タ654号137頁・判時1256号28頁	136
最判昭63・2・12判タ662号80頁・判時1268号33頁	136
最判昭63・4・7判タ681号115頁・判時1293号94頁	136
最判昭63・12・8家月41巻3号145頁	137
最判平元・3・28裁判集民156号417頁・判タ699号178頁	138
最判平元・12・11民集43巻12号1763頁	166
最判平2・7・20民集44巻5号975頁	101, 203
最判平2・11・8判タ745号112頁・判時1370号55頁	137, 141, 143
最判平5・10・19民集47巻8号5099頁	105
最判平6・1・20裁判集民171号1頁・判タ854号98頁	115
最判平6・2・8判タ858号123頁・判時1505号59頁	138, 141

最判平8・3・26民集50巻4号993頁　115
最判平8・6・24民集50巻7号1451頁　234, 235
最判平9・4・10民集51巻4号1972頁　50, 172
最判平10・4・28民集52巻3号853頁　232
最判平16・11・18裁判集民215号657頁・判タ1169号165頁　140
最決平18・4・26判タ1208号90頁　169
最判平19・3・30裁判集民223号767頁・判タ1242号120頁　50, 172
最決平24・6・28判時2206号19頁〔抄録〕　151
最決平31・2・12民集73巻2号107頁　39
最判平31・2・19民集73巻2号187頁　38

高等裁判所

東京高判昭49・2・20判時738号72頁　46
東京高判昭53・11・2判タ380号150頁　150
東京高判昭56・5・26判時1009号67頁　151
大阪高決昭57・5・14家月35巻10号62頁　167
東京高決昭58・3・16判時1076号66頁　16, 44
大阪高決平2・8・7家月43巻1号119頁　167
大阪高判平4・5・26判タ797号253頁　200
東京高決平5・10・27判時1480号79頁　106
東京高判平6・10・13家月48巻6号61頁　48
東京高判平7・3・13判タ891号233頁　193
東京高判平7・3・13家月48巻8号72頁　48
東京高判平9・11・19判タ999号280頁　139, 142, 143
東京高決平11・9・20家月52巻2号163頁　152
大阪高決平12・4・19家月53巻1号82頁　152
東京高決平12・12・5家月53巻5号187頁　167
東京高判平14・6・26判時1801号80頁　138, 141, 143
東京高決平17・6・28家月58巻4号105頁　152
大阪高判平19・5・15判タ1251号312頁　147
東京高判平20・5・14家月61巻5号44頁　143
東京高決平29・11・9判タ1457号106頁・判時2364号40頁　167

地方裁判所

東京地判昭33・7・10下民9巻7号1262頁　239
大阪地判昭48・1・30判タ302号233頁・判時722号84頁　186
神戸地判平元・6・23判タ713号255頁・判時1343号107頁　200
長野地判平2・9・17家月43巻6号34頁・判タ742号236頁　118
東京地判平11・9・3判タ1014号239頁・判時1700号79頁　192, 199

家庭裁判所

佐賀家審昭55・9・13家月34巻3号56頁……………………………………………………**151**
東京家判平19・9・11家月60巻1号108頁・判時1995号114頁…………………………**30**
東京家審平25・10・1判時2218号69頁………………………………………………………**228**

リーガル・プログレッシブ・シリーズ
離婚調停・離婚訴訟〔三訂版〕

2009年 7 月31日	初版第 1 刷発行
2011年 3 月25日	初版第 3 刷発行
2013年12月27日	改訂版第 1 刷発行
2017年 6 月30日	改訂版第 5 刷発行
2019年10月25日	三訂版第 1 刷印刷
2019年11月20日	三訂版第 1 刷発行

廃検止印		©編著者	秋武 憲一（あきたけけんいち）
			岡 健太郎（おかけんたろう）
		発行者	逸見 慎一

発行所　東京都文京区本郷6丁目4の7　株式会社　青林書院

振替口座 00110-9-16920／電話03(3815)5897～8／郵便番号113-0033

印刷・モリモト印刷㈱　落丁・乱丁本はお取り替え致します。
Printed in Japan　ISBN978-4-417-01778-3

Jcopy〈出版者著作権管理機構 委託出版物〉
本書の無断複製は著作権法上での例外を除き禁じられています。複製される場合は，そのつど事前に，出版者著作権管理機構（電話03-5244-5088，FAX 03-5244-5089，e-mail:info@jcopy.or.jp）の許諾を得てください。